集英社新書ノンフィクション

スタジオジブリ物語

目次

第1章

マンガ連載から映画へ。『風の谷のナウシカ』

1984年3月11日、全国東映洋画系の劇場で、映画『風の谷のナウシカ』の公開が始まった。徳間書店と博報堂の共同製作。原作・脚本・監督はアニメーション映画監督の宮崎駿《みやざきはやお》。またプロデューサーには宮崎と活動をともにしてきたアニメーション映画監督の高畑勲《たかはたいさお》が名を連ね、さらに製作委員会のメンバーには、現在スタジオジブリでプロデューサーを務める鈴木敏夫の名も見える。

アニメーションスタジオ、スタジオジブリは、1985年にその活動を開始し、2023年公開予定の『君たちはどう生きるか』を含め、多くの長編アニメーションを制作してきた。ジブリ設立以前に制作された『風の谷のナウシカ』は、その後、スタジオジブリ誕生へとつながる大きなきっかけとなった作品である。

『アニメージュ』発の映像化企画

『風の谷のナウシカ』は、徳間書店発行のアニメ雑誌『アニメージュ』で、1982年2月号よりまずマンガ連載がスタートした。当時、宮崎は、東京ムービーの関連制作会社であったテレコム・アニメーションフィルムに所属しており、「シャーロック・ホームズ」を原作とするイタリアとの合作テレビアニメ（後に『名探偵ホームズ』として発表）の準備中だった。しかし合作は企画がなかなか進行せず、時間的余裕のある時に『アニメージュ』編集部が連載を依頼、スタートした企画だった。

『アニメージュ』編集部と高畑、宮崎の接点は、創刊号（1978年7月号）まで遡る。「アンコールアニメ」というコーナーで、二人が参加した『太陽の王子　ホルスの大冒険』を取り上げようと、副編集長の鈴木敏夫がコンタクトをしたのがきっかけだった。この時は二人に取材を断られたものの、その後『アニメージュ』は、宮崎の『ルパン三世　カリオストロの城』、高畑の『じゃりン子チエ』などを積極的に誌面で取り上げた。それを通じて『アニメージュ』編集部は、高畑、宮崎、それに二人の東映動画（現・東映アニメーション）時代の先輩で、『カリオストロの城』『じゃりン子チエ』で作画監督を務めた大塚康生《やすお》と次第に親交を深めていった。

1981年8月号に掲載された大特集「宮崎駿　冒険とロマンの世界」は、こうした親交を深めていく過程で成立した31ページに及ぶ大特集だった。この特集で宮崎が提供したさまざまなイメージボードの中には、映画企画用として描かれたものが多数あった。

そこで『アニメージュ』編集部は、宮崎の映画企画用イメージボードの一つをもとに『ハヤオ戦記』と『戦国魔城』とタイトルをつけた企画書をまとめ、1981年7月に開かれた徳間グループ関係者による「映像会議」に提案した。

『アニメージュ』を出版していた徳間書店は、そのグループに映画会社「大映」、レコード会社「徳間音楽工業」を持ち、メディアクロス（現在のメディアミックスに相当）にも積極的な姿勢を見せていた。「映像会議」はこれら関連企業の関係者が集まってメディアクロスの中核をなす映画企画を検討する会合だった。

しかし、「原作がないものを映画にして当たるわけがない」という大映サイドの判断から、『ハヤオ戦記』と『戦国魔城』の映画化は見送られることになる。

話題を呼ぶマンガ版『ナウシカ』

「原作がない作品は映画化できない」。映像会議の結果を『アニメージュ』編集部から伝えられた宮崎は、「じゃあ、原作を描いちゃいましょう」とマンガ連載の検討をはじめた。その経緯を、鈴木は次のように語っている。

どういうマンガを描くかっていうところから話したんですよ。それで自分が何をいったかよく覚えているんですけれど、『大河ドラマやりませんか』っていったのは僕でした。なんでかというと、そのころ少年誌はじめ、流行《はや》っていたマンガがみんなちまちましていたんですよ。ラブコメ全盛時代で。一番象徴的なのが『タッチ』。そういうのじゃなくて、もっと大きなドラマをやりませんかっていって。それで僕がいったのは、梶原一騎《かじわらいっき》の発明で、読み切り連載というマンガの描き方があるけれど、僕らはマンガ雑誌じゃないから、このマンガによって雑誌の人気が左右されるわけじゃない、だから好きなものを、面白いものを、連載だとかそういうことを意識せずに好きなように描いてくれと。そういったのをよく覚えていますね。

（『風に吹かれて』）

鈴木のこの提案を受けて、宮﨑は壮大なストーリーのマンガ連載を構想し始め、それが今日の『ナウシカ』となっていく。こうして連載の大きな方向性は決まったが、次なる課題として、どのようなタッチの絵にするかも検討しなければならなかった。そこで宮﨑は鈴木を阿佐ヶ谷《あさがや》の事務所「二馬力《にばりき》」に呼び寄せ、3種類のタッチで描いたマンガを見せることにした。

一つは、緻密に描き込まれたもの。宮﨑曰《いわ》く、このタッチだと1日に1枚も描くことはできない。二つめは、描き込みがそれほどないもの。これならば1日30ページは描ける。そして、三つめに提案してきたのは、一つめと二つめの中間のタッチだった。

この宮崎の提案に対して、鈴木が選んだのは緻密に描き込まれた一つめのタッチ。生産性よりも、マンガそのものとしての質を追求すべきという考えに迷いはなかった。そういったやりとりを経ていくうちに、やがて宮崎の心境にも変化が表れてきたと鈴木は述懐している。

宮さんは本当にまじめなんですよ。「映画の原作を作っちゃおうか」ということではじまったのに、彼は悩むんですね。

こんなことを言うんです。「鈴木さん、映画企画が前提にあって漫画を描くというのは、これはやっぱり漫画に対して失礼だ。そんなつもりでやったのでは漫画として失格で、誰も読んでくれないんじゃないか。漫画としてちゃんと描く」。宮さんはいつもそうですが、いくつか選択肢がある場合、結局もっともまじめな方向で決断するんです。（『仕事道楽』）

こうして連載がスタートしたマンガ版『ナウシカ』は一部で大きな反響をもって受け入れられたが、1982年8月に出版された第1巻は初版7万部のうち、2万部の在庫を残す結果となった。当時は、『週刊アサヒ芸能』が60万部を発行し、マンガ雑誌であれば24万から30万部が売れる時代。単行本の売り上げとして見ても、『ナウシカ』のこの結果は成功とは言い難かった。しかし、売り上げとは裏腹に、同時代のマンガ家たちに与えた影響は大きく、当時、『AKIRA』を連載開始したばかりの大友克洋《かつひろ》は、雑誌『バラエティ』1982年5月号で「とにかく宮崎さんの絵のうまさね、人物の表情、デッサンがうまいという段階ではなくて、絵の見せ方を知っている。今のマンガが失っているマンガ本来の楽しさが、アニメをやっていた人たちの作品から出てくるのは、いったいどうしてなんだろう」などと、コメントしている。

また、少女マンガ家、竹宮惠子《けいこ》はマンガ誌『プチフラワー』1983年1月号の、「まんが家が選ぶ面白いまんがは」というアンケートで『ナウシカ』の名前を挙げ、後に「同業者としての直感で、『これはなにかちがう世界が始まるんだ』という予感がありました」と語っている。

一方、連載準備中の1981年11月より『名探偵ホームズ』の企画が再始動したが、『ホームズ』はこの後、4話分のフィルムと、2話分の動画作業が終了したところで中断してしまう。このような状況の下、宮崎は、1982年11月にテレコムを離れ、フリーとなった。

10分間のパイロットフィルムから映画へ

『ナウシカ』連載開始から半年が経《た》った頃、『アニメージュ』編集長である尾形英夫の発案により、『ナウシカ』の5分間のパイロットフィルムを制作、当時『アニメージュ』が日本武道館で行っていたファンイベント「アニメグランプリ」で上映しようという計画が持ち上がった。しかし、さすがに5分では何も描けないという宮崎の意見もあり、これが10分に。さらに、鈴木が当初の目論見である『ナウシカ』映画化を改めて提案し、尾形、宮崎とともにこれに賛同した。

『スタジオジブリ作品関連資料集Ⅰ』には、1983年3月22日の日付が書かれた「風の谷のナウシカ　アニメ映画化　第2回打合せ」の資料が掲載されている。この資料を読むと、ストーリーについては、原作の前日談として「風使い」の訓練を始めたばかりの幼いナウシカを描くか、それとも原作に近いものにするのか、2案が併記されている。また上映時期についても1984年春と夏の二つが挙げられている。制作会社についての言及もあり、宮崎が所属していたテレコムのほか、『未来少年コナン』を制作した日本アニメーションの名前が候補として挙がっている。

その後、広告代理店、博報堂が徳間書店とともに共同製作することが決まり、映画化は本格的に始動した。なお博報堂が参加することになったきっかけは、徳間書店の和田豊宣伝部長が、博報堂の徳間書店担当営業部に偶然にも所属していた宮崎の弟、至朗《しろう》と面識があったという、意外な縁によるものだった。

「ナウシカ映画化」のニュースは、1983年4月23日、東京・日本武道館で開催された「第5回アニメグランプリ」の会場での徳間康快《やすよし》社長による発表が、ファンへの第一報となった。

その後6月20日に製作記者会見が行われた。

制作はトップクラフト

1983年4月、配給が東映に決定。この時点で1984年3月の公開がほぼ決定的となった。そこから逆算してスケジュールを計算したところ、5月からプリ・プロダクションに入らなければならないことがはっきりした。ここで宮崎から条件が出た。「高畑勲をプロデューサーにすること」だった。

高畑は最初、自分は任ではないとプロデューサーを固辞。しかし、最初に『太陽の王子 ホルスの大冒険』で取材を依頼し、『じゃりン子チエ』の取材などを通じて関係を築いてきた鈴木の説得により、最終的にプロデューサーを引き受けることになった。こうして引き受けた高畑が第一に問題にしたのは、まだ決まっていなかった「制作拠点をどうするか」ということだった。「宮さん一人におんぶにだっこじゃ映画はできない」というのが高畑の考えだった。

懸案の制作現場については、当時『アニメージュ』編集部に所属していた亀山修からの提案により、トップクラフトに決まった。亀山は『アニメージュ』の誌面で定期的にトップクラフトの取材記事を担当していたことから同社の実情にも詳しく、「ここならば引き受けてくれるはず」と白羽の矢が立ったようだ。トップクラフトは、東映動画出身の原徹《とおる》が1972年に設立した制作会社。制作から演出、作画、仕上げ、撮影、編集と、美術以外のすべての部門を揃《そろ》えているのが特徴で、設立以来、アメリカのランキンバス・プロダクションとの合作を中心に活動を続けていた。代表作に『ホビットの冒険』『ラスト・ユニコーン』がある。ちなみに原が東映動画の制作課長であった時、『太陽の王子 ホルスの大冒険』が制作されていた。

5月から6月にかけて、イメージボードを描きつつ、ストーリーをまとめるための作業が続いた。当初は脚本共同執筆者として『うる星やつら』などで知られるシナリオライターの伊藤和典《かずのり》も参加していた。ナウシカと対立する指揮官クシャナが義手であるというアイデアは伊藤によるものだという。しかし、スケジュールの遅れもあり、最終的には宮崎自身が7月中旬に第2次シノプシスをまとめ、それに基づいて絵コンテを直接執筆することとなった。

宮崎にとって、「アニメ化しづらいものを描く」と決めた『ナウシカ』をアニメ化するということは、かなりの葛藤があったようだ。後にこの頃のことを回想したインタビューでは次のように語っている。

映画にする時も、映画にしたいなと思ったのではなくて、「ナウシカ」しか映画にするものがないというね、映画の仕事の唯一のチャンスだった。僕はその時に半年位自宅にいたから、失業状態です。（略）やっぱり職場に戻りたいというね。その時にチャンスとしては、徳間書店が「ナウシカ」を作れと言って来た。それしかない。これしかないなら、やるしかないなと判断したわけですよ。その時に、成算がまったくなかった。

（『コミックボックス』１９９５年1月号）

7月29日に打ち入りが行われ、8月1日より作画イン。『ナウシカ』のスタッフは、拠点となったトップクラフトのスタッフに加え、宮崎と親交のあるなしを問わず、さまざまな外部のスタッフが参加した。

作画監督の小松原一男《かずお》は、作画スタジオ「OH！プロダクション」のメンバー。OH！プロ自体は『未来少年コナン』などで宮崎作品に参加していたが、小松原は宮崎と初顔合わせだった。小松原は、『宇宙海賊キャプテンハーロック』『銀河鉄道999（劇場版）』で、りんたろう監督とコンビを組んでキャラクターデザイン・作画監督を務めており、その実力を知られていた。原画では、金田伊功《かなだよしのり》、鍋島修《おさむ》、なかむらたかしといった、それぞれすでにその実力を広く知られていたメンバーが、やはり宮崎アニメに初参加してその腕を振るった。トップクラフトのスタッフでは、『ラスト・ユニコーン』などの仕事でその力量を買われた吉田忠勝が王蟲《オーム》の作画を中心に担当した。

そのほかスタッフリストを見ると、後にジブリに参加し原画や作画監督を担当する賀川《かがわ》愛《めぐみ》、『千と千尋《ちひろ》の神隠し』の作画監督や『茄子《なす》 アンダルシアの夏』の監督となる高坂希太郎《こうさかきたろう》、『新世紀エヴァンゲリオン』の監督としてヒットをとばす庵野秀明《あんのひであき》、『THEビッグオー』の監督となる片山一良《かずよし》などの名前を見つけることができる。

そのほか美術監督は『科学忍者隊ガッチャマン』や『機動戦士ガンダム』といったメカもので知られる一方、『ニルスのふしぎな旅』では北欧の自然を描いた中村光毅《みつき》が担当。誰も見たことがない腐海の風景を、深海のイメージでまとめた。

音響監督は『未来少年コナン』でコンビを組んだ斯波重治《しばしげはる》、声の配役はナウシカは『カリオストロの城』のクラリスに引き続いて島本須美《すみ》が担当。また、ナウシカと出会う少年アスベル役は松田洋治《ようじ》で、松田は後に『もののけ姫』で主役のアシタカを演じている。

スケジュールは遅れ、当初2月20日に予定されていた初号試写は3月6日となったが、劇場公開は予定通り1984年3月11日より行われた。

また同時上映として制作が中断したままだった『名探偵ホームズ』より「青い紅玉《こうぎょく》の巻」「海底の財宝の巻」の2話を上映することを高畑が提案。これらはこの劇場公開のために、高畑が自ら音響作業を行ったもので、後にTV放送されたものとは音楽、キャストなどが異なる別バージョンである。

ナウシカの源流

『風の谷のナウシカ』は、非常に複雑な設定とストーリーの作品だ。舞台は、高度な文明が「火の七日間」と呼ばれるカタストロフによって滅んでから1000年後の地球。地表の多くは「腐海」と呼ばれる巨大な菌類の森に覆われ、人類はそこより発せられる有毒の瘴気《しょうき》と、巨大な蟲《むし》たちにおびえながら暮らしていた。辺境の小国「風の谷」の姫ナウシカは、人々から慕われながらも、鋭い感受性を持ち、人々が嫌う蟲たちにも愛情を注ぐ不思議な少女として登場する。

この『ナウシカ』のルーツは、宮崎がずっと温めていた企画『ロルフ』まで遡ることができる。『ロルフ』は、古い城に住む王女と彼女に付き添う狼《おおかみ》の話で、悪魔軍団を狼が倒して王女と一緒に遠くの国へ旅立つというストーリーだ。宮崎は、映画化にあたってこのお姫様を膨らませることを考えていた。そこで登場したのが「だらしない父親」と「一つの城のお姫様」という一対の要素だった。

宮崎は『風の谷のナウシカ　宮崎駿水彩画集』に掲載されたインタビューで次のように語っている。

この『ロルフ』の映像化が無理だとわかった頃のことです。父親は生きていても役には立たない。とはいえ経験不足でおぼつかず、まだまだ父親に代わる任には耐えられない娘が、一国の運命と多くの人間に対する責任を否応《いやおう》無く背負わなければならない。その責任の重さにひしがれながら生きている主人公というのが、初めて僕の中に生まれたんです。それまで僕は、いかに自由であるかというキャラクターばかり考えていたんですね。

新しいヒロイン像は宮崎の中で具体的な姿となって固まりつつあったが、一方で宮崎自身は、このヒロインを中心に据えるとして、どういう映画ならふさわしいか、という点については、まだわからなかったと、このインタビューで語っている。そこにマンガ連載の話が持ち込まれ、結果として、映画ではなくマンガという形式で、「責任を背負って立つヒロイン像」は具体化することになった。そこでは「だらしない父親」は「病で動けない父親」へと変化したものの、そのヒロイン像は、「風の谷」という小国の責任を一身に背負って谷をあとにする「ナウシカ」という具体的な姿となって登場することになった。

また『ロルフ』以外にも、「ナウシカ」というキャラクターが成立するために重要な役割を果たした存在がいる。宮崎が『ナウシカ』のコミックス1巻に寄せたエッセイによると、一つは、バーナード・エヴスリン著の『ギリシア神話小事典』に登場するパイアキアの王女ナウシカ。ナウシカの名前もここから採られている。もう一つは、子供の頃に読んだ『堤《つつみ》中納言物語』に登場する「虫愛《め》ずる姫君」。どちらも姫として生まれながらも、優れた感受性ゆえに、変わり者として生きざるをえなかった人物である。

映画版では、こうしたナウシカのキャラクター性を守りつつも、原作に登場するトルメキア国内における権力闘争や、トルメキアと土鬼《ドルク》の戦争といった大きな要素をすべてカット。その代わりに、トルメキアに滅ぼされた工房都市ペジテの残党がクローズアップされ、彼らが実行する、王蟲を暴走させるという危険な作戦が物語後半の主軸として据えられた。

映画が公開されて

『風の谷のナウシカ』は、最終的に91万5000人を動員し、配給収入7億4200万円を記録するヒットとなった。またヒットしただけでなく、新聞や雑誌にも好意的な評論が掲載された。『キネマ旬報』の1984年ベストテン日本映画7位、同読者選出ベストテン日本映画1位や、優秀なアニメーションに与えられる毎日映画コンクール大藤信郎《おおふじのぶろう》賞の受賞からもその質の高さをうかがうことができる。

なお宮崎は当時の心境を振り返って、後に次のように語っている。

『ナウシカ』が公開してからのね、ほんっとの感想っていうのは、とにかくこれで潰れなかったっていうことでしたね。また、ものを作るチャンスがめぐってくるかもしれないなって思って、本当にほっとしたんですよ。運がよかったと思って。だから『やった!』じゃなくて、『切り抜けた』っていう実感のほうが強かったです。（『風の帰る場所』）

このような『ナウシカ』の実績が次回作『天空の城ラピュタ』の制作と、スタジオジブリのスタートへとつながっていくことになる。

第2章

スタジオ設立と『天空の城ラピュタ』

『風の谷のナウシカ』は、配給収入7億4200万円と、予想を上回るヒットを収めたが、徳間書店は劇場用アニメの第2作の企画を検討しなかった。当時の状況を鈴木敏夫は次のように語っている。

あのね、徳間康快って非常にユニークで面白いんですよ。『ナウシカ』がヒットした。そうすると普通だったら『〈2〉をつくれ』でしょう。そういうことをいわない人なんですよ。と同時に、また何かつくれともいわなかった。なんの注文もないんですよ。それで、『ナウシカ』という映画は、僕がそういうことをやっちゃったんですけれど、監督である宮さんのところにある権利を発生させて、お金が入るようにしておいたんですよ。それがなんと六〇〇〇万円。そのお金を見た宮さんはびっくりですよね。『鈴木さん、どうしよう?』ですよ(笑)。これで家でも新築したらスタッフからバカにされるし、車を買うこともできない。で、そのころ、今度は高畑さん中心に、地方都市の柳川《やながわ》を舞台にした、『青い山脈』みたいな青春映画をつくろうっていう企画があったんです。あの尾形さんが

『青い山脈』をやってみたいっていい出して。(略)それで、やっているうちに高畑さんが、『これ、アニメーションにやっぱり向いてない、やれるんだとしたらドキュメンタリーかな』っていい出して。題して『柳川堀割物語』。『そんなもの、誰がお金出してくれるんだ?』なんてやっているときに、宮さんのところにお金が入った。それで僕が宮さんにね、『あそこへお金出せば?』っていったら、『うん、それならいい』っていうことになって、スタートするんですよ。

(『風に吹かれて』)

人気作の第2弾を作るのではなく、新たな映画を作ることによって、1作目のヒットで舞い込んだ大金を有効活用する。経済的合理性を優先させるのではなく、2匹目のどじょうも狙わない。通常の映画会社や出版社とは異なるジブリの経営哲学は、この時すでに芽吹いていたといえる。

こうして制作がスタートした『柳川堀割物語』だが、当初は青春モノとして企画が検討され、脚本の第1稿を脚本家の山田太一に依頼する段階まで進んでいた。しかし、柳川のロケハンを行った後、企画は大きく方向転換することになる。ロケハンの過程で柳川の掘割を再生させた人々の活動が魅力的だということがわかり、であるのならば、それそのものを記録したほうがいいだろうということになったのだ。

その間、高畑は拠点となる柳川に部屋を借り、スタッフとともに寝泊まりしながら作業を進めたが、そうこうしているうちに、今度は宮崎が用意した製作資金が底を尽いてしまう事態となった。

「時間もお金も費やしたけどまだできない。俺の家はボロ家だけど、家を抵当に入れてまで映画をつくろうとは思わない。鈴木さん、何か知恵はないだろうか」

そう相談する宮崎に対して、鈴木はすかさず、もう1本アニメーション映画を制作してはどうかと提案。『柳川堀割物語』の不足している製作資金は、宮崎の新作映画によって補えばいいというのが鈴木の考えだった。すると宮崎は、ものの5分もしないうちに、『少年パズー・飛行石の謎』という企画を鈴木に話し始めた。『天空の城ラピュタ』の原型となったこの企画は、宮崎が小学生の頃に考えた話がもとになっているという。

この段階で企画内容とともに再び課題に上ったのが、制作拠点をどうするかという問題だった。『ナウシカ』はトップクラフトというスタジオによって制作されたが、トップクラフトは『ナウシカ』のあとアニメーション制作を中断していた。

『ナウシカ』公開間もない1984年春、『アニメージュ』副編集長だった鈴木は、徳間康快社長に、徳間書店自体が制作スタジオを作ることを提案。言い出しっぺは高畑だった。徳間社長の快諾を得て、6月には同社が所有していた休眠会社を利用し、アニメーション制作のための新会社が発足した。

これが〝スタジオジブリ〟の始まりである。

スタジオジブリの名前はこの登記の時に決まった。命名は宮﨑駿。この時、高畑勲からは「武蔵野《むさしの》工房」という日本語の社名も提案されていたという。ジブリ（GHIBLI）とは、サハラ砂漠に吹く熱風のことで、第二次世界大戦中のイタリアの軍用機の名前にも使われている。実は、GHIBLIというつづりは、イタリア語では正しくはギブリと発音するが、宮﨑がジブリと思い込んでいたため、そのまま名前になってしまったのだという。

なお、高畑の『柳川堀割物語』は、その後も制作が続けられ、最終的に企画から4年がかりの大仕事となったが、1987年に『文化記録映画　柳川堀割物語』として結実した。

新企画「少年パズー」

1984年12月7日に宮﨑が提出した「少年パズー・飛行石の謎」の企画書には、「あるいは空中城の虜《とりこ》／あるいは空とぶ宝島／あるいは飛行帝国」とほかのサブタイトル候補が並んでいる。また、煙突の上でトランペットを吹く少年の姿を描いたイメージボードが添えられていた。

企画意図は次のように書かれている。

風の谷のナウシカが、高年齢層を対象とした作品なら、パズーは、小学生を対象の中心とした映画である。風の谷のナウシカが、清冽《せいれつ》で鮮烈な作品を目指したとすれば、パズーは愉快な血わき肉おどる古典的な活劇を目指している。

パズーの目指すものは、若い観客たちが、まず心をほぐし楽しみ、よろこぶ映画である。笑いと涙、真情あふれる素直な心、現在もっともクサイとされるもの、しかし実は観客たちが、自分自身気づいていなくても、もっとも望んでいる心のふれあい、相手への献身、友情、自分の信ずるものへひたむきに進んでいく少年の理想を、てらわずにしかも今日の観客に通ずる言葉で語ることである。

現今の多くのアニメーションが、ドラえもんをのぞき、劇画を基盤とするならば、パズーはマンガ映画の復活を目指している。小学校の四年（脳細胞の数が大人と同じになる年齢）を対象の中心にすえることで、幼児の観客層を掘りおこし、対象年齢を広くする。アニメ・ファン数十万は必ず観《み》てくれるので、彼らの嗜好《しこう》を気にする必要はない。そして、多くの潜在観客は、心を幼くして解放してくれる映画を望んでいる。多数の作品が企画されながら、対象年齢がしだいに上がっていく傾向は、アニメーションの将来につながらない。マイナーな趣味の中にアニメーションを分類し、多様化の中で行方不明にしてはいけない。アニメーションはまずもって子供のものであり、真に子供のためのものは、大人の鑑賞に充分たえるものなのである。

パズーは本来の源にアニメーションをとりもどす企画である。

（『出発点』）

作品の対象として小学生を重視しているのは、『ナウシカ』の舞台挨拶に立ったところ、予想以上に観客の年齢層が高かったという宮﨑の経験が反映されている。この時の経験が、アニメーションにとっての本来の観客層を見つめ直したいという思いにつながったようだ。

徳間側はすぐにこの企画にGOサインを出した。企画書はこの後、第2稿、第3稿を経て内容がつめられた。また準備稿執筆前にあたる1985年5月18日から、宮﨑は単身イギリスのウェールズへ2週間のロケハンにも出かけた。高畑、鈴木、亀山修の3人が見送った。このロケハンの成果は、主人公パズーの暮らすスラッグ渓谷の風景などに生かされることになった。

『ロマンアルバム　天空の城ラピュタ』には、スタッフの知り合いが渡英したところ、偶然にもこのロケハンの時に宮崎を案内したガイドと出会ったというエピソードが紹介されている。それによると、ガイドは、ロケハン中の宮崎について「名所旧跡はあまり見ないで、炭鉱や草原とか変わったところを見物したがったなあ。空を見上げて雲ばかり見ているので、よっぽど『日本に雲はないのか』と聞こうと思ったんだが、やめといた」と語っていたそうだ。

吉祥寺――スタジオの場所が決定

企画が決まったことで半年近く動きのなかったスタジオジブリも、本格的始動に向けて動き始めた。

ジブリは徳間書店の関連会社のため、徳間社長が代表取締役を兼任していたが、当然ながら現場を担当する役員が必要となる。そこでトップクラフトの原徹が、ジブリ専従として就任することになった。

宮崎がロケハンに行っている5月中旬から、具体的なスタジオの場所探しがスタートした。旅立つ前に宮崎から出されたスタジオへの注文は「窓が大きくワンフロアーであること」「環状8号の外側に位置すること」。鈴木と高畑、それに原の3人は、宮崎の条件を踏まえつつ、アニメ関係企業が多いＪＲ中央線に沿って、中野から順番に不動産屋をまわり、スタジオに適した物件を探し続けた。

このスタジオ探しには、ちょっとしたエピソードがあった。物件を探す中で、３人が不動産屋から門前払いを食らうことがあったという。それも一度だけでなく、何度か繰り返された。そこで鈴木はどうも何かおかしいと考えはじめた。鈴木が出した結論は「服装」。不動産屋巡りをしている時、ちゃんとスーツを着ていたのは原のみ。鈴木、高畑は、普段の恰好《かっこう》とそう変わらない薄手のジャンパーだった。いい歳《とし》した大人がジャケットも着ないで歩いているから、不動産屋は怪しいと思い、警戒したのではないか、というのが鈴木の分析の結果だった。鈴木の指摘を受けて、翌日より高畑はジャケットを着てスタジオ探しを再開することにした。

すると、成果がさっそくあらわれ、その最初の日に吉祥寺駅の近くで目指す物件を見つけることができた。新築されていた第二井野ビルで、４階建ての２階部分を賃借することになった。フロアーの中央にエレベーター部分を持つ「コ」の字型のワンフロアーで、広さは76・６坪あった。１階にはテナントとして喫茶店が入っており、スタッフの打ち合わせ場所などとしても活用されることになった。

こうして１９８５年６月15日、ついにスタジオ開きが行われた。２日後の17日には宮﨑がスタジオ入り。以後、7月18日に野崎俊郎《としろう》美術監督、8月5日に丹内司《たんないつかさ》作画監督、8月16日に金田伊功原画頭《がしら》、9月6日に山本二三《にぞう》美術監督と、メインスタッフが次々とスタジオ入りをした。

なおスタジオジブリの運営については、高畑が大きな方針を決めていた。それは会社経営のリスクを減らすため、1作作るごとにスタッフを集め、解散するという方針だ。この制作スタイルは、社員制度に移行する『おもひでぽろぽろ』の前作『魔女の宅急便』まで続くことになる。また、高畑自身は『風の谷のナウシカ』と同様に、プロデューサーという立場で『天空の城ラピュタ』に参加することが決まっていた。

スタッフが集結

作画監督・原画のメンバーは総計21人。そのうち約3分の1は、『ナウシカ』制作時の原画メンバーからの移行組である。また前作にも参加した作画監督の丹内司のほか、篠原征子《まさこ》、二木《ふたき》真希子、遠藤正明《まさあき》、友永和秀《ともながかずひで》といった日本アニメーション、テレコム・アニメーションフィルムといったスタジオで宮崎とともに仕事をした作画スタッフが参加しているのも特徴の一つといえる。実はこれらのメンバーの一部は、クレジットはされていないものの、『ナウシカ』

の追い込みを手伝ったこともあったという。また後に『青の6号』で監督となる前田真宏《まひろ》や、ジブリ作品である『総天然色漫画映画　平成狸《たぬき》合戦ぽんぽこ』で作画監督を務める大塚伸治《しんじ》の名前も見える。

美術監督は二人という、当時としては異例の体制。野崎俊郎は、『ペリーヌ物語』『赤毛のアン』の美術を担当し、『風の谷のナウシカ』で宮崎作品に初参加。『天空の城ラピュタ』が初の美術監督となる。山本は、宮崎の『未来少年コナン』で美術監督を務め、『ルパン三世　カリオストロの城』で美術を担当。また高畑の『じゃりン子チエ』でも美術監督を担当した。

『天空の城ラピュタ』のストーリーは、すでに宮崎がスタジオ・インする以前に準備稿が一度まとめられていた。物語の骨格は定まっていたが、悪役として登場するムスカの野望と挫折が主題となっており、主人公であるパズーとシータの存在感が薄く、いささか物語のバランスを欠いている部分があった。鈴木と高畑のそうした指摘を踏まえ、宮崎は脚本を再度改め、その脚本をベースに6月より絵コンテの執筆をスタートさせた。

作画インは1985年9月。スケジュールはかなり押し気味に進行し、たとえば2カ月後の11月の時点では原画が予定の半分、背景に至っては予定の50分の1しか上がっていない状況だった。そのため大晦日《おおみそか》にも多くのスタッフがスタジオで仕事をしており、除夜の鐘を聞いた後、スタジオからそのまま初詣に出かけたというエピソードもある。その後、1986年1～3月に驚異的なペースで巻き返しが行われ、7月23日に初号試写が行われた。

物語のラストシーンでは、パズーが製作中だったオーニソプター（羽ばたき飛行機）を登場させるアイデアもあったが、オーニソプターを飛ばすとなると作画が難しくなるため、これは見送られた。そのかわり本編で活躍したのがフラップター。これは昆虫型羽ばたき飛行機で、英語のフラップ（羽ばたくという意味）をもとに宮崎が命名したものだ。作画作業が本格化する前に原画頭の金田が、いくつかの羽ばたきのパターンをつくってテストしたが、昆虫の羽ばたきを、秒24コマのアニメで表現するのは難しく、金田はいくつもの羽ばたきのパターンを描いてテストを行い、最終的に流線で表現することになった。

またラピュタの庭園に登場する小動物「ミノノハシ」にもエピソードがある。色指定の保田《やすだ》道世《みちよ》が、本物のミノノハシの色を知りたいということで、演出助手の須藤典彦《すとうのりひこ》に資料探しを依頼。須藤は「17世紀に絶滅した」という宮崎の絵コンテの記述を手がかりに図書館で調べたものの、資料が一切見つからない。困って宮崎に相談したところ、実はミノノハシというのは、宮崎の考えた想像上の生き物だった、というオチがついたという。

ラピュタを守るロボット兵は、ポール・グリモーの『やぶにらみの暴君』に登場するロボットにオマージュを捧げたものだ。宮崎が脚本・演出を担当したTV版『ルパン三世』の最終回「さらば愛《いと》しきルパンよ」に登場したロボット、ラムダの発展型でもある。宮崎は、このラムダの時計の部品のような顔を気に入っていたにもかかわらず、TVでは十分に生かし切れなかったことから、『ラピュタ』に再登場させたという。推進方法がプロペラから、ジェットエンジンへと変更になるなど細部はかなり異なるが、『ラピュタ』に登場したことで、魅力的なキャラクターとして独り立ちした。現在は三鷹《みたか》の森ジブリ美術館の屋上に「守護神」として置かれたその姿を見ることができる。
『ラピュタ』における新要素としては、海賊の女親分、ドーラの造型がある。ドーラについては『アニメージュ』1985年12月号に編集部の原稿として、こんな記事が載っている。

海賊にして母、物欲と食欲の人・ドーラこそ宮崎さんの思い入れのいちばん深い人。なにしろ宮崎さんのお母さんがモデルなのだから。子どものころは「兄弟男ばかり4人そろってもおふくろにはたちうちできなかった」そうです。「想像力がかきたてられる」と音響監督の斯波さんをうならせ、金田さんに「描いてみたい」といわせた魅力ある〝バアさん〟です。

宮崎の母は、『ナウシカ』制作中の1983年に亡くなっている。宮崎の弟である宮崎至朗が、『映画 天空の城ラピュタ GUIDE BOOK』に寄稿した「兄・宮崎駿」の中には次のように書かれている。

母親は昭和五十八年七月二十七日に七十一歳で他界した。「ラピュタ」に登場する女海賊ドーラを連想してくれるといい。病気がちだったので、あの肉体的活発さはなかったし、もう少し美人だったと信じたいが、精神的迫力はまさにドーラに通ずるものがあった。

音響面では音響監督を引き続き斯波重治が、音楽を久石譲《ひさいしじょう》が担当した。主役の二人の声は、横沢啓子と田中真弓が担当。異色キャストとしては、俳優の寺田農《みのり》がアフレコに初挑戦し、ムスカというキャラクターを印象的に演じた。また音響面では、モノラルだった『ナウシカ』に対し、『天空の城ラピュタ』よりドルビーステレオが採用された。

エンディングに主題歌「君をのせて」を入れるというのは高畑のアイデア。この主題歌作業について高畑は、『ロマンアルバム 天空の城ラピュタ』のインタビューで次のように語っている。

この話は一種の宝島としてのラピュタへ行くわけですが、別に宝をもって帰ってメデタシというわけではない。一種の暗い側面もあるこの物語を見終って、観客が「ホーッ」と茫然《ぼうぜん》となっているところに、歌がスッとすべりこんできて、何か気持ちを柔らげ、しかも歌を聞いている間にあれこれ頭の中で映画を反芻《はんすう》してくれる……勇気が湧いてくる……そのためにも、歌があった方がいいんじゃないかと思ったんです。宝を求めて行ったんだけれど、宝は手に入らなかった。かわりに何を手に入れたんだろう……そのあたりのことですね。

そこで高畑はイメージ・アルバムの中の「パズーとシータ」という曲を映画の中で一貫して使い、最後に歌にしてそれを流すという音楽演出を提案。久石は歌にするためにサビ部分を追加で作曲し、宮崎は主題歌の内容についてメモを書いた。この宮崎のメモの言葉がそのまま歌詞になりそうだと高畑は考え、久石と高畑で言葉を整理し曲に合わせることで主題歌「君をのせて」が完成した。

ジブリ初のタイアップ

劇場公開は1986年8月2日。東映の配給により全国洋画系103館で公開され、約77万5000人を動員、配給収入5億8300万円をあげた。『ナウシカ』と比べた場合、徳間書店1社の製作のため宣伝力が落ちてしまったのが、興行成績がダウンした一因と考えられた。

また『ラピュタ』では、徳間社長の意向で広告代理店の電通に宣伝を委託することになり、初めて本格的なタイアップが行われた。その背景を鈴木は次のように語っている。

僕があとから振り返るとね、映画っていうのはテレビと違って商業主義じゃなかったんですよ。テレビはただで番組を見ることができる。しかしそれにはスポンサーがくっついているわけだから、商業主義が当たり前なわけでしょう。ところが映画は、独立した作品で、クライアントその他はくっつかなかったんですよ。ところがそこにクライアントをつけるっていう考えを電通が持ってきた。『ラピュタ』は、おそらく僕の知る限り、日本の映画でそういうことをやった初めての作品ですね。

（『風に吹かれて』）

タイアップの話が進む中で、電通は『ラピュタ』に関するキャラクターや映像の使用について、細かな条件をリストアップした契約書を用意してきた。しかし高畑は、この契約書の記載項目をほぼすべて却下。許可するのは、『天空の城ラピュタ』というロゴのみとし、そのほかのキャラクターの絵や映像については、都度協議して使用を検討することを条件とした。高畑がこのような厳しい条件を提示した背景には、企業とタイアップをすることによって、それまで商業主義に侵されなかった映画の自由が失われることへの危惧、そして、『ラピュタ』をその第一号作品にするべきではないという考えがあったという。

電通は高畑の出した条件に難色を示したが、対する高畑も折れることはなく、結果として、このタイアップは電通とジブリの双方が契約を締結しないままに動き出す異例の事態となる。

そのような状況の中で電通の担当者がジブリに提案したタイアップ相手は、味の素と東芝の2社だった。味の素からは、映画公開に合わせて清涼飲料水「天空の城ラピュタ」をリリースする提案があったが、ここでも、パッケージに使用する絵をどうするかということが問題になる。高畑は、「ジュースが映画になったと言われないようにすることが大事だ」と主張。調整の結果、商品パッケージに使う絵は映画の映像そのものではなく、宮﨑がCMのために描いたイメージボードのラフスケッチに留めることとなった。

映画の宣伝と、守るべき自由。そのはざまに立ちながら、徹底して作品を守ろうとした高畑。その姿勢を目の当たりにした鈴木は、以降の作品においても、ジブリ独自のタイアップ方針を模索してゆくことになる。

僕は、『ラピュタ』のときは、若干のお金を、制作費の補塡としてスポンサーからもらったりもしたんですよ。だけど、やっぱりお金を出した以上、みんな取り戻そうとする。そのことがこのときに分かるんです。だから、タイアップをやるときっていうのは気をつけなきゃいけない。『トトロ』と『火垂《ほた》る』以降は、タイアップといっても、一切お金は発生させないと決めるんですよ。（略）一つ間違ったら、ジュースが映画になったみたいな感じがしてしまう。これを避けるために宣伝するなっていう、わけの分からないことをやらなきゃいけなくなるんですよ。そうすると向こうは、『え？』っていうことで目を白黒させることになるでしょう。共存共栄をもくろんだんだろうけれど、僕らはそれに応じることはできなかった。それによってタイアップは、実質的には、うまくいかなかった。

（同前）

こうしてジブリ初となるタイアップは多くの課題を残したものの、『ラピュタ』は『ナウシカ』に続き、広く好評に迎えられた。大藤信郎賞を受賞したほか、『キネマ旬報』（1986年）ベストテンの日本映画8位、読者選出日本映画2位。「ぴあテン」、『映画芸術』のベストテンではそれぞれ1位を受賞している。

第3章

前代未聞の2本立て。『となりのトトロ』と『火《ほ》垂《た》るの墓』

紆余《うよ》曲折する企画

『天空の城ラピュタ』の成果を踏まえ、宮崎駿監督による新たな作品の準備が始まったのは1986年秋。宮崎が描いた1枚のイメージボードに鈴木敏夫が着目し、映画化を提案したことがきっかけだった。そこに描かれていたのは、雨のバス停で傘をさして父を待つ女の子と、頭に大きな葉を乗せて立つトトロ。宮崎にとっては、テレビのスペシャル番組の構想の一つとして描いた絵だったが、1970年代後半から温めていた企画でもあったという。その物語は、まだTVが普及する以前の東京の郊外を舞台に、そこに引っ越してきた女の子と、森に住むふしぎなおばけの「トトロ」との交流を描くというもの。ちなみに「トトロ」のイメージボードは、1983年3月に出版された『宮崎駿イメージボード集』や、『アニメージュ』1983年9月号の付録「風の谷のナウシカ／宮崎駿イメージボード集」として既に世に出ており、一部のファンにはその存在は知られていた。

しかし『となりのトトロ』の企画は、スタジオジブリの親会社である徳間書店から難色を示された。企画そのものが地味で、『風の谷のナウシカ』『天空の城ラピュタ』という「宮崎駿＝SF活劇」という路線とは大きく違う企画だったのも、主な理由の一つだった。徳間サイドからは、映画ではなくビデオ企画ならばOKを出してもよい、という提案もあったそうだが、鈴木はあくまで映画化にこだわった。

実質的にジブリ作品の企画を担当していた鈴木は、『トトロ』の企画が上層部で拒否された後、さらに案を練った。そこで浮上したのが、別作品との2本立て興行であれば、徳間書店幹部を説得できるのではないかというアイデアだ。この時、同時上映作として鈴木が提案したのが、野坂昭如《のさかあきゆき》の小説『火垂るの墓』のアニメ化だった。

『火垂るの墓』の企画の発端は、この2本立て案の以前、1986年1月にまで遡る。『天空の城ラピュタ』制作中の当時、同作品でプロデューサーを務めていた高畑勲が、『アニメージュ』編集部を訪れたのがきっかけだった。この時、尾形英夫編集長が高畑に「日本が戦争に負けて、大人たちが自信を失っていた時に子供たちだけは元気だった。そういう映画をやりませんか?」と話を持ちかけたのだ。高畑はこの提案に興味を示し、尾形の提案に沿う原作を、副編集長の鈴木らとともに探し始めた。

当初、高畑からは村上早人《はやと》によるエッセイ『日本を走った少年たち』を原作とする提案も出たが、やがて頓挫。魅力的な作品はなかなかみつからなかった。そんなある日、鈴木が19歳の秋に読んだ野坂昭如の小説『火垂るの墓』を提案したところ、本を読んだ高畑が「ぜひアニメにしてみたい」とこれを承諾。高畑による『火垂るの墓』の映画化企画が始動することとなった。本を一読しただけで映画化を決断するのは、高畑にとっては珍しいことだった。

このような経緯を経て、『となりのトトロ』と『火垂るの墓』は、60分程度の中編による2本立て企画として、まとめ直された。宮﨑の担当だった『アニメージュ』編集部の亀山修が『トトロ』の、鈴木が『火垂るの墓』の企画書をまとめた。

だが、この企画もまた良好な回答を得られなかった。この時、鈴木は徳間書店の山下辰巳《たつみ》専務から「オバケだけならまだしも、さらに『墓』とは何だ！」と叱責されたという。

再び企画は膠着《こうちゃく》状態となったが、『火垂るの墓』の版元である新潮社がこの企画に大きな関心を寄せたことが突破口となった。

きっかけは、亀山と新潮社の初見國興《くにおき》が知己だったこと。鈴木がそこに目をつけ、1986年10月、亀山を通じて『火垂るの墓』を新潮社で製作できないかという打診をした。当時、新分野への挑戦の機運が高まっていた同社は、この徳間側からの提案を前向きに受け止めた。

この水面下の交渉を踏まえ、佐藤亮一《りょういち》社長が徳間康快社長へ共同配給を呼びかけるための電話を直接掛けた。この〝ホットライン〟により、新潮社と徳間書店という二つの出版社が手を組むという異例のプロジェクトが、具体的にGOサインとなり、この2本立ての企画がスタートすることになった。

しかし今度は配給サイドで問題が起きた。徳間書店は前2作と同様、東映での配給を考えていたが、東映が「社風に合わない」ということで、2本の上映を断ったのだ。そこで徳間社長は東宝と直談判《じかだんぱん》し、1988年4月の公開を取り付けたという。

また、スタジオをあずかる原徹がこの2本立てに厳しい見解を示した。原の意見は「日本の長編アニメーションの礎を作った東映動画でさえ、同時に2本の長編を制作したことはなかった。リスクが大きすぎる」というものだった。この企画のリスクの大きさについて、鈴木はいくつかのインタビューの中で「この2本でジブリが最後になってもかまわないというアナーキーな気持ちだった」と当時の心境を語っている。なお鈴木は、1986年冬より、『アニメージュ』の編集長に就任した。

スタジオ内に山積する問題

企画は決まったものの、制作面での課題はまだまだ無数にあった。

まず具体的に問題になったことの一つは、作業のスペースだ。2作品を並行してつくるとなると、これまでの吉祥寺・井野ビルにあるジブリ以外にもう一つスタジオが必要となる。調べたところ、井野ビルからわずか50メートル先のビルに部屋が空いていることがわかった。そこでさっそくこの一室が新スタジオとして契約された。ただし入居可能となるのが4月のため、まずは「火垂る」班が入ることになった井野ビルのスタジオの一角に、「トトロ準備室」が用意された。

もう一つの問題はスタッフ編成だった。映画を2本制作するとなれば、スタッフもこれまでの倍必要になる。さらに高畑、宮崎両監督とも、自作に参加してほしいスタッフが重なることもあった。

中でもアニメーターの近藤喜文《よしふみ》は、両監督から参加を要請されることになった。近藤は、Aプロダクション、日本アニメーション、テレコム・アニメーションフィルムといったスタジオで、高畑、宮崎とともに仕事をし、高畑の『赤毛のアン』、あるいは宮崎の『名探偵ホームズ』で、それぞれキャラクターデザインと作画監督を担当してきた。両監督からの信頼も厚かった近藤だが、最終的に『火垂るの墓』に参加することとなった。

もう一人、両監督から参加を要請されたのが、色彩設計の保田道世。東映動画の仕上課で仕事を始め、労働組合の活動を通じて高畑・宮崎と知り合いになったという、古い仕事仲間の一人だ。『アルプスの少女ハイジ』『未来少年コナン』などでもともに仕事をし、『ナウシカ』『ラピュタ』にも参加していた。結局、保田については、鈴木、原、高畑、宮﨑、それに保田の5人で会議が開かれ、保田は『火垂るの墓』をメインに担当し、『トトロ』は主な色彩設計をした上で、色指定のスタッフをもう一人立てることで解決した。

『火垂るの墓』が目指した課題

『火垂るの墓』の制作は1987年1月よりスタートした。まず高畑、山本二三美術監督がスタジオ入りし、2月に作画監督の近藤が、3月にレイアウト・作画監督補佐の百瀬義行《ももせよしゆき》がスタジオ入りし、キャラクターデザイン、美術ボード、絵コンテなどの準備に取り掛かった。3月には神戸へのロケハンが行われている。

『火垂るの墓』は野坂昭如が1967年に発表し、同年に直木賞を受賞した作品。太平洋戦争の末期、1945年6月の神戸への空襲で母を失った14歳の清太《せいた》と4歳の節子の兄妹が、二人で生きようとはしたもののかなわず、終戦後間もなく死んでしまうという内容で、野坂の体験をもとに書かれたということもあり、発表当時大きな話題となった作品だった。

高畑は制作にあたり、まずシノプシスをまとめた。ただし、シノプシスといっても原作の内容を簡単にまとめたというわけではなく、制作意図、企画の時代性などにまで触れたもので、映画の狙いを語った文章として、パンフレットなどにも「『火垂るの墓』と現代の子供たち」として掲載されている。その中で高畑は、映画化の狙いについて次のように記している。

「火垂るの墓」の清太少年は、私には、まるで現代の少年がタイムスリップして、あの不幸な時代にまぎれこんでしまったように思えてならない。そしてほとんど必然としかいいようのない成行きで妹を死なせ、ひと月してみずからも死んでいく。

（略）

清太のとったこのような行動（編注／世話になっている未亡人の嫌みなどに耐えかねて、その家を出てしまうこと）や心のうごきは、物質的に恵まれ、快・不快を対人関係や行動や存在の大きな基準とし、わずらわしい人間関係をいとう現代の青年や子供たちとどこか似てはいないだろうか。いや、その子供たちと時代を共有する大人たちも同じである。

家族の絆《きずな》がゆるみ、隣人同士の連帯感が減った分だけ、二重三重の社会的保護乃至《ないし》管理の枠にまもられている現代。相互不干渉をつき合いの基本におき、本質に触れない遊戯的な気のつかい合いに、みずからのやさしさを確かめあっている私たち。戦争でなくてもいい、もし大災害が襲いかかり、相互扶助や協調に人を向かわせる理念もないまま、この社会的なタガが外れてしまったら、裸同然の人間関係のなかで終戦直後以上に人は人に対し狼となるにちがいない。自分がどちらの側にもなる可能性を思って戦慄する。そして、たとえ人間関係からのがれ、清太のように妹とふたりだけでくらそうとしても、いったいどれだけの少年が、人々が、清太ほどに妹を養いつづけられるだろうか。

（略）

しかしいま「火垂るの墓」は強烈な光を放ち、現代を照らしだして私たちをおびえさせる。戦後四十年を通じて、現代ほど清太の生き方死にざまを人ごととは思えず、共感し得る時代はない。

いまこそ、この物語を映像化したい。

私たちはアニメーションで、困難に雄々しく立ち向かい、状況を切りひらき、たくましく生き抜く素晴らしい少年少女ばかりを描いて来た。しかし、現実には決して切りひらくことの出来ない状況がある。それは戦場と化した街や村であり、修羅と化す人の心である。そこで死ななければならないのは心やさしい現代の若者であり、私たちの半分である。アニメーションで勇気や希望やたくましさを描くことは勿論《もちろん》大切であるが、まず人と人がどうつながるかについて思いをはせることのできる作品もまた必要であろう。

こうした高畑の狙いは、映画のラスト、死んでしまった兄妹の向こうに、ビルなどが立ち並ぶ現代の夜景が姿を見せる場面に集約されている。

さらに『火垂るの墓』では、表現上の狙いとして「日本人を描くこと」を掲げていた。高畑は、これについて『近藤喜文の仕事』に寄せた、「自信にあふれる確かな筆致」の中で、この課題について、近藤とどうしても仕事をしたかった理由を絡めて、次のように語っている。

「火垂るの墓」を映像化するにあたって、なんとか達成したい、また、達成しなければならない課題が山ほどあり、そのうちの多くは、近ちゃん（編注／近藤のこと）にしか達成できないような、いや、近ちゃんならかろうじて達成できるかもしれない程の難題と思われた。

その難題とは、簡単に言ってしまえば、「日本人をちゃんと描こう」ということだった。こうあってほしいという理想主義的なキャラクターでもなければ、マンガ的様式的なキャラクターでもない、まぎれもなく日本人がこうあった、という現実的なキャラクターで、なおかつその特徴を戯画的侮蔑的な誇張によってではなく、日本人乃至東アジア人としての尊厳を保ちながらユーモアをまじえて捉えることはできないか、しぐさや表情に関しても各年齢感に応じつつ、そのように描き出せないか、という課題である。

　この課題は近藤喜文氏にこそ達成してもらいたいものだった。

　こうして近藤がデザインしたキャラクターは、高畑の要求に見事応えるものだった。作画監督補佐を担当した百瀬義行は前掲書の中でインタビューに答え、デザインが様式化されていないためキャラクターを似せることが難しく、原画マンは近藤の修正やラフスケッチなどを頼りに、キャラクターの感じをつかんでいくしかなかった——と、当時のスタッフの苦労を振り返っている。

　作画に関しては、4歳の節子の感じをつかむため、当時4歳だった美術監督、山本の娘をスケッチしたり、あるいはスタジオ近くの保育園に4歳児を見学にいったりということも行われた。

『火垂るの墓』の絵コンテは、高畑が脚本の準備稿を書き、さらに高畑の描いたラフコンテに基づき、百瀬が絵を仕上げるという手順で進められた。絵コンテ作業は1987年5月からスタート。1987年6月に作画インし、1988年4月11日に、初号試写が行われた。

『火垂るの墓』は音響面でもチャレンジがあった。4歳の節子の声として、実年齢に近い5歳の白石綾乃《あやの》をキャスティングしたという点だ。それは音響監督の浦上靖夫《うらがみやすお》と高畑の共通した希望だった。そこには「現代日本では考えられない状況に、みている子どもたちをなるべく自然に導入したかった」（『アニメージュ』1988年3月号における浦上の発言）という狙いがあった。

なるべく自然な演技を録音するため、白石だけをプレスコ（声だけを事前に録音する方法）とし、そのほかのキャラクターについては、節子の声を聞きながら、アフレコをするという方法がとられた。台本が読めない白石のために、マネージャーがセリフを口伝えに教えながらの録音となった。こうした努力の結果、存在感のある節子像が生まれることになった。

自然を描く『となりのトトロ』

一方『トトロ』は、87年3月より準備をスタート。すでに過去に描かれたイメージボードが存在していたが、宮崎は映画制作にあたって新たに90枚ほどのイメージボードを描いた。企画段階と大きく異なるのは、当初は女の子が一人だったのを、サツキとメイ（どちらも5月の意味）に分けたことである。上映時間は当初60分程度の中編の予定だったが、80分ほどの長編に変更になった。

この作品の発端について、宮﨑は次のように語っている。

（編注／『アルプスの少女ハイジ』や『母をたずねて三千里』などをやっているうちに）無理しないで自分たちの世界をちゃんと描けたら幸せなのにっていう、というよりも描かなきゃいかんっていう気持ちになったですね。僕自身、ずっと日本が好きじゃなかったですから。日本っていう国家は今も好きじゃないですけども、日本の風土も嫌いで困っていた子供時代の僕に、こういうとこがあるんだよって、こういう見方をすりゃいいんだよっていうふうなね、そうやって観せられる映画があったらよかったのにとは思いましたから。だけど、それも結局は後からつけた理屈でね、とにかくひたすら『トトロ』みたいなものをやらなきゃいけないって思った最初の動機は、なんか赤土の、ぼうぼうと草が生えてるところに、ポケッとした子供が立っていて、そしたら目の前を変なものが通ったっていうね、その風景だけをもうゾクゾクするぐらいやりたかったんですよね。それはもう本当にやりたかったんです。

（『風の帰る場所』）

また、トトロの造型について、宮﨑は『アニメージュ』１９８８年5月号のインタビューに次のように答えている。

ぼく自身、都会で育った人間なので、そうした（編注／幽霊や妖怪を生んできたような）伝承とは無縁なんです。森の中にいる、なにか不思議な生きものを形にするとき、いわゆる人間を驚かす妖怪という形では描きたくなかった。日本の自然は、あんまり人間をおびやかすような自然ではないし、かといって怨《うら》みをもつものでもない。ということになると、タヌキやムジナみたいなもの――もっとも、ムジナとはどういう生き物だろうと考えても、形がないんだけど…。自然の山や木を見ていて、この中から生えてくるお化けってどんなものだろうと考えて、タヌキでもあり、ムジナでもミミズクでもある、全部まざったヘンなものということで、トトロが出来たんです。

1987年4月。スタッフはようやく完成した新スタジオに移動した。作画監督は名作劇場などで腕を振るってきた佐藤好春、美術監督は『妖獣都市』などを手がけてきた男鹿《おが》和雄。どちらも宮崎とは初顔合わせだった。

『となりのトトロ』にとって、大きな役割を果たしたのが美術だ。美術監督を探していた宮崎に『ラピュタ』の美術監督だった山本が推薦したのが男鹿だった。

男鹿は、１９９６年の『男鹿和雄画集』の中のインタビューで『トトロ』を引き受けた動機について「描く材料が昭和30年代の郊外だっていうのが嬉《うれ》しかったですね。それと、僕自身、初めてだったんですよ、美術に対して〝田園風景とか木とか草花とか、そういうものによく目を向けて描いて欲しい〟という要求を出す監督と仕事をするのは。僕もやってて、半ばくらいからは、草花と木とかをトトロと同格に考えていいんだな、と思いながら描くようになりましたから」と語っている。男鹿は、どこまで細密に描き、どこからを省略していくかという、そのバランスに苦心したという。

また『ロマンアルバム　となりのトトロ』のインタビューでは「昨年の秋頃に、宮崎さんから『今までアニメーションで、やりたいけど出来ないから誰もやろうとしなかった。そういうシーンですから覚悟して下さい』」と言われたと話している。これは『トトロ』のＤパートを指しており、ここでは昼間から夜まで日が暮れていく過程を丹念に追った内容が描かれていた。これはわずかな光の変化をとらえていく美術の力あってこそ可能になる時間経過の表現だった。

作画インは７月。１９８８年４月１日に初号試写が行われた。

茶カーボンに苦闘

『となりのトトロ』『火垂るの墓』ともに新たな試みとして、キャラクターなどの輪郭線に茶色が使われている。普通のアニメでは、動画の線をセルに転写する場合、黒のカーボンを使うため、輪郭は黒い線で縁取られている。しかし、黒い輪郭線は『トトロ』や『火垂るの墓』の世界に馴染《なじ》まないだろうということで、もっと背景に馴染む茶色の輪郭線を採用することになったのだ。

茶色の輪郭線は予想通りの効果をあげたが、一つ誤算だったのは、まだカーボンの性能がそれほどよくなく、動画の線が転写されづらいことだった。当初は、マシンがけ（動画からセルへの線の転写）以降の作業を外注の仕上げスタジオに出す予定だったが、外注先のトレスマシンでは、茶カーボンをうまくトレスすることができず、結果的にほとんどのマシンがけをジブリ社内で行わざるをえなくなった。また、カーボンそのものの性能もこなれておらず、線の転写がうまくいかなかったり、転写後にカーボンをはがそうとすると一緒に線もはがれてしまうなどのトラブルも、当たり前のように起こった。

そのためマシンがけを担当した制作スタッフの間では、「マシンがけをし終わったセルに息を吹きかけて急速に冷却するとカーボンがセルに固定されやすい」とか「薄い線のところはゆっくり、濃い線のところは素早くはがすとカーボンが残りやすい」などというさまざまなテクニックが開発されることになったという。

キャッチコピーは糸井重里

宣伝面では、コピーライターの糸井重里《しげさと》が新たに参加した。これは実は、徳間と新潮両社の関係者でキャッチコピーを作ろうとしたが、意見がまとまらず、ならば専門家に依頼しようということで、1980年代初頭から「不思議、大好き。」(西武百貨店)などで脚光を浴びていた糸井に依頼することを鈴木が決めた。

糸井には、それぞれの作品のコピーと2本をつなぐ全体のコピーの3本が依頼された。全体コピーは「忘れものを、届けにきました。」。糸井は、このコピーに、二つの作品が描く舞台が現在と地続きの過去である、という意味を込めたという。『火垂るの墓』は、当初「七輪一つと、蒲団《ふとん》、蚊帳《かや》。それに妹と蛍。」という案もあったが、最終的に「4歳と14歳で、生きようと思った。」に決まった。『となりのトトロ』のコピーは「このへんないきものは、もう日本にいないのです。たぶん。」だったが、「このへんないきものは、まだ日本にいるのです。たぶん。」と改められた。この経緯について糸井は、『アニメージュ』1988年5月号のインタビューで「現実には、もういないんじゃないかなと、ぼくなんかは思うわけです。ただ宮崎さんが『そうかもしれないけど、いると思って作りたい』とおっしゃって、確かにそう思ってないと映画は作れないと思ったんですよね。（略）ただ、やっぱり『たぶん』はつけざるをえないんですね」と話している。

なお糸井は制作期間中に娘を連れて、ジブリを訪問しており、この時の声と話し方の印象が宮崎に強く残ったことが、サツキとメイの父親役への起用につながった。

この後、糸井はジブリ作品のキャッチコピーを一貫して担当していくことになる。

公開は1988年4月16日。東宝系129館で公開された。制作が遅れた『火垂るの墓』については、一部が未完成のまま公開された。興行期間は4週間の予定だったが、次の映画の公開が遅れたため、最終的に2週間増えて全6週間の興行となった。なお、未完成部分が完成したことから、同年8月には二次興行も行われている。

最終的な配給収入は2本合わせて5億8800万円。観客動員数は80万1680人（第一次興行のみ）。2本立てでありながら配給収入は、『ラピュタ』と比べてほぼ横ばいの結果だった。

その一方で、それぞれの作品は高い評価を受けた。『となりのトトロ』は、山路ふみ子賞映画賞、『キネマ旬報』1988年ベストテンの日本映画第1位、読者選出日本映画第1位、毎日映画コンクールの大藤信郎賞、日本映画大賞などを受賞している。また『火垂るの墓』は、モスクワ国際児童青少年映画祭グランプリ、日本アニメ大賞グランプリなどを受賞している。

第４章

『魔女の宅急便』のヒットと社員化

宮崎 駿 監督作品
魔女の宅急便
'89年夏、全国洋画系ロードショー
おちこんだりもしたけれど、
私はげんきです。

広告代理店から持ち込まれた企画

僕自身は『魔女の宅急便』を作らなくても、もう自分でなんか一種、四角形ができたなあっていう感じがしてね。『カリオストロ』と『ナウシカ』と『ラピュタ』と『トトロ』をやったら、ある時期までやりたいと思ってたことに一応全部手を出せたっていう感じがあったんですよ。だからまあ、これで一段落っていうか。ここまでやれたらいいやっていうふうにそのとき密《ひそ》かに思いました。

(『風の帰る場所』)

宮﨑駿監督は、『となりのトトロ』が終わった時点での心境をこのように振り返っている。宮﨑が語っている通り、そもそも『魔女の宅急便』は、ジブリ発の企画ではなかった。実写を中心に手がける企画・制作会社がアニメ化を企画し、原作者と出版社より映画化権を取得。ジブリには、電通を通じて企画が持ち込まれ、この時点で「宅急便」の商標を持ち、クロネコをトレードマークとするヤマト運輸が、タイアップすることも決まっていた。

『魔女の宅急便』の原作は、角野栄子《かどのえいこ》による児童文学。魔女の母親を持つ13歳の少女キキが、故郷を離れたコリコの町で、ホウキを使った「お届け物」屋さんとして働く様子を連作形式で描いた内容で、野間《のま》児童文芸賞などを受賞している。

企画が持ち込まれたのは、『となりのトトロ』『火垂るの墓』の制作が始まったばかりの1987年春。企画サイドからは、高畑勲監督でというリクエストもあったが、話し合いの結果、宮﨑がプロデューサーとして立ち、若手監督が現場を担当するという方向にまとまった。こうして宮﨑は『トトロ』を制作しつつ、1987年暮れから1988年春にかけて監督とシナリオライターの選定にあたった。

シナリオライターとして名前が挙がったのは、当時新進の脚本家として注目を集めていた一色伸幸《いっしきのぶゆき》。一色は『私をスキーに連れてって』（1987年）、『木村家の人びと』（1988年）などを手がけ、現代をユニークな角度で斬ることで評価が高まっていた。また監督については、当時注目を集めていた若手演出家の作品をビデオで見たり、時には本人に会うなどしながら検討し、最終的に、『名探偵ホームズ』で脚本を務めた経験もある片渕須直《かたぶちすなお》に内定した。そのほか作画、美術のメインスタッフにもこの時点で、声がかけられていた。

しかし実際に一色のシナリオが完成してみると、宮﨑の考えていたテイストとはズレがあることがわかった。宮﨑は、一色の発想のおもしろさは認めつつも、全体の乾いた雰囲気に納得ができず、最終的に自分でシナリオを手がける決意をする。

『となりのトトロ』が終わると同時にスタート

『魔女の宅急便』準備班が正式にスタートしたのは、『となりのトトロ』の初号が終わった翌日の1988年4月2日。メインスタッフに内容を説明しつつ、宮崎はシナリオの執筆をスタートさせ、4月29日にキャラクター設定とシノプシスを書き上げている。また5月7日から16日まで、メインスタッフは、宮崎のまとめたシノプシスを参考にしつつ、スウェーデンのストックホルム、ゴットランド島ヴィスビーへとロケハンに出かけている。ちなみにゴットランド島は、宮崎がAプロダクション時代の『長くつ下のピッピ』企画中にロケハンに訪れた場所でもある。これが宮崎にとって初の海外への旅だった。

ロケハンの狙いは、「〝日本の女の子たちがなんとなく思い描いているヨーロッパ〟を絵の中に実現させる」こと。物語の舞台となるコリコの町は、主にストックホルムのイメージでまとめられているが、大通りの賑《にぎ》わいはパリを、裏通りの雰囲気はストックホルムの下町ガムラスタンをモデルとし、さらにはサンフランシスコの坂など、さまざまな町をパッチワークするように構成されている。またゴットランド島のヴィスビーは、全体の風景や、コリコの町の城壁のイメージのもととなっている。
宮崎のまとめたシナリオは、連作形式の原作と構成が変わっているだけでなく、都会で一人暮らしをするキキの心情に迫った内容となった。この意図について、宮崎は二つのインタビューで次のように語っている。

最初の出発点として考えたのは、思春期の女の子の話を作ろうということでした。しかもそれは日本の、僕らのまわりにいるような地方から上京してきて生活しているごくふつうの女性たち。彼女たちに象徴されている、現代の社会で女の子が遭遇するであろう物語を描くんだ、と。

（『ロマンアルバム　魔女の宅急便』）

お届けものをするって、まあそれは設定でしかないですけど、下手すると、どっかに血清を取りに行って、子供たちの命を救ったみたいな美談になって終わるようなパターンがほとんどでしょ。だから、『そういうものにはしたくない！　それにはどうしたらいいかな』って考えたら、当時から〝自分探し〟っていう言葉が流行《はや》ってたかどうかは知りませんけど、なんかそういうものと結びつけて、少女漫画を描きたくて田舎から出てきた女の子のような話にしようと思ったら、自分の中で非常にわかりやすくなったんですよ。ちょっと漫画を描けるだけだ、単に空を飛べるだけだっていうね。そのくらいの才能なら誰でも持ってる、それで食べていけるのかっていう。そういうことを考えながら作ったんです。

（『風の帰る場所』）

なお、シナリオの執筆時にはプロデューサーの鈴木敏夫も同席し、1シークエンス書きあがるたびに宮崎は鈴木に感想を求め、二人で対話を重ねながら構成が固められていった。

物語のラストシーンでは、主人公のキキが飛行船の事故で危機にあるボーイフレンドのトンボを救うスペクタクルなシーンがあるが、実は宮崎の当初の構想ではこの場面はなく、キキがニシンのパイを運んだ〝奥様〟から思わぬプレゼントをもらい、涙ぐむシーンで話が終わっていた。この宮崎の初期案を見た鈴木が、観客へのサービスとして派手なシーンが欲しいとの要望を出したことから、飛行船のシーンが追加されたのだ。

宮崎によるシナリオの執筆は順調に進み、その後、6月18日に脱稿。一部手を加え7月8日には改訂稿ができ上がった。

しかし、スタッフがロケハンから帰国し、シナリオも完成したことに伴って二つの課題が浮上した。

一つは、監督の問題。いよいよ本格的な制作に取り掛かろうという時、宮崎と鈴木は、徳間書店の上層部に対して企画の説明と監督の紹介を行うことになった。しかし、その席で二人は現行の体制での映画制作に不安を抱くことになる。当時の心境を鈴木は次のように語っている。


その会を終えてみて、僕としては正直なところ、この体制でいいものが作れるんだろうかと不安になってしまったんです。徳間書店を出て、みんなと別れた後、僕は宮さんを喫茶店に誘いました。

「このままでうまくいくんですかね？」

率直に聞いてみると、宮さんも、

「俺も同じことを考えていた。どうしようか、鈴木さん」と言います。

「トトロから連投になってもうしわけないですけど、やっぱり宮さんがやってくれないですかね」

そうお願いすると、宮さんはその場で「分かった」と了承してくれました。

（『天才の思考』）

数日後、鈴木はスタッフを集めて監督交代の旨を通達し、片渕は引き続き演出補として仕事を続けることになった。

そして二つ目の問題が原作者だった。シナリオが完成したのち、「原作者の角野栄子さんが自分の作品がどんな映画になるのか心配している」という情報が宮崎と鈴木のもとに届いたのだ。

宮崎はそれを知るやいなや、鈴木とともに車で角野の自宅を訪問。「いちどジブリに遊びに来ませんか?」と角野を連れ出し、吉祥寺にあったスタジオへ案内した。通常であれば、角野の自宅からスタジオまでは車で15分ほど。しかし、宮崎はあえて1時間ほどかけて武蔵野の豊かな自然が広がる道を角野に見せながらドライブし、その道すがら、自らが書いたシナリオについて説明をした。

「これには角野さんも『こんなきれいなところがあったんですか!』と喜んでくれて、ジブリに着いた頃にはすっかり心の距離が埋まっていました」(『天才の思考』)と鈴木は当時を振り返っている。こうした交流の結果、角野はすべてをジブリに任せることを了承したという。

キャラクターデザインは近藤勝也《かつや》

宮崎はシナリオ完成直後から絵コンテ作業に入った。9月1日の作画インの段階で、絵コンテ20分ぶんのAパートが完成していた。本編の最後のパートであるDパートの絵コンテが描き上げられたのは、翌1989年3月21日だった。そして、それよりさらに後の5月1日に、エンディング用部分の絵コンテが完成した。

キャラクターデザインには、『天空の城ラピュタ』『となりのトトロ』の原画で腕を振るった近藤勝也を抜擢《ばってき》。また作画監督は、近藤勝也に加え、同じく原画だった大塚伸治と、ベテランの近藤喜文が参加する3人体制だった。準備期間中の3人は、少しずつ仕上がっていくシナリオと並行しながら、イメージボードを描き、映画のイメージを探っていった。『魔女の宅急便』はその企画の成り立ちの経緯もあり、宮崎自身はほとんどイメージボードを描いていない。3人の作画監督の役割分担は、宮崎がラフな修正を描き、大塚・近藤喜文が清書したものを、近藤勝也が最終的にまとめ、最後にもう一度宮崎がチェックするというものだった。

原画陣にはこれまでのジブリ作品に参加したメンバーだけでなく、森本晃司《こうじ》（後に『アニマトリックス——BEYOND』監督）、井上俊之《としゆき》（後に『人狼《じんろう》』副作画監督）、渡辺浩《ひろし》（『魔法のプリンセスミンキーモモ』作画監督）などといった新たに参加したメンバーの名前も見える。

美術監督は、『トトロ』の男鹿和雄の推薦をうけて、大野広司《ひろし》が担当。大野は水谷利春《みずたにとしはる》らが主宰する美術スタジオ、スタジオ風雅のスタッフで、ジブリがメインスタッフを集め始めた1988年春の時点では、水谷が美術監督を務めていた『AKIRA』(大友克洋監督)の追い込み作業中だった。

大野は「今抱えている『AKIRA』を途中で抜けて、『魔女の宅急便』に参加することはできない」と悩んだ末に決断。水谷に『魔女の宅急便』へ参加したい意向を打ち明けたという。それを聞いた水谷は、大野の悩んだ末の選択を了承し、参加を認めた。

しかしその後、鈴木のもとに水谷から電話が入る。

「僕ではだめなんでしょうか。僕に『魔女の宅急便』の美術をやらせてください」

実は水谷は、かねてから児童文学にも関心があり、こういう機会は滅多にないと思っていた。このような経緯もあり、水谷は『AKIRA』の作業が終わったのち、風雅のスタッフとともに、美術スタッフとして『魔女の宅急便』に参加している。

このほか、作中に登場するウルスラの絵は、『トトロ』で美術監督を務めた男鹿和雄が、八戸《はちのへ》市立湊《みなと》中学校養護学級共同作品である「虹の上をとぶ船」に手を加えたもの。宮崎は、自身の義父であり、教育者の太田耕士の教育活動に参加した縁からこの版画作品と出会ったそうだ。劇中での使用に際して、「虹の上をとぶ船」をまず写真に撮影し、そこに油絵風のタッチを加え、さらに宮崎がキキをイメージして描いた少女の顔を新たに加えている。

音響面では、録音演出を浅梨《あさり》なおこが担当。浅梨はこれまでジブリ作品に関わってきた音響監督の斯波重治の助手で、この『魔女の宅急便』が独り立ちした最初の作品だ。キキの声は、高山みなみが担当。さらにウルスラとのダブルキャストという、大胆な起用だった。音楽に関しては、高畑が音楽演出を担当した。

また主題歌は荒井由実（現・松任谷《まつとうや》由実）のヒット曲「ルージュの伝言」と「やさしさに包まれたなら」が印象的に使用され、話題を呼んだ。

日本テレビによるPR

『魔女の宅急便』は1989年7月17日に完成、7月29日から公開された。公開されると大ヒットとなり、最終的には配給収入21億7000万円、観客動員数264万619人という成績を残した。当然ながらこれは、この年の邦画ナンバーワンヒットで、さらには、1978年に公開され、アニメブームを象徴し空前のヒットといわれた『さらば宇宙戦艦ヤマト　愛の戦士たち』（舛田《ますだ》利雄監督）の配給収入21億2000万円を超える興行成績となった。

このヒットの原動力の一つは、それまでの作品以上に宣伝展開に力を入れたことにある。きっかけは鈴木が東映の責任者から「宮崎さんもこれまでだね」と、言われたことだった。この関係者は、『ナウシカ』から『トトロ』と作品を重ねるにつれて興行成績は次第に下がってきていることを指摘したのだ。そこで鈴木は「絶対に『魔女の宅急便』をヒットさせよう」と、そのための方策を考え始めた。

鈴木は、広告代理店に勤める知人に、新商品を宣伝するのにどれぐらい費用をかけるものなのか、尋ねたことがあるという。その時の答えは10億円。商品名を周知させるのに5億円、その中身について知ってもらうのに5億円かかる、というのだ。そこで鈴木は『魔女の宅急便』について、タイアップも含め、10億円相当の宣伝展開をすることを決めた。

鈴木はまず日本テレビに協力を要請した。日本テレビは、『ナウシカ』を含むジブリ作品のTV放映権を持っており、その縁をたどって、映画への出資と、そのための宣伝への協力を依頼したのだ。日本テレビの窓口となったのは、金曜ロードショー担当、映画部の横山宗喜。同局は、1985年に『風の谷のナウシカ』をテレビで放映した時、『ナウシカ』原作本のプレゼントへの応募が100万通を超えるという熱狂的な反響を経験していたこともあり、ジブリ作品への出資は比較的スムーズに決まった。こうして『魔女の宅急便』は徳間書店とヤマト運輸に日本テレビを加えた3社の製作になった。

鈴木は、横山の部下である奥田誠治とともに、いかに同局の番組で『魔女の宅急便』を取り上げてもらえるか、検討を重ねた。奥田が日本テレビの番組を解説し、それぞれの番組にどのような企画を提案すれば『魔女の宅急便』と結びつきが生まれるか、一つ一つ確認していった。そして局内を回り、各番組のプロデューサーとディレクターに、『魔女の宅急便』をPRした。この作戦は功を奏し、日本テレビの多くの番組で『魔女の宅急便』が紹介された。この作品以降、定期的なジブリ作品のテレビ放映や、公開直前のPRなどで、日本テレビは大きな役割を果たしていくことになる。

また宣伝展開全体については、映画の宣伝・パブリシティを手がける会社、メイジャーの宣伝プロデューサー、徳山雅也の力を借りた。メイジャーは、東映で配給されるアニメーションの宣伝を手がけてきた会社で、『宇宙戦艦ヤマト』（舛田利雄監督）や『銀河鉄道999』（りんたろう監督）などをヒットさせてきた実績があった。『魔女の宅急便』以前では、東映の配給だった『風の谷のナウシカ』『天空の城ラピュタ』の宣伝を担当していた。『魔女の宅急便』のヒット以降、ジブリ作品の宣伝に欠かせない存在となり、『ハウルの動く城』まで、東宝配給の作品でも宣伝を担当するようになった。

一方で、ヤマト運輸とのタイアップも良好に機能した。宮崎は、ヤマト運輸幹部との初会合の席で「ヤマト運輸の新人研修映画を作る気持ちはありません。『宅急便屋さんになって、がんばろう』っていう映画を期待されても、私にはそんなことできませんし、やろうとも思いません。それが私がこの映画を作る条件です」と話したという。

タイアップは、ヤマト運輸のイメージ広告として展開された。たとえばある広告では「ここを暖かくする宅急便です。」というメインのコピーに、キキとジジがいる映画の一場面を大きくあしらっている。そしてボディーコピーの末尾に「クロネコヤマトはアニメーション映画『魔女の宅急便』を応援しています」と入れ、また広告下には、映画のロゴとヤマト運輸のマークが同じサイズで入っている。

このヤマト運輸とのタイアップの経験が、現在のジブリのタイアップ広告の基本を形づくった。まずその大前提は、直接商品のＰＲには使わない、ということだ。これは『ラピュタ』の時のタイアップが不発に終わり、企業、作品ともにメリットがなかった反省からきている。そこでジブリは「ジブリ作品を応援していますと知らせることが企業にとってのメリットになります」という姿勢をとり、タイアップ広告は企業のイメージ広告に限ることにした。

解散か、存続か。そして社員化へ

こうして大ヒットとなった『魔女の宅急便』だが、宮崎はこの映画の完成後、スタジオジブリを解散する心づもりだったという。宮崎の持論の一つに「1スタジオで制作できるのは3作品が限度」というものがある。ある程度定まったスタッフでそれ以上制作を続けると、必ず無理が出るという考えだ。一方、鈴木は「せっかくここまで作ったのだから、もう少し続けたい」と考えた。鈴木と宮崎は話し合いを行い、最終的にスタジオジブリを継続することになった。

そこで宮崎が提案したのが、新人の育成。これまでは1作ごとに解散する方法で、制作リスクは低いものの、新人を育てるような体制ではなかった。

その宮崎の提案を受けて、鈴木はスタッフの給与倍増をさらに提案した。というのも、ヒットした『魔女の宅急便』だったが、完成後スタッフの給料が問題になっていたのだ。『魔女の宅急便』の映画製作にかかった費用は4億円。製作費そのものはこれまでの作品よりも増えていたが、スタッフに対し、より複雑な作業が要求されるようになった一方で、支払い方法はアニメ業界の通例通り、絵1枚あたりの値段を基準にどれだけ描いたかで計算する「出来高払い」が採用されていた。そのためスタッフの平均月給が10万円という状況に陥ってしまったのだ。鈴木の提案は、これを倍の20万円まで引き上げたいというものだった。

こうして、ジブリ設立当初の「1本ごとに解散」という方針は大きく転換。

①スタッフの社員化、および固定給制度の導入。賃金倍増を目指す。

②新人定期採用とその育成。

という新たな経営方針の下、スタジオジブリは定期的に作品を制作していくことになる。1989年夏頃から、それまでジブリ作品に参加したアニメーターなどに連絡をとって、社員になることを誘ったという。

アニメーション業界では、「出来高払い」が主流で、固定給制度は非常に珍しい。また雇用の形態も、契約あるいは身分はフリーのままの常駐スタッフという就業形態が多く、社会保険なども整備されたジブリの社員化という制度は、アニメ業界にあってかなり大胆な決断だった。

『アニメージュ』1989年9月号には、宮崎の手によるマンガ形式で描かれた「アニメーターを志す人へ　スタジオジブリ新人アニメーター募集のおしらせ」が掲載された。

そこで発表された募集要項の主な内容は次の通り。

◇アニメーター研修生　各研修期間10名以内

◇演出助手研修生　若干名
◇研修期間　1年間（教育研修3ヶ月、実地研修9ヶ月）
◇月給　15万円＋交通ヒ1万円マデ
◇研修期間
　1989年11月1日より第一期（経験者可）
　1990年4月1日より第二期（新卒者のみ）

マンガの中では宮﨑の分身とおぼしきブタが次のように語っている。

「低コスト低品質のその場しのぎではアニメーションに未来はないのです　しかももっと良い作品を観たいという需要は増えている!!」

「ひとつだけいえます　キチンと作られた映画はたとえ当たらなくても時間をかけてお金をとりもどせる　それが私たちの信念です」

「みんなが観たいと思うような作品　観たら本当におもしろい作品　それをつくるのが私たちの仕事なんです　だからこそ　今の日本のアニメーションの現状に満足しない若い才能を求めるわけであります」

この時の募集で、第一期、第二期を合わせて16人が採用された。『ホーホケキョ となりの山田くん』の作画監督、小西賢一や、『もののけ姫』『千と千尋の神隠し』の作画監督、安藤雅司《まさし》は、それぞれ第一期、第二期の出身である。

『アニメージュ』1991年6月号の「短期集中連載 No.2 スタジオジブリの挑戦——現場スタッフの現状は」には、研修を経て『おもひでぽろぽろ』に動画マンとして参加した、第二期のアニメーターの座談会が掲載されている。

そこでは「ベテランの人にくらべると生産量が低いですからね。（略）ベテランが月300枚描くなら、君らは月100枚は確実にこなせっていわれてました」「あるテレビシリーズの友人は1日動画を十数枚もあげるらしい。ぼくなんか1日10枚も行けばいい方ですからね。（略）ジブリで賃金体系が保証されていることは、すごくいい反面、もしかすると根本的に別のリスクがあるんじゃないかっていう気もします」など、新人の目から見たジブリについて語られている。

社員化にあたって、専従スタッフの増強も図られた。次回作として決定した『おもひでぽろぽろ』の準備が本格化する1989年10月1日付で、『アニメージュ』編集長だった鈴木は徳

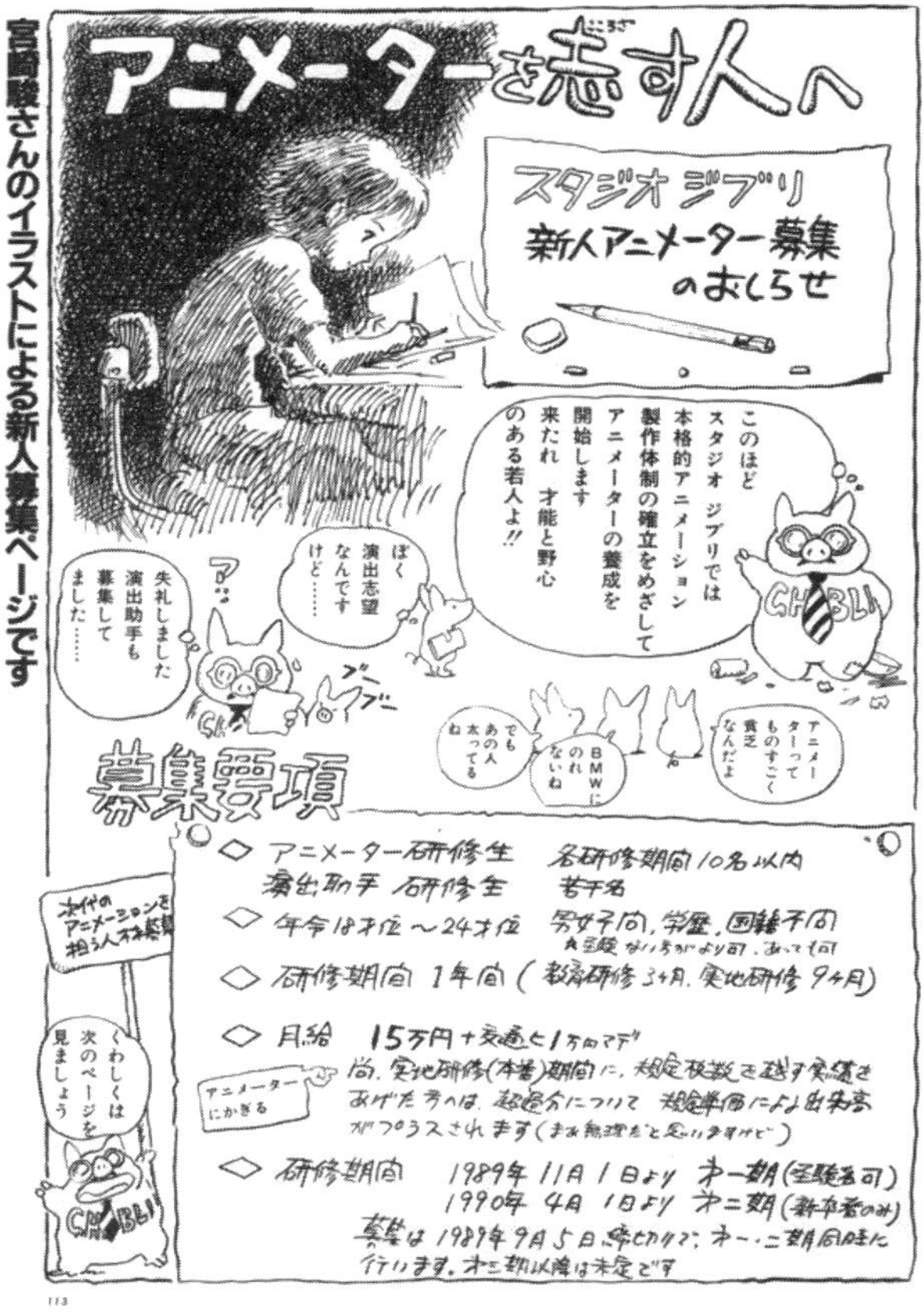

『アニメージュ』1989年9月号に掲載された、「アニメーターを志す人へ　スタジオジブリ新人アニメーター募集のおしらせ」。

間書店を退社し、ジブリの専従となった。

こうして1989年11月、ジブリは社員70人の会社として、新たなスタートを切ったのである。

第5章

新生ジブリと『おもひでぽろぽろ』

二度中断した『おもひでぽろぽろ』の企画

『おもひでぽろぽろ』の企画の発端は、『魔女の宅急便』の企画がスタートした1988年にまで遡る。『未来少年コナン』や『風の谷のナウシカ』で音響監督を務めていた斯波重治が、原作を宮崎駿監督のもとに持ち込んだのがきっかけだった。

原作は、岡本螢《ほたる》、画・刀根《とね》夕子《ゆうこ》によるマンガで、1987年3月から『週刊明星』に半年間にわたって連載された。主人公は小学5年生の岡島タエ子。彼女が学校や家庭生活の中で経験したささやかな出来事を細やかに描いた内容で、岡本によると「限りなくノンフィクションに近いフィクション」だという。

この中からいくつかエピソードを選び、30分程度の短編にして『魔女の宅急便』の併映作として公開するというのが、提案者の斯波のアイデアだったが、この時点では企画は立ち消えになってしまった。

この企画が再び浮上したのは、『魔女』の制作が押し詰まった1989年2月。高畑勲監督による次回作候補として、宮崎が再度『おもひでぽろぽろ』の名前を挙げたのだ。それを受けて『アニメージュ』編集長の鈴木敏夫は、3月1日に高畑に企画を打診。『魔女』の音楽演出の作業中だった高畑は、その合間を縫って、原作の検討を始めた。しかしこの時は、原作の魅力を守りつつ映画化するのは難しい、という結論に終わった。

この頃、高畑は別の企画を進めていた。それが『国境　BORDER 1939』だ。下敷きとしたのは、しかた・しんの児童文学『国境』。1939年の初夏に、京城大予科2年の山内昭夫が、行方不明になった親友の謎を解明するため、満州（現在の中国東北部）へと旅立つところから始まる冒険活劇だった。

高畑は1989年4月17日付の企画書で、『国境』の可能性として以下の3点を挙げている。①活劇の舞台をSFファンタジーではなく、もう少し現実に引き戻すことができる、②気の滅入るような映画にならないかたちで、当時の歴史を若者に伝えられる、③当時の大陸、朝鮮半島の複雑なアイデンティティーの問題に触れることで、今の日本人に必要な国際感覚について考えるきっかけとなる。

実はこの『国境』の準備を進めながらも、高畑は鈴木との雑談で、さかんに『おもひでぽろぽろ』の映像化の方法について語ったという。この時に高畑は一つのアイデアを思いついたという。鈴木はそれについて次のようにインタビューで語っている。

ある日、高畑さんが『どうしたら〝おもひでぽろぽろ〟が映画になるか見つけたんです』とうれしそうに説明し始めたんです。『思い出す人を出せばいいんだ』って。中学生か高校生になった主人公が、ある問題にぶつかっている。それで、小学生のときのことを思い出し、それがきっかけとなっていまの問題が解決する……これがおそらく正攻法だろう、と。『しかし、まあこの〝おもひでぽろぽろ〟はなくなったわけだし』なーんて、最後はそういう話に落ちついて（笑）。

（『ロマンアルバム　おもひでぽろぽろ』）

ところが『国境』の企画にGOサインが出て、具体的に制作をスタートさせようとしていたその矢先、6月4日に中国で天安門事件が起きた。そしてこの事件の影響で、最終的には企画そのものが中止となってしまった。

『国境』の頓挫という状況の下、宮崎は、高畑の次回作として、もう一度『おもひでぽろぽろ』をやるべきだと提案。その上で、高畑が監督を引き受けるのか、引き受けないのか。意思決定のデッドラインが7月31日と定められた。高畑はその期日までの間に、「その後のタエ子がどうなったのか聞きたい」という理由で原作者の岡本に会い、中学高校時代から現在に至るまでのライフヒストリーを取材したという。映画の中で、タエ子が高校生になって演劇部に入ったと語るエピソードは、この時の取材で聞いた岡本の実際の経験がストーリーに反映されたものだ。

そして高畑は最終的に『おもひでぽろぽろ』の監督を引き受ける決断をした。また一貫して『おもひでぽろぽろ』を提案してきた宮崎は、製作プロデューサーとして作品に名を連ねることになった。

前代未聞の27歳のヒロイン

『おもひでぽろぽろ』の企画は、『魔女』の大ヒットが追い風となってスムーズに決まり、製作費も『魔女』の時の約2倍に増額された。

シナリオ作業は9月から始まった。このシナリオの段階で、『おもひでぽろぽろ』の根幹をなす大きな二つの方針が決定された。一つは小学校時代を回想する主体――つまり成長したタエ子を27歳のOLと定めたこと。アニメーション映画の主人公に、20代後半の女性を据えるというのは、例のないことだった。ちなみに8月の段階でまとめられた企画書には、まだ27歳のタエ子が登場するというアイデアは書かれていなかった。

もう一つは、27歳のタエ子の生活する現在（設定上は1982年）と、10歳のタエ子の暮らす過去（設定上は1966年）、それぞれの表現様式を大きく変えるということ。こちらは1本の映画でありながら、2本分の映画を制作するような手間と努力が必要になるわけで、制作に多数の困難が伴うことはこの時点から予想された。

また高畑は27歳のタエ子側のストーリーとして、彼女が田舎へ赴き農業体験をするという展開を考案。当時、美術監督の男鹿和雄との作品づくりを希望していた高畑は、男鹿が秋田県出身者であることから、その「田舎」の舞台を東北に設定することにした。そして最終的には、有機農業の実践地として高畑が予備知識を持っており、かつ紅花《べにばな》で有名な山形県が舞台に選ばれることになる。

11月になると高畑は、10月よりジブリ専従のプロデューサーとなった鈴木と山形を訪れ、シナリオハンティングを行った。この時は、有機農業の実践や農業青年の様子を取材することが第一の目的だった。シナリオは12月にひとまず完成し、何度かの修正を経て1990年1月に一応の完成となった。

制作が本格始動する前の段階から、制作時間がかかることが予想できる作品のため、スケジュールの設定には一計が案じられた。スタッフには当初の公開予定は「1991年春から夏」と含みを持たせ、その上で当初の完成目標は1990年12月とされていた。しかし、実際には公開は1991年夏に内定しており、〝裏の締め切り〟は3カ月後の1991年3月に設定されていた。ただしここで問題になったのは、春公開を想定して物語の舞台も春にしてしまうと、それが夏に公開された場合、観客がややミスマッチな印象を覚える可能性もあるという点である。鈴木は迷った上で、高畑にだけ、本当の公開予定を伝えたという。こうして『おもひでぽろぽろ』はOLの夏休みの間の体験を描いた内容となった。

シナリオ完成後、高畑は『火垂るの墓』でもコンビを組んだ百瀬義行とともに絵コンテ執筆に取り掛かった。絵コンテの完成は、13カ月後の1991年2月。特にラストは難航し、決定までに2カ月の時間がかかったという。

当初シナリオでは、タエ子が電車に乗って山形から東京に帰ろうとするところで終わっていた。この時点では高畑は「もう一度山形に戻ってくるかどうかは、見た人の判断に任せればいい」という考え方だった。

しかし、もう少しサービスがほしいと考えた鈴木は、試みに宮崎に「ラストシーンの後、タエ子は山形に戻って来るんでしょうか」と尋ねた。これに対し宮崎の答えは「絶対帰って来ない」。鈴木は「宮さんに聞いてみたんです。そうしたら『あのラストでは絶対帰って来ない』と言っていました」と、そのやりとりを高畑に伝えた。

それを受けて、高畑が考えた案は次のようなものだった。

「電車に乗ったものの、主題歌を聴き、胸騒ぎを覚えて途中下車するタエ子は、そこで突然自分を引っ張る強い力を感じる。振り返るとそこには、小学5年生のタエ子が立っていた」

ただし、一度は決めたこのラストに納得していなかった高畑は、第2案を考えた。それは「タエ子は電車に乗り、主題歌を聴く。タエ子が仙台に到着し新幹線の改札口へと歩いていくと、目の前にトシオが立っている。トシオもまた、自分の車の中で主題歌を耳にして、途中で思い返し、まっすぐに車で仙台まで向かってきたのだった」というものだった。

この第2案は、プレスコのため山形を訪れた時、山形から仙台まで自動車で移動した経験が反映されている。また、それまでタエ子の視線からしか描かれていなかったトシオが、何を考えていたのかについて具体的に触れる、という点にポイントがあった。この第2案は、いったん高畑の手によるラフコンテまで進行したという。

しかし高畑は再度、ラストシーンについて検討。この映画はタエ子だけの映画なので、トシオが何を考えているかは不要であるという結論に達し、第2案は廃案となった。そして登場した第3案が、「思い出編」に登場した子供たちを全員登場させ、小学5年生のタエ子が27歳のタエ子を解放してあげるという現在のラストシーンだった。

作画と美術に課せられた新たな挑戦

メインスタッフのスタジオ入りは10月。キャラクターデザイン・作画監督は『火垂るの墓』に続き近藤喜文が担当することになった。

27歳のタエ子を主人公にした通称「山形編」と、10歳のタエ子を描く通称「思い出編」をどのように描き分けるか。その様式はシナリオ作業を通じて、次第に固まっていった。最終的に、「思い出編」は、原作に準拠したキャラクターで、全体に淡い色づかいで懐かしい雰囲気を醸し出すことに、一方「山形編」は、実在の日本人を感じさせる人物造型と写実的な背景で描き出すことに固まった。

高畑は「山形編」を登場させた理由について、原作をつなげて一つのエピソードにしたり、あるいは回想を促す強いエピソードをもってきたりする方法では、原作の持つ、ぽろぽろと思い出すという良い部分がなくなってしまうため、〝ぽろぽろ〟と思い出す人物が必要だったと説明している。

しかしその上で、別の理由もあったと、完成後のインタビューで振り返っている。

いま考えてみるとそれ以外の大きな理由のひとつに、やはりスタッフのことがあったのだと思います。（略）コンちゃん（編注／近藤喜文のこと）や男鹿さん、それにそのときすでに決まっていたスタジオジブリのメインスタッフの陣容をみると、それらのエピソードをアニメーション化するだけでは、どうしてもいまひとつ物足りない気がしたんです。（略）男鹿さんは昔、小林七郎さんのところにいて、原作部分の美術スタイルを作ることも得意だろうとは思っていましたけれど、なにか原作のエピソードだけではもったいない、男鹿さんを生かし切れないような気がした。コンちゃんとは、『赤毛のアン』以来の付き合いだったから、人間を描くときに、その人間の心理とか表情だとかを表現するのが、うまいというだけではなくて、そういうことに関心をもち、なおかつキャラクターを作るときにそれをふまえる。人間に関心が強く、しかも絵描きとしても能力のあるということが十二分にわかっていた。『火垂るの墓』をやっているときにも、それらを表現するときの困難さや課題についていろいろ話をしてきた。そうするとやっぱり、コンちゃんとやるならその延長上で、もうひと踏んばり、そのテーマを押し進めてみたかったわけなんです。

（『ロマンアルバム　おもひでぽろぽろ』）

そのテーマの一つとして高畑から近藤に投げかけられたのが、「山形編」のための「でこぼことした顔」の造型だ。そこには、顔の表面がのっぺりとしがちなセルアニメーションのキャラクター造型に、新しいアプローチを持ち込もうという狙いがあった。

近藤はその試行錯誤をインタビューで次のように語っている。

最初にアニメーションを始めたとき、人の描き方の原点として、顔は円筒形を基本にしてとらえる、と教わったんですよ。自分は、いまでもその延長線上で仕事しているんだな、と痛感しましたね。頰の線もゴッゴッしていなくて柔らかい曲線なんです。そうやって描いた顔と、スケッチをもとにした顔とは、とらえ方が根本的にちがっていて、どこまで行っても平行線じゃないかなと思って。交わらないわけですよね。結論的には、27歳のタエ子は従来と同じ円筒形を基本にした描き方を選択したんです。ただ、笑うとほっぺたが膨らんだりする表現など、顔の回転がからまない動きのときは、スケッチの絵も意識して描いたんです。いっぽう、トシオは男ですから、多少頰骨の線が強調されても大丈夫だろうと考え、こちらはスケッチを生かす方法でやりました。

（同前）

現在のスタイルに落ち着くまで、近藤は、キャラクターの顔の立体を平面でとらえることはできないかと検討したり、デザインをまとめる直前には、高畑、鈴木らに同行して「群馬の人」など日本人の顔を描いた彫刻で知られる彫刻家、佐藤忠良《ちゅうりょう》のもとを訪れ、参考用に作品をビデオやスチル写真で撮影するなどした。またタエ子とトシオについては、実在のモデルを想定してのスケッチも行われた。スケッチのモデルとなったのは、高畑たっての希望ですでに声の出演が決まっていた今井美樹と柳葉敏郎《やなぎばとしろう》だった。

作画作業は、難航する「山形編」のキャラクター作りに対して「思い出編」が先に進められた。1990年2月に「山形編」のキャラクターが完成し、「山形編」の作画作業も本格化。なお近藤勝也、佐藤好春も作画監督として、近藤喜文の作業をサポートした。このほか前年に募集した第一期、第二期の研修生が、動画スタッフとして作品制作に初参加している。

一方、美術も「思い出編」から作業はスタート。設定を起こし、そこに試しに色をつけていく過程で、キャラクターを生かすためにも原作のマンガに近いような白っぽい背景のほうがいいのではないか、という方向性が固まってきた。この時、高畑からは「淡くてもいいが、浅くならないでほしい。淡い色でも深みのある、ちゃんとした世界ができるのではないか」というリクエストがあったという。白っぽい画面ということで、夜の室内シーンなどは雰囲気が出しづらく、浅い画面になってしまうという苦労があったという。また、いくつかのエピソードに共通して登場する学校の風景は、各エピソードの雰囲気に合わせて、基調となるグレーの色合いを変化させるという工夫も行われている。

「山形編」は、キャラクターの顔のしわまで描くというコンセプトを受けて、写実的なスタイルで描くことが決まった。その結果、非常に高密度な描き込みがされた背景となった。

徹底した細部の考証

写実的な「山形編」と昭和40年代を舞台にした「思い出編」。どちらも細部が重要な役割を果たすため、制作にあたっては、細部の考証が非常に丁寧に行われた。

まずストーリー上重要な役割を担った紅花。当初から高畑は映画の中に、有機農業と絵になる作物を組み合わせて登場させることを考えており、そこで紅花にスポットがあてられた。シナリオハンティングで取材するうちに、より興味を持った高畑は、紅花に関する資料を収集、読破し、取材した地域以外にはまた別の生産方法があることなども調べ上げた。またその過程で、米沢市在住の紅花の権威、鈴木孝男の存在を知り、さらに詳しい取材をすることになった。

しかし、絵コンテ作業に入っていた高畑は取材に行くことができない。代わりに監督助手の須藤典彦と制作担当の高橋望《のぞむ》が、現地に赴き鈴木に取材をしたほか、紅花農家への取材を行った。この時に鈴木より、さまざまなチェックを受けたこともあり、作中の紅花の描写は非常に正確を期したものとなった。また1990年7月には、紅花の花のシーズンに合わせ作画・美術スタッフなど16人が現地入り。実際に花摘みなどを体験した。この経験が画面に反映されることになった。高畑自身はこうした取材を通じ、自分で考えた完璧な紅花の栽培方法をまとめられるほど、紅花作りに習熟したという。

また、「思い出編」の舞台となった昭和40年代を再現するためにもさまざまな労力が払われている。

たとえば、タエ子が人形劇『ひょっこりひょうたん島』の歌に合わせて踊るシーン。ここではまずNHKに8本だけ残っていた当時の番組の映像をチェック。高畑が本編中に登場する歌に関心を持ったため、別ルートで『ひょうたん島』に登場した歌の歌詞を入手した。そこには保存映像には登場しない歌も多数あったが、レコードはNHKにも発売元のコロムビアにも残っていない。そこで『アニメージュ』のマニアのネットワークをつかって探索を行った。すると北海道にラジオで放送された『ひょうたん島』特集をエアチェックしていた人物がいることがわかり、そこからテープを借りることができた。振り付けについては、当時の振付師を訪ねたものの、もう詳しくは覚えていないとのこと。そこでさらにその振付師から人形を操っていた女性を紹介され、その女性からようやく踊りを教えてもらうことができたという。

また、タエ子が父親にはたかれるシーン。その背後には『NHKのど自慢』の音がかすかに流れているが、その録音にあたっても徹底的な考証がなされている。まず昭和41年の『のど自慢』で使われていた楽器編成を再現、アコーディオンの演奏には、番組に出演していた横森良造が起用された。また司会者の声も、当時司会だった宮田輝《てる》アナウンサーの声に似た人をということで、あごの輪郭の似たプロのアナウンサーを調査し、適役を決めたという。

遅れるスケジュール

このように表現面でも内容面でも、従来の作品以上に手間暇のかかる作品となった『おもひでぽろぽろ』だったが、その結果としてスケジュールは大幅に遅れた。

1990年秋の時点で、当初予定の12月完成は不可能であることがはっきりしており、それどころか〝裏の完成予定〟だった翌年3月も無理。このペースでいけば、完成は予定より1年遅れの1991年12月になるという見方まで出たほどだった。

こうした状況の中、10月には製作プロデューサーの宮崎が、高畑以下メインスタッフ、原画スタッフに対して、激しい調子で一層のペースアップを訴えた。ここでスケジュールの全面的な見直しが行われ、4月末までの原画アップという絶対スケジュールが決められた。

この見直しにより原画のスケジュールが見えてきたものの、次は動画制作の消化能力が上がらず、スケジュール全体を圧迫するという状況になった。そこで翌年1月にも宮崎は、再度能率アップをせよとスタッフに強くはっぱをかけ、間に合わせるために必要な作業を指示。さらに「自分は作品を傷つけたくない。このままでは、本来の形での完成が危ぶまれる。そうなったら不完全なものを公開するより、自分は作品自体をお蔵入りにする」とまで語ったという。

一方高畑は、今後の予想枚数を計算、総計7万枚（最終的には微増の7万3719枚だった）になると推定し、これによって「なんとかスケジュール内に完成できそうだ」というめどが立ったのだった。初号試写は6月27日に行われた。なお『おもひでぽろぽろ』より本編開始前に、トトロの横顔によるスタジオジブリのマークが入るようになった。

宣伝戦略のスタイルが固まる

新生ジブリの第1作と位置づけられる『おもひでぽろぽろ』をヒットさせる、ということは最重要課題だった。スタッフの社員化をスタートさせ、継続的に作品制作することを決めた以上、この作品が失敗すると、会社が存続できなくなってしまうからだ。

宣伝展開は『魔女の宅急便』の時の方法論をより発展させるかたちで行われた。そして『おもひでぽろぽろ』で確立された宣伝方法が、それ以降のジブリ作品の宣伝スタイルの基本となった。

それは大きく六つの手段に分けられる。

第一は新聞広告やＴＶスポットなど、配給会社の東宝が行う通常の映画宣伝。これが宣伝戦略の中心に位置づけられる。『おもひでぽろぽろ』の新聞広告のクリエイティブについては、『魔女』に引き続きメイジャーが担当した。

第二に、それを補強するようなかたちで、関係各社が自社の媒体を使って宣伝を展開した。たとえば日本テレビは『魔女』同様に『おもひでぽろぽろ』の製作に参加。１９９０年10月の『魔女』のＴＶ放送を皮切りに、糸井重里のコピー「私はワタシと旅にでる。」を中心に告知を展開。次に高畑・宮﨑コンビを強調し、さらに作品イメージを膨らませてもらう時期を設ける――という具合に、段階を追ってスポットを展開、告知していった。

なお公開直前時期の展開については、「ターゲットをＯＬに絞るべき」という鈴木と「ファミリーを中心に楽しく展開しよう」というメイジャー徳山の意見が対立。最終的には、小学5

年生のタエ子の初恋の思い出と父親に怒られた経験を中心にまとめたスポットと、「山形編」のトシオとタエ子を中心にしたスポットの2種類が作られた。

また日本テレビでは作品を紹介する番組も二つ制作された。7月14日に『日曜スペシャル』枠で高畑、宮﨑のフィルモグラフィーを中心とした特番が、7月22日に『スーパーテレビ　情報最前線』枠でメイキングを紹介する「初公開　超人気アニメ㊙製作現場」が放映されている。

第三は協賛各社によるタイアップ。タイアップ広告により、第一、第二の効果をより補強し、予算額以上の宣伝効果を導くのが狙いだ。

『魔女の宅急便』では、企画段階からヤマト運輸のタイアップが決まっていたが、『おもひでぽろぽろ』の場合は、後から協賛企業を探し、カゴメとブラザー工業の参加が決まった。両社は企業広告に『おもひでぽろぽろ』のキャラクターをあしらったほか、ケチャップやミシンといった自社商品とキャラクターを組み合わせたプロジェクトを進めた。これは従来アニメーション映画には足を運ばない、20代から30代の女性に作品を告知する上で大きな役割を果たした。

第四、第五は、こうした宣伝と並行して行われる、マスコミを対象にした試写会と各媒体へのパブリシティ。『おもひでぽろぽろ』の場合、これはそれまでの作品と同様に展開された。

そして第六が、イベントとキャンペーンだ。『おもひでぽろぽろ』では、この第六の方法が初めて試みとして取り入れられた。

イベントとしては、全国の百貨店を会場に「『おもひでぽろぽろ』公開記念 高畑勲・宮崎駿の「すばらしきアニメの世界」展──『ホルス』から『おもひでぽろぽろまで』」を展開。過去のセル画やキャラクター商品を展示し、映画の一場面を立体造形物で紹介するなどした。このイベントは約100万人を集めたという。

またキャンペーンでは、高畑、宮崎が札幌、名古屋、大阪、福岡を訪れ、プロモーションを行った。『おもひでぽろぽろ』のキャンペーンはまだ限られた都市だけだったが、次回作の『紅《くれない》の豚』以降、より拡大して行われることになる。

このほか、主題歌「愛は花、君はその種子《たね》」を都はるみが歌ったことも話題を呼んだ。都はるみは1984年に一度引退したものの、1990年に「演歌以外のいろいろな歌を歌ってみたい」と復帰。この復帰宣言を鈴木が新聞記事で読み、都はるみを主題歌にどうかと高畑に提案。こうして彼女に主題歌の歌唱を依頼することになった。曲はベット・ミドラー主演の映画『ローズ』でミドラー自身が歌った同名曲を使うことになり、歌詞は高畑が自ら日本語に翻訳したものが使われた。

映画は1991年7月20日から公開され、配給収入18億5000万円を達成し、その年の邦画ナンバーワンヒットとなった。これはその地味な題材や、割り当てられた劇場の状況などからすると、予想外といっていいヒットであり、全国の劇場主の中には、ジブリのヒット作というと、ある時期まではまず『おもひでぽろぽろ』を思い出す人も多かったという。

第6章

『紅の豚』『海がきこえる』と新スタジオ建設

小品を機内上映で

宮﨑駿監督の『紅の豚』の準備がスタートしたのは、1991年3月。当初は1990年末までに『おもひでぽろぽろ』の制作が終了し、その後スタッフが『紅の豚』へと移行する予定だったが、『おもひで』の完成が後ろへずれ込んだため、『紅の豚』にスタッフを割くことができないままのスタートだった。とはいえ、プロデューサーの鈴木敏夫からすれば、完成がずれ込むことは『おもひで』の制作開始時から織り込み済みだったという。

スタジオジブリは『おもひで』より社員制度を導入したため、毎月スタッフに給料を支払う必要が生まれていた。『おもひで』とオーバーラップするかたちで『紅の豚』の準備を始めたのは、そうした理由から制作スケジュールに空きをつくることはできないという事情があった。

そのため準備に入ったのは宮﨑一人。臨時の準備室となった会議室の入口には「紅の豚準備室　ただしひとりだけ」という看板がぶらさがっていたという。

そもそも『紅の豚』は、30分程度のビデオ用の小品として企画された作品だった。

宮﨑が『紅の豚』の企画を鈴木に提案したのは『魔女の宅急便』公開後の1989年夏。『天空の城ラピュタ』以降、大作が続くジブリにとって、気楽な小品を作り次回作へのステップとするのも重要だろうというのが、宮崎の考えだった。特に『おもひで』のような難易度の高い作品で疲弊したスタッフには、リフレッシュできるような短い作品が適当だと考えられた。一方で、自分の趣味性を存分に盛り込み、かつ豚が主人公という、マイナーな企画を楽しみたいというのは、宮崎自身の正直な気持ちでもあった。

1990年2月27日には最初の企画書「航空活劇漫画映画ポルコ・ロッソ―紅の豚―」がまとめられた。ここには上映時間45分、予算2億円と書かれている。

作品のリリース形態については、鈴木が、飛行機の映画なのだからと、機内上映という方法を思いついた。鈴木は前年に『魔女の宅急便』をロサンゼルス在住の日本人向けに上映するという企画で、日本航空の文化事業センターと仕事をしたことを思い出し、まずは当時の担当者だった池永清を訪ねてみることにした。

提案を持ちかけられた池永は、「それはおもしろいですね」と乗ってきたものの、現実的にはクリアすべき問題がたくさんあるだろうと鈴木に伝えた。とりあえずは検討をしてくれることになったものの、さてどうしたものか、と鈴木が考えていると、その矢先に鈴木の大学時代の友人だった生江《なまえ》隆之《たかゆき》の父（生江義男氏）が他界。鈴木が葬儀に参列し、焼香の列に並んでいると、なんと二人前に先日会ったばかりの池永がいることに気づいた。話しかけてみると、池永も生江家とは懇意にしているという。そんな偶然も手伝ってか、池永は機内上映プロジェクトに俄然《がぜん》やる気を出してくれた。自身はすでに関連会社にいたために直接的にプロジェクトに携わることはできなかったものの、実務担当者として文化事業センターの川口大三を紹介してくれることになった。

池永、そして川口の尽力もあって話は進み、最終的には日本航空が機内での上映を了承。企画が正式に動き始めることになった。しかし今回は飛行艇の映画である以上、空中戦は避けられない。宮崎は制作が正式に決まる前の日本航空との打ち合わせで、飛行機が墜落する場面があることを事前に通告した。

鈴木は日本航空の参加が決まったことについて、次のように振り返っている。

飛行機のなかでジブリの新作を公開するというアイデアは非常におもしろいということで（編注／日本航空の担当者と）意気投合したんですが、こちら側にしてみれば興行的にはたいしたものにはならないというのがそのときわかったんですよね。ただ、この作品をいろんな人たちに見てもらうチャンスができたわけですから、多少の損は覚悟でもやってみる価値はあると思って、ぼくもはじめてやる気になったんです。

（『ロマンアルバム　紅の豚』）

一方宮崎は日本航空との企画が具体化していく過程と並行しつつ、模型雑誌『モデルグラフィックス』（大日本絵画）で掲載していたマンガ「雑想ノート」において、同誌1990年3月、4月、5月号と『飛行艇時代』を連載。ここで描かれた内容が、最終的に映画の原案となった。

小品から長編へスケールアップ

一人で作業を開始した宮崎は、1991年4月18日付で「演出覚書―紅の豚メモ―」をまとめた。

作品のコンセプトをまとめたこの一文の中で宮崎は、「国際便の疲れきったビジネスマン達の、酸欠で一段と鈍くなった頭でも楽しめる作品」と作品を位置づけ、「陽気だが、ランチキさわぎではなく。ダイナミックだが、破壊的ではない。愛はたっぷりあるが、肉欲《にくよく》は余計だ」と作品のポイントを記している。

5月になり、ようやく『おもひで』で手持ちカットを終わらせたスタッフが『紅の豚』に参加。作画監督を務める賀川愛、美術監督を務める久村佳津《ひさむらかつ》が準備班に参加した。6月になり絵コンテAパートが完成。すでに約19分あり、この時点で短編ではなく、少なくとも60分ほどの中編になるのではないかという可能性が濃厚になりつつあった。

一方、鈴木は絵コンテを読み、その内容をおもしろいとは思わなかったという。そこで鈴木は宮崎に質問を投げかけた。

「どうしてポルコは豚なんですか？」

鈴木のこの問いに対して、「なんで豚なんでしょうね」と自らに問い直すように答えた宮崎は、スタッフに質問を投げかけるなどした結果、賀川から「自分で自分に魔法をかけたんじゃないですか」という〝答え〟をもらってしまったのだという。その話を聞いた鈴木は「じゃあ、なんで魔法をかけたんですか」とさらに問いかけた。するとしばらくした後、宮崎は「ジーナというキャラクターを作ったんです。この人がその理由を知っているんです」と鈴木に告げたという。

ジーナは、初期のストーリー案の中ではサブキャラクターの一人だったが、ここへきて大きな役回りのキャラクターとしてクローズアップされるようになった。このような絵コンテ執筆中の鈴木と宮崎のやりとりの中から、『紅の豚』の原型が固まっていった。

しかし、夏に入り宮崎の筆が止まり始める。この頃、宮崎は鈴木に、45分では収まらないので60分にしたい、という提案もしたようだが、それは単に尺の問題ではないと鈴木は感じていたという。コンテ作業に入って以来の宮﨑の様子について、鈴木は次のように回想している。

コンテに入ってしばらくして、宮さんといろんなことを話し合う機会を持ったんです。そのときにわかったのは彼が作りたいものが当初いっていた脳天気な航空活劇とはちがうものになってきているということだったんです。いちばん大きかったのが、その年のはじめに勃発した湾岸戦争の影響です。そんな状況下でこんな脳天気な作品を作っていていいのだろうかという疑問ですね。

（略）

宮さんが、『豚』は45分では収まらない、60分になるかもしれないといい出したからなんです。それが8月の19日ごろだったと思います。なんで覚えているかというと、旧ソビエトでクーデターがあった日だからなんです。世界がますます激動し始めたころです。宮さんのコンテが進まないことと世界情勢の変化には関係があると、何とはなしに思っていました。

（『ロマンアルバム　紅の豚』）

また宮崎は当時の気分を次のように語っている。

湾岸戦争からPKO国会までの一連の流れと、この映画はまったく無縁じゃないんですよね、困ったことに。その中で自分もかなりグラグラしたりボディブローがキいてきたりね。ユーゴスラビアの海岸を舞台にしたとき、ちょっと油断してて、あそこで民族紛争があったとしても、もう大したこと起こらないと思ってたんです。それが起こっちまったもんですからねえ、これは……。（略）ソ連の崩壊っていうのは全然ビクともしないんです。当然だと。これはむしろ圧政に抗して立ち上がるっていう古典的なパターンがあるんであってね。だから、そこじゃないんですよ。その後また民族主義かっていう、その〝また〟っていうのが一番しんどかったですね。第一次大戦の前に戻るのかっていう感じでね。

（『風の帰る場所』）

宮崎からの60分にしたいとの申し出に対して、鈴木は、「お金を出してくれる人たちの問題その他あって、このまま中途半端なものをつくって機内上映というわけにはいかないから、申し訳ないけど映画にしてもらえませんか」（『風に吹かれて』）と長編への方針転換を提案。さらに、「どれだけあれば映画になるか」と尋ねる宮﨑に対しては、「最低でも80分から90分」と答えたという。

しかし、当初の予定だった機内上映ではなく、劇場用長編アニメーションへの出資となると、日本航空は会社の定款から変えなければならず、最終的には社長判断となる。そこで鈴木は、8月下旬に日本航空と日本テレビの関係者に長編にすることを打診。日本テレビの奥田誠治はその場で了承したが、日本航空の木内則明と堀米次雄は前向きに検討することを約束した上で「最大損をするならばいくらになりますか」とリスクを確認したという。鈴木は日本航空に対して、レポートを提出するなどして説明を行い、なんとか長編への出資の了承を得るに至った。

こうして映画の枠組みは決まったが、『紅の豚』が映画になるには、もう一つ内容面での〝深化〟が必要だった。それはカーチスとの決闘の前夜の場面だった。鈴木は次のように語っている。

このコンテが上がったとき、宮さんは『鈴木さん、できましたよ』といってきたんです。『なぜ豚になったのかって、鈴木さんはうるさかったけどその答が出ましたよ。これでだいじょうぶでしょう』って。でも、ぼくはそのとき宮さんにこういったんです。『ジーナと食事するシーンでは写真でだけどポルコの人間顔が出て、今回（編注／カーチスとポルコの決戦前夜、寝付けないフィオがふと見ると、ポルコが人間に戻っているシーンのこと）また出ると。２回出てきたら、３度目がほしいです』って。彼は『また、そんなことをいう！』といいつつも、コンテの作業をつづけたんです。そんなある日、『鈴木さん、追加コンテがある』といい出した。そして、あの『ポルコ、何かお話して』から始まるポルコが過去を回想する幻想的なシーンを一晩で作ってきた。（略）そのまだラフのコンテを見せて『これで映画になりました』と本人がいうわけ。たしかにそのとおりでした。

（『ロマンアルバム　紅の豚』）

こうして12月28日に絵コンテは完成。コンテの段階で約89分、エンディングを含めれば90分を超えるという、堂々たる長編アニメーションとしての内容だった。

なお絵コンテでは当初、ラストにジェット機を愛機で追い抜かしていくという、現代でも飛び続けているポルコの姿が描かれていたが、これはカットされた。

キャストとキャンペーン

作画インは1991年7月。同月には『おもひでぽろぽろ』の打ち上げと『紅の豚』の打ち入りが同時に行われた。

先述の通り、賀川、久村をはじめ女性を中心にスタッフ編成されているのが、『紅の豚』の特徴といえる。また撮影は『おもひで』などを担当したスタジオコスモスから、旭プロダクションに。後にジブリ撮影部立ち上げに加わることになる、奥井 敦《あつし》が撮影監督を務めている。

キャストは、ポルコに森山周一郎、ジーナに加藤登紀子《ときこ》というベテランが並び、フィオ役には、後に『ONE PIECE』のナミなどで広く知られるようになる岡村明美が、初めての大役として抜擢された。またマンマユート団のボスとして、上條恒彦《かみじようつねひこ》が出演している。

加藤は声の出演だけでなく、エンディング・テーマ「時には昔の話を」と、主題歌「さくらんぼの実る頃」も担当。1991年9月には、都内レストランを使い、加藤の歌のシーンの撮影が行われた。これは事前に歌のシーンをビデオ撮影し、それを参考にしながら作画を行おうという考えがあったからだ。

また『紅の豚』の宣伝面の特徴は、当初からの予定にあった機内上映が行われたことと、宮崎らが全国各地で地元マスコミなどから取材を受ける「キャンペーン」が本格的に行われたことにある。

機内上映は、1992年7月1日から8月31日までの国内線と、またヨーロッパ線と太平洋線で上映され、中年以上の男性にも評判がよかったという。日本航空はこのほか映画公開に合わせ「飛べば、見える。」という糸井重里のコピーを使ったタイアップ広告も展開した。

一方キャンペーンは、『魔女の宅急便』の時から始まった宣伝スタイルだったが、『紅の豚』ではそれを積極的に展開。6月から7月にかけての19日間、全国18カ所にわたって行われた。『紅の豚』は地方の興行成績が伸びたが、これはこのキャンペーンで全国をまわったことが大きかったといわれている。

このほか講談社と手を組み、同社が出版する20を超える雑誌が連合して観客を募集し、大都市で行う試写会も『紅の豚』よりスタートした。

映画は1992年7月18日より公開され、最終的に配給収入27億1400万円を記録した。これはこの年の邦画洋画合わせてのナンバーワンヒットだった。

宮崎は制作に入った当初から、『紅の豚』を「1990年代の問題に取り組む前のモラトリアム的作品」と位置づけていた。そして完成後は「これでぼく自身はあと10年半ぐらいは元気に生きられるんじゃないかな。『紅の豚』でそんな元手を手にいれたような気がします」(『アニメージュ』1992年8月号インタビュー)と語っている。

なお『ラピュタ』から『紅の豚』までスタジオの責任者を務めてきた原徹が、本作を最後にジブリを辞した。

社屋の建設

『紅の豚』制作中に宮崎が、手狭になった吉祥寺のスタジオにかわる、新スタジオを建設することを提案。「新人を迎え入れジブリを続けて行くには、その気構えがわかる構えが必要だ」というのが宮崎の意見だった。

なおスタジオ建設にあたって、徳間書店の徳間康快社長は「金なら銀行にいくらでもある。重い荷物を背負って坂道を歩くんだ」と語って、鈴木の後押しをしたという。

『アニメージュ』1991年8月号に「短期集中連載 No.4 スタジオジブリの挑戦――未来を切りひらくか? 新スタジオ計画」という記事が掲載されている。そこで建設準備中の宮崎は新スタジオの特徴について次のように語っている。

とにかく国内でアニメーション映画をつくっていこう、もちろん外注の人たちの協力もあおがなきゃいけないけど、このスタジオが、外に全部依存するんじゃなくて、なかに人をかかえて、人も養成しながら映画をつくる拠点にしていこう、そういう発想で建物を建てようというのが、最大のコンセプトなんです。そのために全部いっぺんにはできないけど、撮影のスペースをとっておいたりということもします。

こうして1991年10月に地鎮祭が行われ、『紅の豚』公開直後の1992年8月に東京都小金井市への引っ越しが行われた。宮崎は『紅の豚』の制作と並行しながら、基本的な設計、各業者との打ち合わせや素材見本の確認などをこなし、決定していったという。

土地面積約300坪。地上3階建て地下1階で、敷地面積976平方メートル。1階には「バー」と呼ばれる広いスペースを確保し、スタッフが昼食をとったり、お茶を飲んだり、時にはパーティーなどを開いて交流を図れるよう工夫されているのが特徴の一つだ。そのほか女子トイレのスペースを広くして、屋根付きの駐輪場も大きく確保する、まわりに緑をなるべく植えるなど、社内外ともに快適に利用できるように工夫が施された。これらには劣悪な環境が多いアニメ制作の現場を、少しでも改善したいという宮崎の思いが込められている。

その後1999年には隣に新たに第2スタジオ、2000年には第3スタジオが建設されている。

若手スタッフ中心の企画

新たに完成した新社屋で、最初に制作されたのが『海がきこえる』だ。

この作品を制作することが決まったのは『紅の豚』のダビング中の1992年5月。『紅の豚』の後は作品が決まっておらず、1年間ほどは長編制作を休むという考えもあったようだが、鈴木と宮崎が話し合った結果、自分たちが口を出さず若手スタッフに何か1本制作を任せてはどうだろうという結論に達した。

そこで鈴木は『海がきこえる』のアニメ化を提案。『海がきこえる』の原作は、『アニメージュ』1990年2月号から23回にわたって連載された、氷室冴子《ひむろさえこ》の同名小説。挿絵を『魔女の宅急便』でキャラクターデザイン、作画監督を務めた近藤勝也が手がけていた。

その流れから本作の作画監督は近藤に白羽の矢が立った。一方、監督についても鈴木は、ジブリ関係者ではなく、アニメ制作プロダクション「亜細亜堂《あじあどう》」に所属している演出家、望月智《とも》充《み》はどうだろうかと提案した。望月は『めぞん一刻　完結編』『きまぐれオレンジ☆ロードあの日にかえりたい』などの劇場用作品を手がけた経験があり、青春アニメの作り手として定評があった。

またプロデュースについても、すべてを若手スタッフの自主性に任せようということで、『おもひで』で制作担当だった高橋望が制作プロデューサーに就任。高橋は望月、近藤に参加を打診し、二人の了解を取り付けた。

ＤＶＤ『海がきこえる』に収録された特典映像「あれから10年　僕らの青春」で望月は「ほかの人よりも先に、氷室作品をアニメにしたかった」とその意欲を語っている。

一方近藤は、『紅の豚』後、ジブリから離れていたが、緑の深い原作ということで参加を決めた。特典映像の中で近藤は「挿絵を描いていた時にも、アニメ化を考えたことはなかった」と当時を振り返り、派手な部分が少なくアニメ化には難しい題材をやることと、そのスケジュールの短さに、少なからず憤慨したと語っている。

8月には、脚本の中村香こと丹羽圭子《にわけいこ》と美術監督の田中直哉《なおや》を加えた5人で、高知にロケハンを行い、追手前《おうてまえ》高校、高知城などをまわった。この時のロケハンで撮影した写真は、実在する建物や風景を生かした美術に大きく役立った。

すでに日本テレビのスペシャル番組として放送されることは決まっていたが、こうして企画が煮詰まっていく段階で、劇場と同じビスタサイズで制作すること、放送枠が60分から90分に変更になったことに伴って、当初予定の50分ではなく約70分の作品にすること、などが決まっていった。

スタジオジブリ若手制作集団とは

高橋によって最初の企画書がまとめられたのが、ロケハン直前の8月10日。9月に入り、さらに改稿された企画書が書かれている（『スタジオジブリ作品関連資料集Ⅳ』所収）。

企画書の中では『海がきこえる』の企画の特徴は大きく四つにまとめられている。以下、要約しながら紹介すると次のようになる。

一つ目は、地方都市と東京という〝異文化〟の関係を若者を通じて描き、進学・就職で地方から東京に出てきた大多数の若者が共感できるような、等身大の物語を語るというテーマ性。

二つ目は、アニメーションの表現の中では難しいとされる日常描写を通じて、若者の姿を過不足無く描くことに挑戦するという表現上の挑戦。

三つ目は、少女小説の書き手として人気のある氷室冴子が新たに挑戦した青春小説であるという、原作の話題性と魅力。

四つ目は、これまでに劇場用作品でヒットを出してきたジブリが、スタジオジブリ若手制作集団という新ブランドを設定して新たな作品に挑戦するという制作体制。

このジブリ若手制作集団がどのような目的で立ち上げられたかについては、企画書に次のように書かれている。

従来のジブリ作品とは一線を画し、スタッフは、監督以下、若手で固めます。そして、ジブリでここ3年間養成してきた新人アニメーターが作画の中心を担うのです。完成度よりも、若者のパワーと思い入れが前面に出る作品を目指します。したがって、予算も過去のジブリ作品とはひと桁違うものとし、制作スケジュールも短期決戦です。

こうして9月になって望月がスタジオ入りすると、いよいよ本格的に制作がスタートした。

1993年5月5日に放映

原作は前半が高校時代の物語、後半が大学時代の物語だったが、アニメでは高校時代を中心とし、その一部に大学時代を加える方針に決定。脚本決定稿ができ上がった後、9月21日より望月は絵コンテに着手、10月には作画インとなった。10月末には望月が十二指腸潰瘍で倒れるという不測の事態が起きたが、近藤は作業を継続し、望月不在の穴を埋めた。その後、望月は点滴を打ちながら現場に復帰、作業を続行したという。

当初予定されていたスケジュールは、秋に作画インし、年内に原画アップというものだったが、スケジュールは遅れ気味に進行し、原画終了は1993年2月にまでずれ込んだ。

こうしたスケジュールとの戦いの中、クオリティーの底上げのために発案されたのが、絵コンテを2種描くという方法だった。これは望月のコンテを受け、近藤が各カットの演技などをさらに細かく描いたコンテを描くというもので、演技のイメージが各原画マンにより細かく伝わるようになっただけでなく、近藤のコンテは拡大すればレイアウトとしても使用できるようになっており、後の作画監督作業の負担を軽減することにも役立った。当初は本作の企画に懐疑的だった近藤も、実作業を通じて次第に、従来のアニメーションでは挑戦してこなかった微妙な日常の表現にやりがいを発見していったという。

なお作画監督作業のラスト2週間には、原画を担当していたジブリ研修生の第一期、第二期生の中から、小西賢一、吉田健一、安藤雅司を作画監督補佐に抜擢。若手が近藤のラフにしたがって修正を入れるという、ジブリ若手制作集団らしい作業が行われた。

12月に入ると音響作業もスタート。ヒロイン、里伽子《りかこ》のキャスティングについては、原作者の持つイメージ、アイドル路線、実力派俳優路線、通常のオーディションによる選出などさまざまなアプローチが考えられたが、最終的に、劇団お伽座《とぎざ》の女優坂本洋子に決まった。お伽座がミヒャエル・エンデの児童文学『モモ』を上演した際、モモを演じた坂本に強い印象を持った鈴木が、推薦したものだった。

またアフレコに関しては、浦上靖夫音響監督からのリクエストがあり、事前に3日間の方言の練習が行われた。方言指導は高知県出身の声優・島本須美と渡部猛《わたなべたけし》が担当した。

『海がきこえる』は、1993年5月5日午後4時から放送され、視聴率17・4パーセントを記録した。これはTV番組としては、十分な成功であった。一方で、企画書段階では1億2000万円を見込んでいた製作費は2億5000万円まで膨らむなど、ジブリのハイクオリティーだがハイコストな体質は、劇場用製作時よりもはっきりと際だつことになった。

第7章

『平成狸合戦ぽんぽこ』と撮影部の発足

「豚」から「タヌキ」へ

TVスペシャル『海がきこえる』に続き、新スタジオで初めて制作されることになった劇場用作品は『総天然色漫画映画　平成狸合戦ぽんぽこ』に決まった。

『平成狸合戦ぽんぽこ』のパンフレットに「鈴木プロデューサーが語る『平成狸合戦ぽんぽこ』企画からシナリオ着手まで」と題されたインタビューが掲載されている。

それによると『平成狸合戦ぽんぽこ』の企画の源流は、1989年まで遡ることができる。『魔女の宅急便』追い込みの真っ最中にあたる同年1月に、高畑勲監督と宮崎駿監督が前後して、雑談の中でタヌキを題材とした映画のアイデアを語ったのである。

高畑は「日本独自の動物、狸の映画がないというのは、日本のアニメーション界がさぼってきた証拠だと思いませんか」と指摘し、「もし、作るとしたら四国が舞台の狸話『阿波《あわ》の狸合戦』を取り上げたらいい」と、語ったという。「阿波の狸合戦」とは、六右衛門《ろくえもん》狸と金長《きんちょう》狸の間で起きた、阿波の狸を二分する戦いについての民話で、1939年に新興キネマ（後の大映）が『阿波狸合戦』として映画化し大ヒット。広く知られるようになった。

一方、宮崎は「『八百八狸《はっぴゃくやだぬき》』をやろう」と提案。八百八狸とは講談『松山騒動八百八狸物語』として知られる物語で、『証城寺《しょうじょうじ》の狸ばやし』『分福《ぶんぶく》茶釜』と並ぶ日本三大狸噺《たぬきばなし》の一つ。松山藩のお家騒動に、八百八狸の別名を持つ隠神刑部狸《いぬがみぎょうぶだぬき》が絡む内容だ。鈴木敏夫はこの時、「八百八狸」と聞き、鈴木も宮﨑もファンであるマンガ家の杉浦茂が描いた『八百八だぬき』を思い出したそうだ。しかしこの時は、これらのアイデアが具体的に企画の形になることはなく、あくまでも雑談の範囲に留《とど》まった。

そんなタヌキ企画を具体的に取り上げたのは宮﨑だった。宮﨑が改めてタヌキを話題に出したのは、1992年6月。今度は『紅の豚』の追い込みの真っ最中だった。宮﨑は「『豚』の次は『タヌキ』だ」と、改めて企画を俎上《そじょう》に載せた。

宮﨑の提案を受けた鈴木も、3年前の提案のことを改めて思い出し、すぐさま応じた。そして次のように、宮﨑に逆提案したという。

僕は畳みかけるように、こういいました。「高畑監督でいいですか。その場合、『八百八狸』ではなく『阿波の狸合戦』になるけどいいですか」宮﨑監督は一瞬、ためらった様子を見せましたが、気持ちの切り換えの早い人です。気を取り直すと、条件をふたつ付けました。

「狸に敬意を込めて描いてほしい。それと、絶えて久しい『哄笑《こうしょう》』が欲しい」
（劇場用パンフレット）

そこで鈴木は、さっそく高畑に監督を依頼したが、高畑は簡単には引き受けなかった。鈴木から企画を提案された時の考えについて、高畑は次のように振り返っている。

『タヌキをやらないか』と言われ、ヒントとして宮さん（宮﨑駿）や鈴木プロデューサーが心酔している杉浦茂さんの『八百八だぬき』を見せられた。ところが全然理解できない。何か深い意図があったのでしょうが、ぼくはカンがニブいもんで分からなかった。
（『アニメージュ』1994年3月号）

じつは、ぼくは前々から、講談調の民話『阿波の狸合戦』が好きで、こんなにアニメーションが隆盛を誇っているのに、狐《きつね》や狸の化け話など、基本的な民衆的想像力を表現しているものを何故《なぜ》やらないのか、業界の怠慢ではないか、などと大げさな主張をしていたことがあったんです。たしかに今ハヤリではないけれどアニメーションでしかできない題材だし、やっておく責任があると。名作の『おこんじょうるり』などとはちがった、一種の『ほらばなし』としての魅力の方のことなんです。ですから、『阿波の狸合戦』をベースにした井上ひさしさんの『腹鼓記《ふっこき》』も読んでいましたし、狸をやりたくなかったと言えば、ウソになります。しかしまさかジブリが取り上げる題材とは思っていなかったし、どんなものにすれば『もの』になるのか皆目見当もつかない。考えはじめてしばらくして、簡単に降参したんです。ぼくには無理だと。（同前）

どのように狸を映画にするか。模索する高畑と鈴木は、1992年5月には、『腹鼓記』の著者である井上ひさしとコンタクト。井上は、鈴木と高畑に、自分なりのアイデアをさまざまに披露した上で、「日本で狸のことを考えている人は、おそらく5人くらいのもんでしょう。狸のことならぜひ協力したい」と『腹鼓記』を書く際に集めた資料の閲覧をすすめてくれたという。高畑と鈴木は、井上の資料が収められた山形県川西町《かわにしまち》の「遅筆堂文庫」を訪れ、多くの資料に目を通したが、なかなか映画化のヒントになるようなものは見つからなかった。

鈴木はこの時のことを次のように振り返っている。

井上さんの資料を手に東京へ帰る途中、高畑監督とぼくは『狸』の映画を作ることに挫折しそうになっていました。そして、かわりに『平家物語』を作ろうかなどと話し合ったりしました。東京に着くなり、仕方ないのでそのことを宮﨑監督に報告すると、いきなり怒られました。

（劇場用パンフレット）

鎧姿《よろいすがた》の武者を描き、動かし、色をつける作業は、想像を絶するほど困難だというのが、宮﨑の主張だった。高畑も宮﨑の意見には納得し、『平家物語』の企画はそのまま立ち消えとなった。ところが、この『平家物語』というアイデアが「狸」という難しい企画の光明となった。1992年6月になり、高畑から鈴木に提案があった。

狸たちが主人公の『平家物語』はどうでしょうか（略）『平家物語』の人々の激しく生き、壮烈な死にざまをさらす姿を狸に置き換え、集団劇として描くんです。そこに狸の化け話と時代を現代に持ってきて、狸が開発によって住処《すみか》を追われるさまを結び付けるという案です。

（同前）

こうして基本となるアイデアがようやく固まり、企画が具体的に動き出した。

4種類のスタイルで描かれるタヌキ

8月、準備班が発足。高畑がプロットを固めていくのと並行して、大量のイメージボードが描かれた。

描いたのは、キャラクターデザイン・作画監督の大塚伸治と、画面構成の百瀬義行。二人によるイメージボードは映像的なイメージの構築に大きな役割を果したため、二人の名前は前述の役職名以外にイメージ・ビルディングとしてクレジットされている。二人のイメージボードは、『菩《ぼ》提《た》餅《もち》山《さん》万福寺本堂羽目板之悪戯《いたずら》　総天然色漫画映画『平成狸合戦ぽんぽこ』イメージ・ボード集』としてまとめられた。また高畑は制作準備期間中にスタッフに向けて、一種の演出ノートとして「たぬき通信」を執筆。そこにはタヌキに関して知っておいたほうがいい情報や、『平成狸合戦ぽんぽこ』の演出スタイル、あるいは題名の由来などについてまとめられていた。

9月にプロットが完成すると、高畑は引き続きシナリオ作業に入り、12月にはシナリオ決定稿がアップ。そこから高畑と百瀬は絵コンテ作業に入った。そして翌1993年2月には作画インとなり、いよいよ本格的に制作がスタートした。

具体的にプロットが固まっていく過程で、開発に見舞われるタヌキたちの住《す》み処《か》には多摩丘陵が選ばれた。高畑は「『平成狸合戦ぽんぽこ』も、狸が化けたりして一見ファンタジー風に見えるかもしれないけれど、じつは、狸の変化《へんげ》という一点を除けば、すべて現実に多摩丘陵で起こったことばかりを描いています」（「あとがきにかえて」、『映画を作りながら考えたことⅡ』）と、多摩丘陵という現実の場所を選んだことが「空想的ドキュメンタリー」（同前）としての本作に大きな意味があると語っている。高畑自身、『アルプスの少女ハイジ』制作中、多摩市にある制作スタジオに通いながら、多摩丘陵がニュータウンとして開発されていく過程を目の当たりにし、驚いた経験があったという。

物語は最終的に次のように固まった。

ぽんぽこ31年、タヌキたちは自分たちが暮らしてきた多摩丘陵が、人間による開発の危機にさらされていることを知った。一致団結し断固開発阻止を決めたタヌキたちは、先祖伝来の「化け学」を復興させ、四国や佐渡に住む伝説の長老たちにも援軍を頼むことを決めた。タヌキたちは、ついに三長老の力も借りて、タヌキ化け学の粋をこらした「妖怪大作戦」を発動するが、人間たちは決してタヌキたちの思惑通りに受け取りはしないのだった。特定の主人公を追いかけるのではなく、多数のキャラクターを登場させた群像劇のスタイルで、3年余にわたるタヌキたちの集団の変転と、多摩丘陵の変化を描く内容だ。

『平成狸合戦ぽんぽこ』におけるタヌキたちは、タヌキの持つ二つの側面を兼ね備えた存在として造型された。一つは、民話や昔話などでよく知られているキャラクターとしてのタヌキであり、もう一つは民家周辺にしばしば姿を見せることで親しまれている動物としてのタヌキである。映画制作にあたっては、その両面について細かく資料収集・取材が行われた。特に動物としてのタヌキについては、多摩動物公園のタヌキの観察や動物番組のビデオなどを参考に描かれ、さらに現在のタヌキが置かれた状況については、多摩丘陵野外博物館事務局の桑原紀子やタヌキ研究家の池田啓《ひろし》などへの取材が行われた。

このように民話的側面と動物的側面を併せ持つタヌキを作中で表現するため、シチュエーションによって四つの姿を使い分けることが決まった。

一つは「本狸」。これは動物の姿をしたタヌキを写実的に描いたもの。人間の前に登場する場合はこの姿で描かれた。二つ目は「信楽《しがらき》ぶり」。映画の中ではこれがもっともメインの姿で、二足歩行し、キャラクターによっては上着を着ているものもいる。三つ目は「杉浦ダヌキ」。これはタヌキたちが「負けた！」、あるいは「トホホ」という気分になった時になってしまう姿で、先述の杉浦茂のキャラクターを参考に設定された。四つ目は「ぽんぽこダヌキ」。これは「杉浦ダヌキ」のいわばバリエーションで、大勢の宴会など楽しいシチュエーションの時にタヌキたちが自然とその姿になってしまう外観だ。

一方、美術監督は『おもひでぽろぽろ』に続き男鹿和雄が担当。多摩丘陵の四季の移ろいを、丁寧な観察眼で描き出した。

「狸」の話自体は、前から聞いていましたが、自分でやるつもりはなかったんです。ところが、〝舞台が多摩丘陵になりました〟と言うのを聞いたとたん──自分の家の周りじゃないですか──いい加減なもので、ピクッと動いちゃったんですよ。〝多摩丘陵が舞台だったら、普段からそこで遊んでいるし、まあ、やんなきゃいけないかな〟とか色んな想《おも》いがカーッと浮かんできて。その時にやることをほとんど決めたんだと思いますね。

（『男鹿和雄画集』）

男鹿は『となりのトトロ』や『おもひでぽろぽろ』の時も、自然を描く時の参考として多摩丘陵をたびたび観察してきた。その点で『平成狸合戦ぽんぽこ』は日本の里山のある風景を描く総まとめとして取り組まれたといえる。
完成後のインタビューで、高畑は作品の立ち位置について次のように語っている。

僕はこの映画は記録映画だと思っているんですよ。（略）これがもしファンタジーだったとすると、タヌキは当然大きな力を発揮して、見る人は人間であることを忘れて、タヌキに加担することになります。そうするんだったら、タヌキに大きな力を持たせて、人間にも上手に対抗させることにしたでしょうね。しかし、そうすれば、現実から掛け離れたものになってしまうんですね。そんなもの作ってもしようがない。そんな映画を作って、エイエイオーと叫んでみたところで、別にタヌキは保護されることにはならない。いっぺんの楽しみでしかありえないのです。そういう映画じゃなくて、あくまでも現実にタヌキがやったことは、いくら想像力をめぐらせても、せいぜいこのくらいではないかというものを描きたかったのです。タヌキが置かれている現状を抜きにして勝手な夢やまやかしの希望を語る気にはなりません。
（『シネ・フロント』1994年7月号、『映画を作りながら考えたことⅡ』所収）

撮影部の発足とCGへの初挑戦

また1993年の大きなトピックとしては、スタジオジブリ内に撮影部が発足したことが挙げられる。これによりジブリは、企画から撮影まで、映像制作工程のすべてを社内で行える体制となった。

撮影監督は撮影スタジオ、旭プロダクション出身の奥井敦。奥井はそれまでに同社で『ダーティペア（劇場版）』（1987年）、『機動戦士ガンダム　逆襲のシャア』（1988年）などで撮影監督を務めた経歴の持ち主。ジブリ作品では『紅の豚』で初めて撮影監督を担当し、続けて『海がきこえる』も担当した。

ジブリの撮影に旭プロダクションが参加するようになったのは、同社に在籍していた三沢勝治が、高畑・宮崎と東映動画時代の同僚だった縁からだという。三沢はジブリの新スタジオ建設にあたって撮影部のスペースの設計などについても協力した。奥井は『紅の豚』の完成後、新スタジオの披露パーティーの席上で、やがて発足する撮影部に参加することを打診され、しばらく後にそれを引き受けることにした。

発足した撮影部には、新たに設計された撮影台が2台設置された。このカメラはコンピューター制御で100分の1ミリ単位でその動きをコントロールかつ再現できるという性能を持っていた。宮崎は、この2台の撮影台を「大和《やまと》」と「武蔵」と命名した。カメラは7月に設置され、8月から撮影部による本番撮影が始まった。

また『平成狸合戦ぽんぽこ』では、ジブリ作品として初めてCGが使用された。使用されたのは図書館のシーンで、たくさん並んだ書架をなめるようにしてカメラが横移動するカットだ。仮に実写で撮るとしたら、カメラ位置やセットの制限からあのような絵を撮影することはできない。一方、手描きのアニメーションで描くと非常に困難な背景動画となり質感も出にくい。手描きの質感を残しながらCGでしか描けない空間を作り出したこのカットは、新たなCG表現として当時コンピューター業界でも話題になった。また、35ミリフィルムにデジタルデータを変換し出力する作業は、この頃日本であまり行われておらず、色の管理、ほかのシーンとのマッチングに大変作業時間を要することになった。実際の作業は日本テレビ技術局制作技術センターCG部が担当した。

日本テレビCG部は、次回作の『耳をすませば』でもデジタル合成のシーンで参加し、1995年のジブリCG室の設立へとつながっていく。

1994年邦画ナンバーワンヒットに

『平成狸合戦ぽんぽこ』は、非常にユニークな出演者が揃っているのも特徴の一つだ。キャスティングの狙いについて、高畑は次のように説明している。

僕は「ぽんぽこ」を、「形式は映画だが、これは映画ではない」という発想から始めたんです。多摩の狸たちの集団の運命がどのように変転していったかを、語りによって物語が進行していく形式で描こう、と。

だから語り手は非常に重要で、それを誰にお願いしようかという時に、まず古今亭志ん朝《ここんていしんちょう》さんが浮かんだ。

狸ばなしはいわば庶民的想像力の結晶で、大切な文化遺産です。ちょっと古めかしい言葉を使いながらもっともらしく、しかしばかばかしい。そのばかばかしさを大真面目にやる、というのが基本にあって、それが本当にあったように語れる人というと、やはり噺家であり、志ん朝さんであると思ったんです。江戸の後半から明治に作られた、明らかに過去のものとわかる噺をあんなにも生き生きと現代に甦《よみがえ》らせていらっしゃるその力をぜひ貸していただこうと。

（『アニメージュ』1994年8月号）

こうした高畑の意図の下、全体の語りを古今亭志ん朝が担当。このほか、六代目金長に桂《かつら》米朝《べいちょう》、太三郎禿狸《はげだぬき》に桂文枝《ぶんし》、鶴亀和尚に柳家小《やなぎやこ》さんといった落語界の重鎮が長老狸たちを演じた。このほか落語界以外からも、清川虹子《きよかわにじこ》がおろく婆、芦屋雁之助《あしやがんのすけ》が隠神刑部という重要な役にキャスティングされている。

また若い世代の狸は、野々村真《ののむらまこと》（正吉役）、石田ゆり子（おキヨ役）、泉谷《いずみや》しげる（権太役）がそれぞれ個性を生かして演じ、狐の竜太郎役は日本テレビアナウンサーの福澤朗《ふくざわあきら》が受け持った。

古今亭志ん朝をはじめとするキャストの一部は、1993年3月から5月にかけプレスコの録音を行った。プレスコは、絵に合わせて演技してもらうのではなく、本人たちの語りの魅力を生かした作品にしたいということから行われたもので、高畑作品では『火垂るの墓』などでしばしば活用されている方法だ。

宣伝面では、『平成狸合戦ぽんぽこ』から読売新聞社が特別協力でクレジットされるようになった。これによって、新聞広告が他紙より多めになるように出稿されたほか、広告などに限らずパブリシティなどでも協力する体制がとられた。

また『読売新聞』と日本テレビの協力によって実現したのが、「ぽんぽこナイター」と題された東京ドームの巨人戦を使ったPR。ナイター中継の合間に作品の紹介が行われたほか、球場でイニングの合間に『ぽんぽこ』のキャラクターの着ぐるみが登場したり、作品の団扇《うちわ》が配られたりした。このナイターを使ったPRは、『猫の恩返し』まで継続して行われていた。

映画は1994年6月13日に完成、7月16日より東宝洋画系で公開された。1994年夏はディズニー制作の長編アニメ『ライオンキング』も公開されており、動物アニメ対決ともいわれたが、蓋を開けてみると『平成狸合戦ぽんぽこ』は、配給収入26億5000万円を上げて、『ライオンキング』の20億円を上回った。これは、その年の邦画ナンバーワンヒットでもあった。

出版部とキャラクター商品部の設立

1993年から1994年にかけては、スタジオジブリの中で出版部とキャラクター商品部（後に商品企画部に改称）が発足した。それまではジブリ関連の出版物を徳間書店が、キャラクター商品を徳間ジャパンコミュニケーションズがそれぞれ担当していたが、出版の一部とキャラクター商品開発のすべてをジブリで行うようになった。

出版部は、ジブリ作品に関連する出版物に加え、普通の出版社では行えないような出版企画も手がけようという趣旨で設立された。第1弾企画は黒澤明監督の映画『まあだだよ』の宣伝展開の一環として行われた、宮崎と黒澤の対談をまとめた『何が映画か「七人の侍」と「まあだだよ」をめぐって』。その後、ジブリ作品関連としては、絵コンテ全集や、イメージボードなどを集成した「THE ART」シリーズなど、作品の制作過程に焦点を当てた本を主に刊行している。また『トイ・ストーリー』などで知られるピクサー作品の本のほか、作家堀田善衞《ほったよしえ》の入手困難な作品の復刊も行った。〝スタジオジブリの好奇心〟を謳《うた》い文句に毎月発行される『熱風』も出版部の編集だ。

一方、キャラクター商品部の設立は、商品の企画内容と品質、アイテム数などをこれまで以上にきちんと管理することが狙いの一つ。それまでも宮崎は商品の監修を必ず行っており、作品やキャラクターの持つニュアンスをきちんと反映した商品を作る上でもマーチャンダイジングのセクションがスタジオ内に設けられた意味は大きかった。

ジブリのキャラクター商品については一つエピソードがある。実はジブリ商品の代表的存在であるトトロのぬいぐるみは、映画の公開から約2年後に発売されたものなのだ。

1988年春の劇場公開時にも、あるメーカーで製造されたぬいぐるみが販売されたが、この時は出来が良くなかったためすぐに製造中止になってしまった。しかしその後、ぬいぐるみメーカーのサン・アローがトトロのキャラクターを〝再発見〟した。翌年、同社の関正顕が『トトロ』を見て「これこそぬいぐるみにするべきキャラクターだ」と直感、同社はただちにトトロやネコバス、マックロクロスケの試作に取り掛かったのだ。

そして映画公開から1年余りが経過した1989年夏、同社は独自に制作した巨大なトトロとネコバスのぬいぐるみをトラックに乗せてジブリに持ち込み、宮崎に見せた。トトロの商品化についてはまったく考えていなかった宮崎だったが、その完成度と同社の熱意に納得。トトロの両目の離れ具合など、数カ所を宮崎の意見通りに修正した上で発売することが決まった。こうして同年暮れに市場に出たサン・アローのトトロは圧倒的な好評をもってファンに迎えられ、現在もジブリ商品の定番となっている。

映画のキャラクター商品は通常、劇場公開中の販売がすべてであり、公開時に売れなかった作品が後から売れるということは極めて異例だ。「トトロ」というキャラクター、作品の人気がいかに特別であるかをこのエピソードは表しているといえるだろう。また、作品の魅力を本当に理解し、良い物を作ろうと熱意を持ったメーカーと出会えたことも大きかった。

このトトロが良い例だが、ジブリはキャラクター商品について「良い物を長く売っていこう」という方針を堅持しており、いたずらに大量販売を目指すことはしていない。商品企画部では、業務開始以来、こうした方針を理解してくれるメーカー一社一社とやりとりしながら、慎重に商品を展開している。

出版部と商品企画部といういわゆる関連事業の部署が発足し、ジブリの活動範囲はこの時期から映画制作以外にも広がり始めた。このような映画以外の活動の流れの中に、後の美術館建設・運営やジブリパークの開設も位置づけられてゆくことになる。

第8章

近藤喜文初監督作品『耳をすませば』と
ジブリ実験劇場『On Your Mark』

少女マンガをアニメーションに

原作『耳をすませば』の連載スタートは、少女マンガ誌『りぼん』1989年8月号から。原作者は、初連載作でもあった前作『星の瞳のシルエット』が大ヒットした柊《ひいらぎ》あおい。連載開始にあたっての狙いを柊は次のように振り返っている。

これ（編注／『星の瞳のシルエット』）を描き終えた時に、次の作品は恋愛だけでは終わらない、もっと広がりのある世界といいますか、好きだ、嫌いだに終始するのではなくて、生きて行くには恋愛以外にも大事なことがたくさんあるわけですから、異性との関係も、人間的な深いつながりとして描けたらいいなって思ったんです。

（「対談　好きな人に会えました」、劇場用パンフレット『耳をすませば』所収）

しかし、連載の人気は出ず「自分の描きたいことを描ききれないうちに終えてしまった作品だったので、自分の中で未消化になっていたんです」（同前）という状態で連載4回目の11月号で完結することとなった。その後、1990年に単行本が発売された。

宮崎駿監督が、『耳をすませば』を映画にしようと思い立つまでには長い助走があった。

宮崎が、少女マンガを読むようになったのは『風の谷のナウシカ』を完成させた1984年の夏。宮崎は義理の父が建てたという信州の山小屋で一夏を過ごした。その山小屋には電話もなく、新聞も届かず、壊れた白黒テレビがあるだけ。暇をもてあました宮崎は、そこに遊びに来た姪《めい》たちが残していった古い少女マンガ誌を読んで過ごすことになったのだった。その後も、宮崎はその山小屋を訪れるたびに古い少女マンガ誌を繰り返し読み返し、時に「少女マンガは映画になりうるか」という議論を、山小屋を訪ねてきた友人たちとすることもあったという。そして1989年、さすがにその雑誌もボロボロになった頃に読むものを探した宮崎がたまたま近所で買ったマンガ雑誌が、『耳をすませば』第2回が掲載された『りぼん』だった。

宮崎はその第2回だけを熟読。その後、山小屋に遊びに来た鈴木敏夫プロデューサーや押井守、庵野秀明にも読ませ、「この物語のはじまりはどうなっていたんだろう?」と尋ねたという。そして山小屋にいる全員で物語のはじまりについて想像を巡らせるうちに、一同の関心は物語のその後の展開にまで及び、ああでもない、こうでもないと思い思いのストーリーを作っていった。

宮崎はこの原作の印象と映画になるのではと思い至るまでの経緯を次のように語っている。

最初に感じたのは、「あっ、バランス感覚のいい作品だな」ということでした。それと、絵全体にもまったく媚《こ》びがなかった。それが、ぼくにはとても気持ちいいものに感じたんです。でも、実際は、そういうバランス感覚のいい作品っていうのは、少女漫画としてはヒットしないことが多いんです。その後、初めてこの作品を最初から最後まで通して読んだのは、2年前（編注／1993年）のことでした。たまたま、あるジブリのスタッフ（編注／当時制作部に在籍していた田中千義）が、単行本化された「耳をすませば」を持っていたんです。それを読んだ時、ああ、やっぱり不発に終わったな（笑）、と思ったんですが、「この作品だったら、いろいろと手を加えて、何とか映画になるんじゃないか……」。そう思ったのが、そもそものきっかけでした。

（『アニメージュ』1995年3月号）

宮崎は、『平成狸合戦ぽんぽこ』の制作が佳境に入った1993年10月に企画書をまとめ、翌月には社内で不定期に開かれていた「企画検討会」へ提出。ここでの検討を経て、映像化が具体化していった。

映画化にあたって、宮崎は原作に欠けているある要素を付け加えることを考えた。パンフレットにも掲載された宮﨑による文章「なぜ、いま少女マンガか？　この映画の狙い」には、その理由が書かれている。

そこではまず原作が、あくまでも「ごくありふれた少女マンガの、よくあるラブストーリーにすぎない」と位置づけられ、「では、なぜ『耳をすませば』の映画化を提案するのか。おじさん達がどんなに力を込めて、その脆弱《ぜいじゃく》さを指摘し、現実性にとぼしい夢だと論じたてても、この原作にすこやかに、素直に描かれた出会いへの憧れと、純な思慕の念が、青春の重要な真実であることを否定できないからである」と続く。

その上で、原作では「絵描きを夢見て、イラスト風の絵を描いている（略）切迫した激しい芸術を志向する人物では決してない」主人公の相手役である少年を、中学卒業とともに渡欧してヴァイオリンづくりを修業しようと固く志す少年へと変更するアイデアが書かれている。

同世代の少年や少女達が、未来をむしろ忌避して生きている時（大人になったら、碌《ろく》なことはないと信じている子供達が多い）、ずっと遠くを見つめて、少年は着実に生きている。われらがヒロインが、そんな少年に出会ったらどうするのだろう。そう設問した時、ありきたりの少女マンガが、突然今日性を帯びた作品に変身する原石――カットし、研磨すれば輝く原石に、変身したのである。少女マンガの世界が持つ、純（ピュア）な部分を大切にしながら、今日豊かに生きることはどういうことかを、問う事も出来るはずである。

このようにして映画の基本方針は定められた。

ちなみに『耳をすませば』の企画が固まるにあたっては、1993年にTV放送された『海がきこえる』の影響もあるという。若手スタッフを中心とした『海がきこえる』が描いた淡々とした恋愛描写について、煮えきらなさを感じた宮崎は「やらなくてはいけないのは、恋愛を通じて、人生は生きるに値する素晴らしいものだという肯定的なメッセージを込めることだろう」と、感想を語っていたという。そうした宮崎の考えが『耳をすませば』に反映されたであろうことは想像に難くない。

45歳の新人監督

映画『耳をすませば』の主人公は、東京郊外の団地に暮らす中学3年生の月島雫《しずく》。本が好きで、妖精や魔法が出てくるようなファンタジーを図書館からよく借りて読んでいた。彼女は自分が借りている本の貸し出しカードにいつも同じ名前――天沢聖司《あまさわせいじ》があることに気づく。ある日、猫のムーンに誘われるように、骨董店《こっとうてん》「地球屋」を訪れた雫は、そこの店主、西老人と知り合い、その孫が聖司であることを知る。ヴァイオリン職人を目指す聖司と出会ったことで、雫の中に少しずつ変化が生まれていく……。

『耳をすませば』もまた、大作中心になりがちなジブリ作品の中にあって、予算やスケジュールもほどほどにスタッフが疲弊しない「小品」を志した企画だった。宮﨑は、本作を「佳作小品シリーズ第1作」と呼んだ。企画がスタートした時点では、上映時間も90分を目標とし、公開もそれまでのジブリ作品よりも上映館数を絞ったかたちで考えられていた。

宮﨑は自らはあくまでプロデューサー・脚本・絵コンテに留まり、監督には長年の仕事仲間であり、『魔女の宅急便』や高畑勲監督の『火垂るの墓』などで作画監督を務めたアニメーターの近藤喜文を抜擢した。

『未来少年コナン』や『赤毛のアン』の頃より、近藤がさわやかな少年少女の出会いを描きたいと思っていたことを知っていた宮﨑は、そんな近藤の思いを踏まえて『耳をすませば』の監督に抜擢したそうだ。近藤自身も「もともとの思考で言いますと、トトロの出ない『となりのトトロ』みたいなものをやりたいとずっと思ってたものですから、どこか飛躍してしまわないい程度の現実の日本で、少年少女の群像みたいなものが何かやりたいっていうのがすごくあったんです」（『コミックボックス』1995年9月号）と、語っている。

1994年2月より、先行して宮﨑が絵コンテ作業に入り、3月になって『ぽんぽこ』の作業を終えた近藤がそこに合流した。当初は宮﨑のラフコンテを近藤が清書しつつ、並行してキャラクターデザイン作業が行われていた。しかし、5月に作画インすると、近藤はレイアウトチェックに追われることとなり、Bパート後半からは宮﨑単独で絵コンテを執筆することになった。ともすればキャラクターを理想化することでダイナミックなドラマを作ろうとする宮﨑の個性をよく知っている近藤は、絵コンテ執筆中、折に触れて「日常の中の中学生の姿をきちんと描きたい」と伝えたという。絵コンテは同年9月に完成し、映像化にあたっては、日常の中のさりげない動きや、微妙な心理表現、自然現象などの描写にじっくりと手間がかけられた。

余談だが、1995年2月16日に製作発表会見が開かれるにあたって、宮﨑から近藤に三つの注文が出されたという。一つ目は、近藤の髪の毛がほとんどグレーに近いため、〝新人監督〟にしてはとうが立ちすぎて見えるので、せめて黒く染めること。二つ目は、各媒体の記者たちに取り囲まれるのだから、古い一張羅のスーツではなく、新品のスーツをあつらえること。そして三つ目は、なぜかまったく製作発表とは関係なく、監督なのだから10年近く乗っているスバル・ジャスティを新車に買い換えること――という内容だった。

一番目と二番目については、最初はいやがっていたものの鈴木の説得もあり、ちゃんと実行された。しかし、三番目については、スタッフが迫ってものらりくらりとかわし続け、結局最後まで乗り慣れた愛車を手放すことはなかったそうだ。

第二の原作とメインスタッフ

『耳をすませば』の制作にあたって、宮﨑と近藤が掲げた目的の一つに「都会生まれの人間にとっての〝ふるさと〟を描く」というものがあった。原作では、雫が住む場所は当然ながら細部まで描かれておらず曖昧にぼかされているが、映画ではこの方針にしたがって、京王線（作中には京玉線として登場）の聖蹟《せいせき》桜ヶ丘周辺を参考に町の風景が描かれた。そのため団地の光景やコンビニやファストフード店のある駅前の風景、電信柱の立ち並ぶ道路と、極めて写実的に現実の風景を切り取った場面が多い。ただしこれは写実一辺倒ということではなく、たとえば逆に高台の街並みは、写実的でありながらも、高低差を生かすなどしてイタリアの山岳都市にも似た魅力を出すように描かれてもいる。

こうした「都会生まれの故郷」についてのアプローチを支えたのが、パンフレットなどでも「もうひとつの原作」として取り上げられているジョン・デンバーらの作詞・作曲による「カントリー・ロード(Take Me Home, Country Roads)」だ。宮﨑がこの歌を繰り返し聴くうちに「いまの中学生にとって故郷とはなんだろう」と考えるようになったことが、作品に反映されたという。

この曲はまずオープニングで、オリビア・ニュートン・ジョンが英語で歌うバージョンが流れる。その上でストーリーの中で、雫がこの歌の訳詞に取り組んでいることが明かされるという仕掛けで使われた。近藤はこの主題歌の訳詞が決まるまでについて次のように語っている。

宮﨑さんが、雫と姉さんと二人で部屋を使っていて、半分から見える世界が何の変哲もない風景だけれどどこがあなたと出会ってから私の故郷になりますっていう様な感じの歌を作りたいと苦労してたんですが、どうもしっくりこなくてどうしようかって言ってた時に、そういえば鈴木プロデューサーに娘がいるじゃないかって話になってやっぱりそういう世代の人に書いてもらった方がいいだろうと。実際書いてもらったらこれが良かったんですね。(略)それで一人で生きると何も持たず家を飛び出したと。飛び出して頑張ってみたけどやっぱり恋しいし帰りたいとも思うけど、そうやって飛び出して来たから帰れない、なんていう思いを歌にしてるんです。それが丁度イタリアに旅立っていく少年の心情にぴったり符合したことによって、あっ、これいけるんじゃないって話になって、急遽《きゅうきょ》最初の設計と違うけどこれにしましょうと。これで一貫性が出来た気がしたんです。

(『コミックボックス』1995年9月号)

こうして鈴木の娘(鈴木麻実子)が書いた「カントリー・ロード」の訳詞だったが、その一部に宮崎が手を入れることになった。この修正をめぐっては宮崎と近藤の間で大きな衝突が起こったという。その顚末を、鈴木は次のように語る。

最初うちの娘が書いた詞は、「ひとりで生きると／何も持たずに／まちを飛びだした」となっていた。宮さんの直した歌詞は、「ひとりぼっち／おそれずに／生きようと／夢見てた」。

そもそも、ジョン・デンバーが書いた元の歌詞は「あの懐かしい故郷へ帰ろう」という話です。あきれたことに、うちの娘はそれを、「家出してきた故郷には、帰りたくても帰れない」という話に変えちゃった。宮さんはそれを喜んだんですけど、ただ、あまりにも露骨に書きすぎてあった。そこで、家出の要素をちょっとぼかしたわけです。

それに対して、近ちゃんは「元の歌詞のほうがいい」と言う。それで二人が議論をし始めて、しまいにはほとんど怒鳴り合いのケンカになっちゃうんです。最後は近ちゃんが折れて、宮さんのバージョンに落ちつきました。

それにしても、木訥《ぼくとつ》としたおとなしい近ちゃんが、どうして怒鳴り合いをしてまで、あの歌詞にこだわったのか？　僕には見当がつきませんでした。

その謎が解けたのは、映画が完成したあとのことです。

全国キャンペーンで仙台へ行ったとき、近ちゃんと二人きりでご飯を食べる機会がありました。そのとき、近ちゃんが「僕はいまでも元の詞のほうがいいと思っています」って、ボソッと言ったんですよ。

「僕自身、漫画家になろうと、家出するように東京に出てきました。本当に何も持っていなかった……」

涙を流していました。偶然なんでしょうけど、うちの娘が書いた詞は、近藤喜文という人の人生そのものだったんですよ。ほとんど家出をするように故郷を出てきて、必死にアニメーターになった。でも、それだけじゃ帰りたくても帰れない。ほんとうの意味で胸を張って故郷に帰るためには、監督になることが必要だったんでしょう。そういう思いを託せる歌詞に、あろうことか自分の初監督作品で出会った。それは彼にとってすごく大きな意味があったんだと思います。だからこそ、歌詞を変えたくなかった。（『天才の思考』）

作画監督は、過去の作品に原画として参加してきた高坂希太郎が初めて担当。また、美術監督も１９９１年に入社し、背景を担当してきた黒田 聡《さとし》が初めてチャレンジした。

１９９４年10月には、「ラストシーンの夜明けを描くために実際に夜明けを見たい」と黒田が提案、ロケハンが行われた。多摩丘陵から都内を見下ろす場所を探した結果、白羽の矢が立ったのが川崎市多摩区にある遊園地「よみうりランド」内に立つ、現在は廃止されたジャンプ台の鉄塔。通常は立ち入り禁止のところを、映画のロケハンということで特別に許可をもらい、10月22日午前5時半からロケハンが行われることになった。参加者は黒田とこの場面を担当する男鹿和雄ほか6人。実はこの時、黒田と男鹿は前夜から飲んでおり、そのまま寝ないで現地にやってきたという。一行は地上50メートルの塔の頂上で寒風にさらされながら、うつくしい東京の夜明けを観察した。

一方、作画的に一つの見せ場となったのが、聖司とその祖父である西老人と仲間たちが古楽器を演奏し、雫がそれに合わせて自分で訳した「カントリー・ロード」を歌うシーンだ。担当は、1989年に入社した一期生の小西賢一。演奏シーンは先に録音されており、小西は資料用のビデオと音のタイミングを記したプレスコシートなどを参考にしながら、半年間かけて演奏シーンを描いた。この3分強のシーンの総動画枚数は2900枚で、ここだけで普通のテレビアニメ一話分の枚数が使われている。

音楽は、映画『子猫物語』や『王立宇宙軍　オネアミスの翼』の音楽を坂本龍一とともに担当した、新進作曲家の野見祐二《のみゆうじ》が手がけた。主人公雫は、『おもひでぽろぽろ』で少女時代のタエ子を演じた本名《ほんな》陽子が演じ、雫の母に個性派女優の室井滋《しげる》、父には評論家の立花隆、西老人には小林桂樹《けいじゅ》がキャスティングされた。また、雫が描いた物語の中に登場する猫の人形、バロンは、露口《つゆぐち》茂《しげる》が演じた。

「バロンのくれた物語」

当初は「佳作小品シリーズ」と銘打たれていた『耳をすませば』だったが、『紅の豚』の時と同様、絵コンテが進行するにつれて本格的な長編アニメーションの様相を呈してきた。その「大作化」を後押しした場面の一つが、雫が描いた物語の一場面を映像化した、通称「バロンのくれた物語」のシーンだ。

「佳作小品」を目指していた段階で宮崎は、物語の中心として雫が「カントリー・ロード」を歌うシーンを映画全体のポイントにする心づもりだった。しかし歌のシーンの絵コンテを描き終えたところで、宮崎は「『耳をすませば』で、柊さんが途中でやめざるを得なかった主題が、次第にはっきりして来て、このままではワサビのない寿司《すし》になってしまいそうです」（「幸運な出会い」、『「バロンのくれた物語」の物語』所収）と気づき「もうひとつポイントが要る、そう判《わか》ってきました。突然、井上さんのイバラードの世界を借りて、劇中劇のシーンをつけようと思い立ちました」（同前）と、判断をする。

「バロンのくれた物語」は、雫自身が物語の中に入り込み、物語の主人公である猫の人形バロンに導かれるという内容。原作にも類似したシーンはあるが当初はそれを描くのは見送る予定だった。それを挿入しようというのである。

「井上さん」とは、異世界「イバラード」を舞台にした幻想的な絵画で知られる画家の井上直《なお》久《ひさ》のこと。以前より宮崎の作品に共通するものを感じていた井上が個展の招待状を送ったところ、1994年2月に宮崎が個展を訪れ、そこから接点が生まれた。宮崎は「バロンのくれた物語」の映像化にあたって、井上の「借景庭園」と「上昇気流」という2作品をモチーフにできないかと考えたのだった。宮崎の依頼に応えて、井上は映画制作に参加。このシーンのために背景など60点以上の絵を描いた。

「バロンのくれた物語」制作にあたっては奥井敦撮影監督の提案もあり、デジタル合成が導入されることになった。これは撮影素材をいったんコンピューターに取り込んで合成を行い、フィルムに出力するというもので、従来のフィルムで行われるオプチカル合成よりも、マスクのズレもなくクリアな画像が得られることが特徴だ。

デジタル合成が力を発揮したのは、バロンと雫の飛行シーン。通常のアニメの撮影台では、台の上に置けるセル画の枚数に限界があるが、デジタルの場合は物理的限界は存在しない。それを生かし多数の素材を重ね合わせ、雲の動きとカメラワークを作り出している。これは従来の撮影台を使っていては絶対に不可能なカットだった。

デジタル合成を担当したのは、日本テレビCG部の菅野《すがの》嘉則《よしのり》。データ量は想像を絶する大きさとなり、「エクサバイト」という大容量テープでも55本に。テープを読み込むだけでも10時間かかるため、作業が滞ってしまうという問題が発生した。この問題を解決したのが当時、映像会社イマジカに新設された「フラミンゴルーム」にあった超高性能のオニキスというコンピューターだった。これにより作業時間の短縮が可能となり、スケジュール内に間に合うことになった。なお、デジタル合成はこのほか、本編でも2カ所使われている。

また音響面でもデジタル化が進められた。きっかけは1994年秋にアメリカの企業ドルビー・ラボラトリーズの副社長がジブリを訪れたこと。その副社長は「アメリカで音響がよくなったのは、ジョージ・ルーカスほかの新世代の監督が改善の努力を重ねたからだ。日本でそういうことが発言できるのは宮﨑監督でしょう」と力説。そのような経緯もあり『耳をすませば』は、『ゴジラVSメカゴジラ』での試験採用を経て、日本で初めてドルビーデジタルが本格導入された作品となった。

ドルビーデジタルは5・1チャンネルあり、従来のアナログ信号よりも高音質なのが特徴。またドルビーデジタル方式を採用しても、フィルムには従来のアナログ信号も同時に記録できるため、1種類のプリントを作るだけでどんな劇場でも上映できるというメリットもあった。

ドルビーデジタルの導入にあたり、音響監督の浅梨なおこは、そのデジタル化のメリットを最大限生かすため、音響作業のすべてでアナログの磁気テープを使わず、デジタル化することを考えた。3月にまず、鈴木敏夫プロデューサーが所有する恵比寿《えびす》のマンションの一室を借りて、パソコン数台を設置した作業場、通称「スタジオムーン」が作られた。

4月のアフレコ現場にはパソコンを持ち込み、音を直接ハードディスクへと録音。効果音もできるだけDAT（デジタルオーディオテープ）で録音したものを、可能な限りダイレクトにハードディスクへとダビングした。こうした素材をもとに「スタジオムーン」のパソコン内で仕込みを行い、当時日本で唯一デジタルで映画用ダビングができる設備を持っていた「東京テレビセンター」でダビングを行うという計画だった。

とはいえ初めての試みゆえに、パソコンが不安定なために発生するトラブルも少なくなく、スケジュールは混乱した。実際にはスタジオムーンで仕込み作業を終えることができず、東京テレビセンターに二週間泊まり込み、パソコンを持ち込んで仕込みをしながらダビングを並行して行うという、自転車操業状態に陥ってしまったのだった。作業には鈴木も立ち会い、音響の手順を表にまとめて整理し、配線を検討するなど実作業を行った。

こうしたトラブルを乗り越えた上で『耳をすませば』は1995年6月7日に初号試写が行われ、7月15日に東宝洋画系で公開。配給収入18億5000万円を上げて、1995年の邦画でもっともヒットした作品となった。また7月6日付『読売新聞』には、初めて全面カラーの広告を掲載。この広告は、読売映画広告賞優秀賞を受賞した。

高畑は完成した『耳をすませば』での近藤の監督ぶりについて「この映画を見て印象深かった三つのこと」（『コミックボックス』1995年9月号）という文章の中で次のように記している。

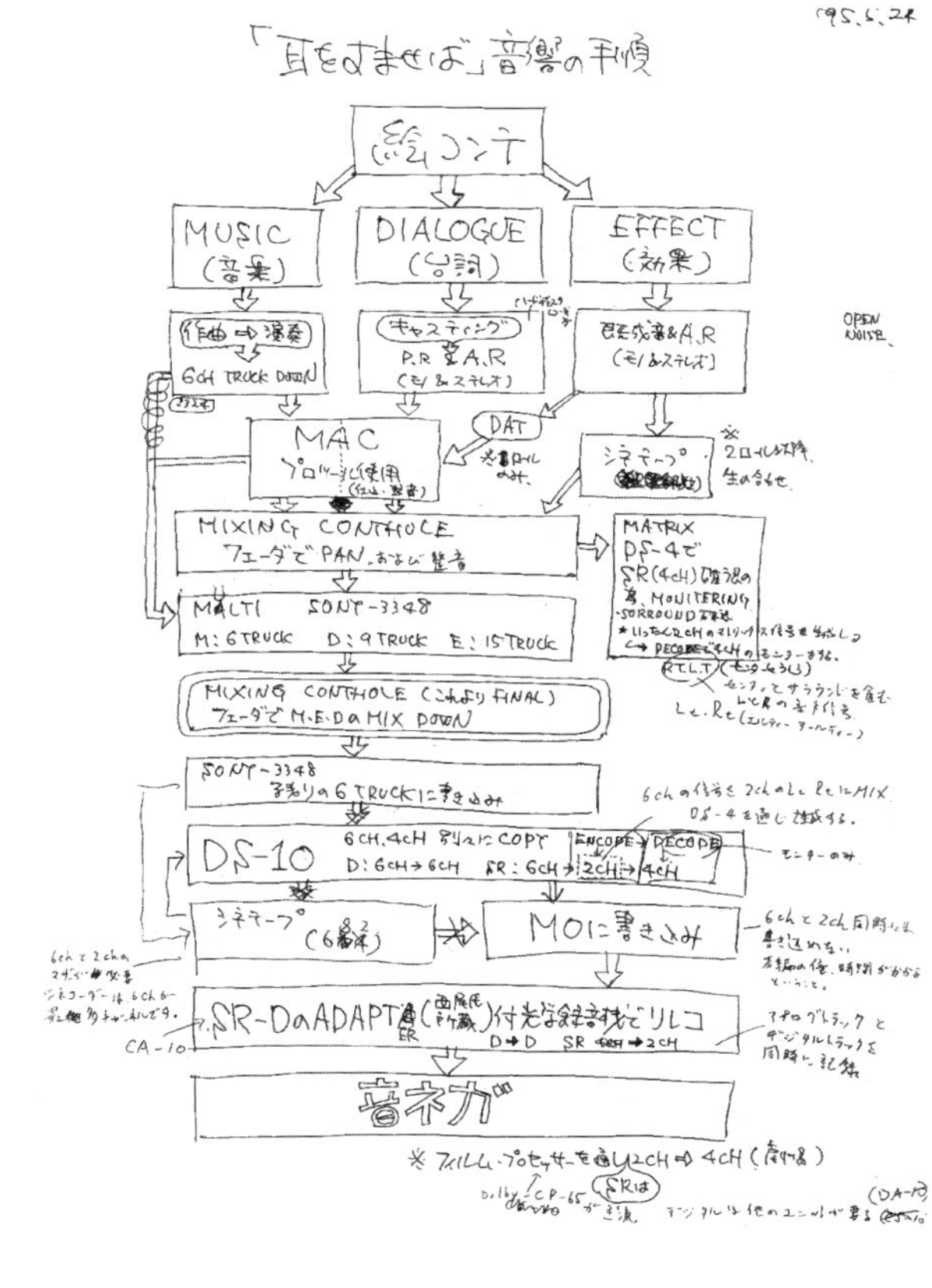

『耳をすませば』は、日本映画として初めてドルビー5.1チャンネル仕様の音響が本格導入された作品となった。その制作の仕組みを理解するために、鈴木プロデューサーが整理し、まとめた手順の一覧がこの表である。

三つ目は、宮崎駿自身にとってはいざ知らず、近藤監督指揮のもとにこういう「宮崎アニメ」がちゃんと出来上がったことへの感慨です。力量を見せた近藤監督以下のスタッフには大きな自信を、宮さんには大作以外に、ありあまる構想力をこういう形で生かす可能性を、ともに見つけたにちがいありません。近ちゃん、ほんとうにご苦労さまでした。ねばり勝ちですね。

阪神・淡路大震災へボランティア

『耳をすませば』制作中の1995年1月17日早朝、神戸を中心とした地域を襲った阪神・淡路大震災は、広い地域に大きな被害を残し、24万棟を超える家屋が倒壊。6000人を超える死者が出る大惨事となった。この時、被災地には全国から多数のボランティアが駆けつけ、ボランティア活動が改めてクローズアップされるきっかけともなった。

こうした状況の中、スタジオジブリも直後に社内で募金を行うなどしていたが、すぐさまボランティアを現地に派遣することを決めた。社内で参加者を募ったところ、10人以上が参加を希望。一度に全員が行くと制作作業が滞るため、3班に分けて3回にわたってボランティアを送ることになった。事前に関係各所に問い合わせをした結果、宝塚市が比較的手薄であることがわかり、ボランティア第1陣は2月1日に現地へ向かって出発。続けて数日ごとに交代するかたちで、第3陣までボランティア活動を行った。

また阪神・淡路大震災をきっかけにジブリそのものの防災体制も見直された。中でもスタジオ脇に設置された自転車置き場を整備し、仮設トイレとして使えるようにした。

一方新たな試みとして、高畑を塾頭にした演出家を養成する「東小金井村塾」がスタートしたのも1995年のこと。320人の応募があった中から、16人を選出。4月から12月までの毎週土曜日に、午後4時から5時間にわたって講座が開かれた。

ジブリ実験劇場『On Your Mark』

宮崎が『耳をすませば』の絵コンテを完成させた後、短編『On Your Mark』の制作が決定した。これはCHAGE & ASKAの同名曲のミュージックビデオだった。

映画の舞台は近未来。ヘリパトで新興宗教の本拠へ突入した警官隊は、翼のある少女を見つける。警察の研究施設に収容される少女。それを見た二人の警察官は、彼女を青空へと解放してあげようと考えるが……。

宮崎はインタビューでこの作品の制作にあたってのスタンスを次のように語っている。

「位置について」という意味のタイトルだけれど、その内容をわざと曲解して作っています。いわゆる世紀末の後の話。放射能があふれ、病気が蔓延《まんえん》した世界。実際、そういう時代が来るんじゃないかと、僕は思っていますが。そこで生きるとはどういうことかを考えながら作りました。きっとそういう時代は、ものすごくアナーキーになっていく一方で、体制批判というようなことについて、ものすごく保守化しているんじゃないか。それはまだ失うものがあると思っているから、何もなくなると、ただのアナーキーになっていって、のたれ死にが始まるんです。そういうものを紛らわしてくれるのは「ドラッグ」や「プロスポーツ」や「宗教」でしょう? それが蔓延していく。そういう時代に、言いたいことを体制から隠すために、隠語にして表現した曲と考えてみた。ちょっと悪意に満ちた映画なんです(笑)。

(『出発点』)

『On Your Mark』では作画監督に安藤雅司、美術監督に武重《たけしげ》洋二という若手スタッフを起用。この二人は、宮崎の次回作『もののけ姫』にも作画監督、美術監督として参加することになる。

絵コンテは2月6日に完成し、2月7日より作画インした。

初号試写は『耳をすませば』と同じ1995年6月7日に行われ、上映時間は6分48秒だった。6月下旬よりCHAGE & ASKAのコンサートツアーで上映され、また劇場では「ジブリ実験劇場」とタイトルがつけられた上で『耳をすませば』と同時上映された。

第9章

未曽有の大作『もののけ姫』

時代の転換点をえぐる映画を

宮崎駿監督は製作プロデューサーを担当した『おもひでぽろぽろ』の完成後、次に作るべき作品について「時代の転換点をえぐりとるような作品を作るべきだということはわかっているんですが、具体的にどういう作品にすればよいか私たちはつかんでいません。おそらく誰にもわかっていない。私たちはいまそれを模索している段階なんです」(『ロマンアルバム　おもひでぽろぽろ』)と語っていた。

そして「モラトリアムの映画」と自ら語る『紅の豚』を経て、『アニメージュ』1982年2月号から中断をはさみつつ続いてきたマンガ『風の谷のナウシカ』が1994年3月号でついに完結。近藤喜文監督のための『耳をすませば』の絵コンテも終わり、宮崎がその課題に取り組む時期はいよいよ迫ってきていた。

『耳をすませば』の作業中に、鈴木敏夫プロデューサーと宮崎の間で、次回作について話し合いがあった。この時点での次回作の候補として宮崎が出してきたのが『毛虫のボロ』である。『毛虫のボロ』は、ある街路樹で生まれた毛虫が、隣の街路樹まで移動する間に起こる極小サイズの冒険物語の予定だった。しかし、この企画には、「人間がまったく出てこない話で長編映画をつくることが可能なのか」という大きな課題があった。この課題をクリアすることは現実的には不可能と判断した鈴木は、宮崎が長年構想を温めてきた時代活劇『もののけ姫』の映画化を提案する。これは宮崎が1980年にTVスペシャル用企画案として描いたものの、実現しなかった作品だった。

　宮さんという人は、たえずいろんな企画を抱えている人で、『もののけ姫』の原案も何年も前から話に出ていたんです。描きためたイメージボードもあったので、まずはそれらをまとめて絵本の形で出版することにしました。でも、映画化に関しては、宮さんの中で迷いがあって、なかなか首を縦に振ってくれません。

（『天才の思考』）

時代劇を制作できるタイミングは今しかないと考えた鈴木は、ポイントを挙げて宮崎を説得した。

一つ目は、宮崎の年齢。1941年生まれの宮崎は、次回作の完成後には50代半ばを過ぎる。体力のいるアクション映画を制作するならば、むしろ今こそが最後のチャンスではないか。

二つ目はスタッフの状況。ジブリが採用した生え抜きのスタッフが力をつけ、現場の中核となり、もっとも力を発揮できる時期が来ていること。

三つ目は、周囲の環境。ヒットメーカーとしてジブリが認知されつつあり、ある程度の予算を集められる状況がきていること。

こうした鈴木の説得の結果、宮崎は1994年8月より、『もののけ姫』の準備に入ることになる。しかし、それから4カ月の間、構想はまったく固まらなかった。何がそれほどまでに難しかったのか。準備に入る約1年前、1993年9月の日付が入った絵本『もののけ姫』のあとがきを読むと、企画のスタート時点で宮崎が『もののけ姫』をどのように映画化しようと考えていたかが見えてくる。

まず宮崎は絵本（初期設定版）の弱点を次のように指摘する。

最大の問題は、物語の世界が、従来の映画や民話からの借物であり過ぎる点でした。日本史や農耕文化史、大きな歴史観が劇的に変わりつつある時代に居あわせながら、その成果が少しも反映されていません。（略）時代劇を作るなら、もっと本格的なものにしたい。そう考えて、あれほどやりたかったはずの「もののけ姫」を卒業することにしたのです。出版物に丸ごと出してしまったのも、終った作品と決めたからでした。

しかしその上で、新たな構想で物語を作り出そうとしても「舞台を変え、主人公を変え、物語も全然ちがうはずなのに、――父にうとまれ、もっとも卑しい醜い者に嫁にやられる娘――という基本設定が、亡霊のように入り込んでくるのです。これはもう、精神分析の対象にするしかない執念深さでした。散々、堂々めぐりをした揚句、一度外へ出してしまわないと先に進めそうもないと、ぼんやり考えるようになりました」と、なかなか当初の構想から離れられない苦悩を語っている。そしてその言葉を裏付けるかのように、「映画化に際しては、イメージボードにとらわれずに、物語世界を再構築しようと考えていますが、この結末だけは変えずに置こうと思っています」と、初期設定版の通り「もののけ姫」が重要人物であることは映画化にあたっても変わらないことが想定される内容で、あとがきを結んでいる。

1年後になっても、企画はこの状態からなかなか進むことはできなかった。最大の理由は、14年前に考えられた初期設定版『もののけ姫』を土台にしている限り、社会情勢なども大きく変わってしまった現在の「時代の転換点をえぐることは難しい」ということだった。

こうして企画に行き詰まっているところに舞い込んできたのが、CHAGE & ASKA のミュージックビデオ『On Your Mark』の仕事だった。宮﨑は1994年9月からそちらに集中。

それが大きな気分転換となったのか、宮﨑は1995年に入り、大きな方針転換を決断する。初期設定案とそれに付随するアイデアをすべて捨てて、完全に新しい物語を作るというのだ。

1995年4月には、その新たな構想にしたがった企画書がまとめられた。企画意図にはこうある。

中世の枠組みが崩壊し、近世へ移行する過程の混沌《こんとん》の時代室町期を、二十一世紀にむけての動乱期の今と重ねあわせて、いかなる時代にも変わらぬ人間の根源となるものを描く。神獣シシ神をめぐる人間とものののけの戦いを縦糸に、犬神に育てられ人間を憎む阿修羅のような少女と、死の呪いをかけられた少年の出会いと解放を横糸に織りなす、鮮烈な時代冒険活劇。

(『出発点』)

こうして『もののけ姫』の企画はようやく具体的に動き始めた。

大作のための予算

一方、鈴木はこれまでにない大作映画となるであろう『もののけ姫』の企画を実現させるべく、準備を進めていた。

まず必要なのは総予算の決定だ。鈴木は、これまでの製作費と制作期間の関係から求めた数字をベースにしつつ、これまで以上のクオリティーになることを見込み、1カ月あたり1億円が必要になると概算した。その上で、1997年夏公開とすると、準備期間を除いた制作期間は16カ月。つまり総計16億円の製作費が必要ということになる。当然ながらこの製作予算は、それまでのジブリ作品の中でもっとも高い金額だ。

ジブリの親会社である徳間書店の徳間康快社長との面談に臨んだ鈴木は、「いったいいくらかかるんだ?」と問う徳間社長に対し、「今度の映画は最低16億円かかります」と、とりあえずの数字を報告。すると徳間社長は「20億円にしろ!」と切りのいい数字に切り上げるよう鈴木に指示したという。出資は、徳間書店とスタジオジブリに加え、『魔女の宅急便』以来の日本テレビと、ジブリ作品には初参加となる電通の4社で分担することになった。こうして20億円の予算が組まれることになったわけだが、この製作費は最終的に24億円にまで膨らむことになる。

予算の増大は、当然ながら興行上のハードルを大きく上げることになった。最終的なペイラインの予想は、配給収入60億円。これは当時の日本映画の最高記録だった『南極物語』(19

83年）の59億円を超えることを意味していた。それまでのジブリ作品の最高記録が『紅の豚』の配給収入27億1400万円だったことを考えれば、一気に2倍以上の売り上げを達成しなければならないことになる。鈴木は、この目標を達成するため、後に異例の宣伝計画を打ち出していく。

美術監督5人という前例のない体制

1995年4月になると、『On Your Mark』に引き続いて作画監督を担当することになった安藤雅司が、宮﨑のイメージボードにしたがってキャラクター設定をスタート。7月に作画インとなった。安藤は、後のインタビューで次のように語っている。

あがってきた原画を宮﨑監督がラフで修正して、それを清書していく作業をしました。宮﨑監督のやろうとしている事のニュアンスをいかにして忠実にまとめられるかですね。今回はテーマそのものがハードだと思うし、それを受け止められるだけの絵にしていかなければいけないという想いをもって宮﨑監督も描いていますから、僕もどうすれば、作品が求めている絵のラインでまとめられるか、なやみましたね。

（『ロマンアルバム　もののけ姫』）

また作画監督は最終的に安藤の作業をサポートするかたちで、近藤喜文、高坂希太郎が加わり、３人体制となった。

５月から絵コンテ作業がスタート。絵コンテが伝えるもっとも重要な情報のひとつが、レイアウト、つまり画面構成だ。レイアウトは、実写映画でいうところのカメラマンの仕事で、それをもっとも得意とするアニメーション映画監督が宮崎でもあった。

監督は絵コンテによって、画面の構図や登場人物の芝居をアニメーターたちに共有するわけだが、従来の制作工程では、宮崎が描いた絵コンテを別のアニメーターが一度レイアウトに描き起こすため、しばしば監督の意図した構図が作画に反映されないことがあった。『もののけ姫』では、この課題を解決するべく、絵コンテのサイズを従来の縦サイズ（天地364×左右257ミリの用紙に5コマフレームが並んでいる体裁）から、横サイズ（天地256×左右363ミリの用紙に3コマフレームが並ぶ体裁）に変更。これによって、宮崎はレイアウトを兼ねた絵コンテを描くことができるようになり、作画の手間を大幅に削減することに成功した。やがてレイアウト作業のペースがある程度確立されてくると、このコンテ用紙はその役目を終え、Ｄパート以降、通常の縦サイズのコンテ用紙が使われるようになった。

そして5月14日からは5泊6日で屋久島《やくしま》へのロケハンが行われた。実は、宮崎が屋久島へロケハンへ行くのは、『ナウシカ』以来、これが二度目。宮崎が『もののけ姫』で再度、屋久島の自然を描くことに決めた背景には、『ナウシカ』制作当時よりも人的な余裕がある状況であれば、より良い自然を描けるのではないかという目論見もあったという。

ロケハンには、宮崎をはじめ美術スタッフを中心に約16人が参加。『もののけ姫』の世界観の根底には、栽培植物学者の中尾佐助が提唱した「照葉樹林文化論」がある。これは、中央アジアを基点に日本に至るまでベルト状に分布していた照葉樹林（シイ、カシ、クスといった常緑広葉樹）帯ではよく似た文化が生まれているという学説である。屋久島にはこの原生照葉樹林がまだ残っており、それを体感するのがこのロケハンの一つの狙いだった。7月には、第1回に参加できなかったスタッフのための第2回ロケハンが行われている。

ロケハンに参加した美術監督の一人、山本二三は、その感想を次のように語っている。


実際に行ってみないとわからない事って多いんですよ。例えば「鬱蒼《うっそう》とした原生森」というと、すごく暗いイメージですが、意外に明るくて、むしろ人工的に植樹した規則的な森の方が暗かったりする。そして、そういう見た目も参考になるんですが、なんと言っても、そこをとりまく空気のようなものが大切なんです。何が本当に必要なものなのかは、ロケの後、作業に入ってやっとわかるものなんですが、写真などを参考にしても、空気の質感だけは、現場で感じてこないとわからない。

（『アニメージュ』1996年8月号）

こうした体験は主にシシ神の森の描写を中心に生かされることになった。たとえば、物語後半でサンとイノシシの乙事主《おっことぬし》が走り抜ける森は、屋久島の白谷雲水峡《しらたにうんすいきょう》を参考に描かれている。

今回は照葉樹林に代表される自然と文明の相克が重要なテーマの一つであるため、『もののけ姫』ではこれまで以上に、美術に力が注がれることとなった。そのため美術監督5人というこれまでにない体制がとられた。参加したのは、『となりのトトロ』の男鹿和雄、『火垂るの墓』の山本二三、『耳をすませば』の黒田聡、『海がきこえる』の田中直哉、『On Your Mark』の武重洋二という、これまでのジブリ作品を支えてきた面々だ。

宮﨑は美術について次のように語っている。

今回は、美術スタッフに〝人間なんていなくても困らない自然〟を描いてほしいと要求しました。生き死にの問題を語ろうとしているのですから、主な舞台である森がちゃちなものだと話にならないんです。それから、ジブリとしては、人間に居心地の悪いエキセントリックな背景をやる時期に来ていたということですね。このままいくと居心地のいい世界を作ってくれるジブリというふうになってしまう。それをぶち壊したかった。

（『アニメージュ』１９９７年８月号）

こうした宮﨑のオーダーを踏まえた上で、秋田県出身の男鹿は、物語の冒頭の北の森を中心に担当。長崎県出身の山本は南の森を、東京都出身の田中は人里に近い森や林を——という具合に、それぞれの美術監督の個性を生かすように役割がふられた。

また『もののけ姫』の特徴の一つには、『耳をすませば』『On Your Mark』で部分的に採用されたデジタル技術が本格的に導入されたことが挙げられる。１９９５年６月にはジブリ内にCG室がスタート。それまで日本テレビで自社の仕事以外にジブリ作品のCGも担当していた菅野嘉則が出向してきたほか、『平成狸合戦ぽんぽこ』の画面構成などを担当した百瀬義行ら４人が参加した。

アニメーションでデジタル技術を使う際の目的は大きくいえば二つある。一つは、手描きではできなかった表現を実現すること。そしてもう一つは、制作における労力の削減と効率化だ。当時、多くのアニメーション作品では、後者の目的のためにデジタル技術が活用されることが主流だったが、ジブリでは着彩などでデジタルによる効率化に挑戦しながらも、さらにデジタルならではの表現の追求にも多大な力が注がれることになった。

『もののけ姫』におけるCGの効果の役割は、一言で言うとセルアニメに馴染みつつも、従来のセルアニメでは不可能だった表現を行うところにある。

具体的な例を挙げると、二次元の背景を三次元的に貼り付ける「マッピング」や、複数の映像を次第に変化させる「モーフィング」、小さな粒子状の物体の動きをシミュレーションして描く「パーティクル」などの方法が挙げられる。マッピングはヤックルに乗ったアシタカの視点で周囲の風景が流れる場面、モーフィングはタタリ神が息絶え骨になる場面などで使われた。また、シシ神の夜の姿であるディダラボッチの体内で輝く光の粒がパーティクルで描かれたものになる。

一方、矢を射ようとするアシタカの右腕にまとわりつくタタリ神の〝ヘビ〟、あるいはタタリ神の目に矢が刺さる場面の〝ヘビ〟、こちらは手描きではなく、3DCGで描かれている。3DCGで描かれた後、セルシェーディング（セル画調に仕上げる処理）が施されたものだ。このセルシェードのためのソフトは、マイクロソフトと共同開発したものだった。

「アシタカ䟽記《せっき》」をめぐる攻防

もともと『もののけ姫』とは、大きな山猫のようなモノノケに、三の姫が無理矢理嫁がされるという初期設定版の内容に由来している。この三の姫の名前だけが残り、映画版『もののけ姫』のヒロインがサンと命名された。しかし、映画版の主人公はサンではなくアシタカである。そこで宮﨑は、「アシタカ䟽記」というタイトルを考え出した。「䟽＝せつ」とは、宮﨑の造語で、草の陰で人の耳から耳へと伝わった物語という意味が込められているという。

しかし、鈴木は、「アシタカ䟽記」よりも『もののけ姫』のほうがいいと感じたという。「もののけ」という言葉と「姫」という相反するイメージの言葉をドッキングさせる意外性、それによって生まれるインパクト、さらに「姫」がいた時代の話なんだからというのがその理由だった。また、これまでの宮﨑作品にはいずれも「の」が入っているというジンクスもあった。

1995年12月22日、『となりのトトロ』のTV放映に合わせて、ジブリの新作の特報を放映することになった。これに合わせて鈴木は『もののけ姫』のタイトルを世間に発表してしまうことを考えた。

そうして完成した特報が、ヤックルに乗ったアシタカが矢を射ろうとするその姿に合わせて、『もののけ姫』のタイトルが大きく映し出されるものだった。放送を見ていなかった宮﨑はしばらく気づかなかったが、翌年1月2日に鈴木のもとを訪れると「あれ、出しちゃったの?」とだけ大声で聞いたという。鈴木はごく普通に「出しました」と報告。宮﨑は特に返事をすることなく、そのまま自分の部屋に戻ったそうだ。

こうして『もののけ姫』が作品の正式なタイトルとして決まったのだった。

解決不能な課題

『もののけ姫』のあらすじは、絵コンテの進行とともに少しずつ次のように固まってきた。

タタリ神から呪いを受け、故郷を去ることになったエミシの少年アシタカ。彼は呪いの原因を探るため、西の国を目指す。そこではエボシ御前に率いられた製鉄民が、森の神々と熾烈《しれつ》な戦いを繰り広げていた。そこでアシタカは、犬神モロに育てられたもののけ姫、サンと出会う。そして、生命を司《つかさど》るシシ神を狙うため、エボシ御前に接触してくる謎の僧、ジコ坊がそこに絡んでくる。

宮﨑の苦闘は絵コンテの段階になってもまだ続いていた。『もののけ姫』のメイキング映像の書籍版、『『もののけ姫』はこうして生まれた。』には、ディレクターの浦谷年良《うらたにとしよし》との以下のようなやりとりがある。

「これはもの凄《すご》く（編注／準備期間が）長かった。どうやっていいか分からなかったから、長かったんです。今でも分かんない（笑）。もっとやることがクリアなものは、恐ろしいほど短い期間で済むんですけどね。前からそういうことをやってみたいと思って、それなりに調べて、いろんなものを、自分の中に溜《た》まってたものを。そうするとイチイチ調べなくてもいいんで」

「今度の場合、溜まってたんじゃないですか？」

「いや、溜まってはいたんです。溜まりすぎてたんです。三つか四つ混じってる。それで出来つつあるものが、全部それと違うもんだったから…」

この溜まりすぎていた課題を整理しつつ、さらに映画作りのためにどのような芯を与えるか。宮崎はそこで、これまでの映画作りよりもさらに一歩進もうとしていた。同書で宮崎は、「問題が沢山入りすぎていて、逆にハラハラしますね」という浦谷の発言に次のように答えている。

解決不能な問題ですよね。今までの映画は、解決可能な小課題を作って、取りあえず今日はそれを超えたと、それをひとつのセオリーにしてきたんですけどね。それが映画の枠内だと。それでやると、現代で僕らがぶつかっている問題とは拮抗《きっこう》しないという結論が出たんじゃないかなぁ。だから、解決可能な課題じゃない、解決不能な課題を作るって（笑）。こりゃあ胃によくないですね。だから解決可能な課題を作ってる奴《やつ》見るとね、ノーテンキな奴めと思うと同時に、うらやましいですよ。僕等《ぼくら》は映画を作りすぎちゃったなぁと。…でも、現代の世の中見てると、解決不可能なことの方が多いですよね。（同前）

解決不可能な問題を中心に据えた映画作り。そうした例のない作劇に苦闘した末、絵コンテはいったん、１９９７年の年明けすぐに完成した。この時点で鈴木がコンテを読んだ感想は次の通りだった。

ちょっとびっくりしちゃったんですよねぇ。その内容がね、あまりにもあっけない終わりなんですよね。それでまあ僕としては悩むワケですよ。何を悩んだかというと、上げろ上げろ、二時間で上げろって言った僕のことは尊重してくれたんですよ。で、確かに二時間で終わっているとしかし終わり方があまりにもあっけないワケですよね。そうすると、僕にとっては、はっきり言えば、面白くないんですよ。（同前）

最初に完成したラストでは、タタラ場も炎上せず、エボシの腕ももぎとられない。問題を広げるだけ広げて、そのまま尻切れトンボにしたような内容だったという。

鈴木は、宮﨑にコンテのラストに対して一考を求める決意を固めた。今回も音楽を担当する久石譲との打ち合わせのため、電車で移動する時間を使って、鈴木は端的に「エボシを殺したらどうか」と提案したという。宮﨑は鈴木の提案をその場で受け入れ、3日ほど検討した後に改訂したラフコンテを持ってきた。しかし、宮﨑は「エボシは殺せない」との考えから、改訂版でもエボシを生かし、腕を失うのみに留めることにした。そして1月下旬になり、改訂された絵コンテが完成した。

この時点ではすでに7月の公開が決まっており、6月1日が完成予定とされていたが、一連の絵コンテの改訂によって上映時間は2時間を上回り、15分増加することになった。ジブリの月間生産量は約5分であることから、この改訂により、単純計算でも3カ月分の遅れが生じてしまったことになる。

窮地を救った援軍

絵コンテの改訂と、それに伴う約15分の上映時間増加により使用セル枚数は当初の見込みから14万5000枚に増加。これは6月1日の完成、7月中旬の公開を目指していたスケジュールにとって致命的な遅れとして響くことになった。さらに、スケジュール管理をしていた制作部門でも、進捗状況のチェックにミスがあったことが判明。まだ描けていないシーンまで完成していることになっているなど、追い打ちをかけるようなトラブルが続いた。

鈴木はこの危機的状況を一から洗いなおして把握すべく、数字に強いことに定評のあった西《にし》桐共昭《ぎりともあき》を急遽、制作スケジュール管理の担当者として任命。西桐が状況を整理した結果、追加の15分に加えて、新規で描かなければならないシーンが膨大に残っていることがわかった。

打つ手なしの絶望的な状況に追い込まれた制作現場だったが、ここで思わぬ援軍に窮地を救われることになる。当時の状況について、鈴木は著書で次のように書いている。

今度ばかりはもうだめだ、どうしよう……と思っていたとき、援軍が現れました。

かつて宮さんや高畑さんが在籍し、『ルパン三世　カリオストロの城』を制作したテレコムというスタジオでした。社長の竹内孝次さんがやってきて、「仕事が途切れちゃったんですけど、何か手伝えることはありませんか？」と言うんです。渡りに船とはこのこと。動画部門にテレコムのスタッフを投入し、人海戦術をとることにしました。

（『天才の思考』）

このテレコムスタジオの助け舟に加えて、前述のデジタル技術による彩色工程の効率化が奏功し、3カ月かかる見込みだった作業スケジュールは1カ月まで大幅に短縮。6月16日には、無事に初号試写を行うことができた。

これまで以上に難産だったコピー

難産続きの『もののけ姫』では、糸井重里によるコピーもまた、決定までに長い時間がかかった。『となりのトトロ』以降、糸井が手がけた作品コピーは、比較的スムーズに決まったものが多かったが、今回はそういかなかった。糸井はこの過程を次のように振り返っている。

いつもは鈴木さんの話を聞いてて、割とスッとできるんです。今回もすぐにできると思ったんですが、どうも作れないんですよ。原作があれば、まだ楽なんですけど、鈴木さんも、いくら説明しても、し足りない感じなんですよね。で、ストーリーの概要はわかったんですが、それだけじゃ、どうしようもないし。で、困っちゃったんですよ。しかも、今だから言うんですけど、最初、大失敗をしたんです。『もののけ姫』の絵本（略）が出てますよね。あれを見たら全体が見通せると思って読んだら、コピーができたんです、一応。でも、それを出したら、鈴木さんも宮﨑さんも「全然違う」って（笑）。あたり前ですよ。映画とは話が違うんだもん。（略）しかもいつもなら、コピーを1本ポンと出して、だめだったらまた考えるというやり方なんですが、今回は、2、3本出したんですよ。でも、どうも全部宮﨑さんが首かしげていると。「あっ、どうしよう。シマッタ」と思って。これは恥ずかしいわけですよ、（略）で、また一から始めたんだけど、今度は、鈴木さんが書いたプレスリリース用の原稿に惑わされちゃって……。ここを言えば、ここが言えないみたいな、素人がコピー頼まれたときと同じ泥沼に入っちゃったんです。1本、決め打ちできないんですよ。そういうときってロクなことないんですよね。

（『アニメージュ』1997年8月号）

さらに、この作品のテーマの大きさも、難航する大きな理由の一つだった。

（編注／宮﨑監督の中では）自然だ、人間だ、善だ、悪だっていうものが全部、ただある状態で世の中にあるわけですよね。そんな、状況そのものをポンと投げ出せるようなコピーが作れれば、それでいいんだと思ったのね。それはわかるけど、書けないですよね。その気分を出すって、一言じゃ無理だぞと。イヤでね（笑）。正直言って逃げたかった、今回ばかりは。
（同前）

1996年3月に依頼を受けた後、コピーを提出し始めた6月から7月にかけて糸井は合計23本の案を提出。最終的に「生きろ。」が出てきたところで、7月2日、鈴木より「僕は凄くよいと思いました。たった三つの文字なのに、そこに込められた時代性、イケルと思いました。宮さんにコピーを見せつつ、僕の考えを話すと、『近い！』とひとこと。（似ていますが『ちがう！』ではありません。念のため）」という返事が送られてきた。

このような紆余曲折の結果、『もののけ姫』のコピーは「生きろ。」に決まったのだった。

異例の宣伝戦略

コピーが映画の宣伝方針を端的に示すものだとすれば、その方針にしたがって作品を押し出していく推進力となるのが宣伝費、そして具体的な宣伝戦略だ。『もののけ姫』のペイラインが、日本映画の最高記録を上回る60億円となった経緯については前述の通り。この配給収入目標を達成するためには、作品の魅力を最大化し、集客へとつなげるための宣伝プランを構築することが必須だった。そこで鈴木が提唱したのが、「宣伝費＝配給収入」の法則だ。

僕がまず考えたのは、宣伝の物量をこれまでの2倍にすることでした。（略）そのとき僕が打ち出したのが、「宣伝費＝配給収入」の法則でした。

じつはそのころ、これまでの作品の収支の数字を見ていて、ふと思ったんです。かけた宣伝費に対して、興行成績が比例しているんじゃないか？

そこで、新聞広告やテレビスポットなどの直接的な宣伝費に加え、タイアップやパブリシティ、イベントなど、間接的な宣伝の効果も一つひとつ金銭換算してみることにしました。すると、『紅の豚』なら配給収入と同じ28億円、『ぽんぽこ』なら26億円、『耳をすませば』は18億円ぐらいの額になることが分かったんです。

つまり、60億円の配給収入をあげたいなら、60億円の宣伝をすればいい。

（『ジブリの仲間たち』）

こうして過去のジブリ作品の成績に裏付けられた法則を宣伝関係者に提唱した鈴木は、「60億円の宣伝」の具体的な項目を書き出した。それは次の通りである。

・配給宣伝費5億円（※最終的に10億円まで膨れあがった）
・製作宣伝費2億円
・日本生命とのタイアップ8億～10億円（※最終的に12億円相当。ジブリ史上最大のタイアップ）
・『トトロ』『耳をすませば』のビデオ販売プロモーション
・新聞＝読売新聞の特別協力、スポニチの半年連載
・テレビ＝日本テレビ（スーパーテレビ特番）、ネット局、ＮＨＫスペシャル
・出版＝講談社27誌連合1万人試写会、徳間書店
・音楽＝徳間ジャパンコミュニケーションズによるレコード店フェア

・イベント＝高島屋
・パブリシティ

これらの項目を金銭換算する際には、電通の協力のもと、GRP（グロス・レイティング・ポイント）という広告の効果測定法を使用した。これによって、露出量と宣伝費換算の金額を具体化。全国キャンペーンの際に受ける取材、イベントの効果、パブリシティの露出量なども、すべて算出していった。これを一項目ずつ積み上げていき60億円まで到達させることができれば、必ず配給収入も60億円になる。鈴木は関係者にそう発破をかけ、未曽有の宣伝戦略を展開していった。

主題歌はカウンターテナー

一方でキャスティングは、これまで以上に俳優を中心とした内容となった。ヒロインのサンには『平成狸合戦ぽんぽこ』にも出演した石田ゆり子、アシタカには『風の谷のナウシカ』でアスベルを演じた松田洋治、エボシ御前に田中裕子、サンの育ての親である山犬のモロに美輪《みわ》明宏《あきひろ》。さらには芸能界の大御所である森繁久彌《もりしげひさや》が乙事主、森光子がヒイさまという重要なサブキャラクターに配された。このほかジコ坊を小林薫《かおる》、タタラ場で働く牛飼いの甲六を西村雅彦が演じ、甲六の妻、おトキ役として『風の谷のナウシカ』で主人公のナウシカを演じた島本須美が出演している。

主題歌の作詞は宮﨑駿。もともとは宮﨑が作品のイメージを久石に伝えるため、アシタカのサンに対する思いを綴《つづ》ったものがベースだった。久石はこの文章に合わせて作曲し、劇伴制作に先立って録音されたイメージアルバムにこれを収録。その曲の一部が変更されて、主題歌として使われることになった。曲のイメージを踏まえ、本編では傷を負ったアシタカが、山犬たちの住む岩場で目を覚ましたシーンで使用されることになった。

歌を歌ったのは、カウンターテナーの米良美一《めらよしかず》。カウンターテナーとは、女声のアルトと同じ音域で歌う男性歌手のこと。宮﨑が、ラジオでたまたま米良の歌声を聞いたのが、起用のきっかけだったという。

これまでと違う「ジブリ作品」

宮﨑は1997年6月25日の完成披露試写後の会見で次のように挨拶した。

この映画を見た方がですね、子供には難しいんじゃないかっていう風におっしゃる方が、かなりいらっしゃるんですけども、実は子供達が一番良く分かってくれるんじゃないかっていう風に私は確信してるんです。実は、この世の中について大人が説明出来てないいんじゃないかと、子供達に対して。むしろ私が分からないと思って描いたものが、子供達も同じように疑問を持ってる問題として、受けとめてくれるんではないか。だから、安直に答えが出るわけではないんですが、同じ問題を抱えて、一緒に同じ時代を生きてるんだっていう風に、感じてくれるんじゃないかなぁって思っております。

(『「もののけ姫」はこうして生まれた。』)

この挨拶のように、現代的で複雑なテーマを抱えた『もののけ姫』だったが、こうした内面もさることながら、公開前からいくつかの点で世間の注目を集めることになった。

一つは特報と予告編。ゆったりと一つの場面を長く見せるそれまでのジブリ流の予告編作りとは、まったく正反対の見せ方が選ばれた。特に特報第1弾は30秒に約30カットを積み重ねる非常に素早い編集がなされ、この基本方針はその後の予告でも変わらなかった。とりわけ特報第1弾ではトトロマークのすぐ後に、わざと手や首が飛ぶ激しいカットが続けられ、インパクトは大きかった。これまでのジブリ作品とは一線を画すこの激しい内容は「とにかく今までのジブリとは違うんだ、ということを伝えたい」という鈴木の意向を反映したものだった。また、特報第2弾以降に添えられた「天才・宮﨑駿の／凶暴なまでの情熱が／世界中に吹き荒れる！」というコピーも、この「今までとは違うジブリ」をさらに印象づけている。

これに加えて、もう一つマスコミ的に話題を集めたのが、宮﨑の〝引退宣言〟である。そもそも事の発端は、制作が押し迫った3月10日に行われた製作発表での、ある記者の質問だった。その経緯を、後に鈴木は２００１年９月22日の『朝日新聞』夕刊のインタビューで次のように語っている。

「『もののけ』の制作発表のとき、『次回作はなんですか』と質問があった。まだ、もののけ姫もできてない時期ですよ。で、監督が怒って『これが最後だと思ってつくってます』っていったんで、引退ってことになっちゃった。だけど、お客さんがきたとたん、また作りたくなる。いまも次の作品のこと考えていますからね」

実はそれまでにも宮﨑が〝引退〟を口にすることはあった。その言葉の裏側にある事情が、宮崎の次の言葉からうかがえる。

アニメーションを一本作りますとねえ、心底ヨレヨレになりましてね、欲求不満なんか残る暇ないんですよ！（略）その、肉体労働のね、量の多さにほんと打ちのめされますから。約半年間っていうのは、季節感も戻ってこなければ、自律神経失調になってしまった生活サイクルを正常化していくこともできないんですよ。一カ月ぐらい休んだってなんにもならないんですよ。

（『風の帰る場所』）

今回の場合もこうした状況と同様であったのが、『もののけ姫』の〝特別〟な印象と相まって、重大に受け止められたわけである。

さらに当時、鈴木は宮崎の引退の〝真意〟について、次のように解説している。

一口に監督と言ってもそのスタイルは色々あります。宮さんが一本の映画を作る場合は、原案を作り、絵コンテを書き、レイアウトや作画のチェックをするまでの全作業に関わっている。彼はそこまでやることが監督だと思っているんですよ。ところがその作画チェックの作業が、体力的につらくなってきている。（略）これは大変な肉体労働です。だから、この一番つらい、作画チェックをすることは今回で最後だろうと。一切、やめてしまうというのではありません。それと、宮さんの場合、引退するって言い出すのは何も今に始まったことじゃない。いつものことというか（笑）。それに、作り手というものは、常に引退をかけてやるものでしょう。「これがダメなら引退だ」という風に。

（『「もののけ姫」を読み解く』）

前夜の熱気と「もののけ現象」

こうした状況の中、鈴木率いる宣伝チームの奮闘も功を奏し、『もののけ姫』に対する世間の熱気は公開前から高まっていった。『ナウシカの「新聞広告」って見たことありますか。』の中で、東宝宣伝部の矢部勝《まさる》、ジブリ作品の宣伝を一貫して手がけてきたメイジャーのデザイナー原美恵子が、公開前夜の盛り上がりを次のように振り返っている。

原：初日の前の日に前売券を買うための行列がものすごくできているっていう電話が入っ

たんですよね。夜7時までなのに。そういうことって、それまでなかったから。
矢部：僕なんかそういうこともあって、前の晩から劇場の近くに泊まっちゃったもんね。
原：矢部さん、「うれしいよねー」って、ニコニコだった。そのニコニコを見て私もうれしかった。
矢部：飽きないもんね。並んでくれている人を見てたら、俺は一生のツキを使い果たしたなと思ったよ。
原：私も、初日の行列を見て鳥肌が立ったの初めてですもん。ドキドキした。

この熱気に包まれたスタートにより『もののけ姫』は、1997年7月12日の封切り以降、並み居る洋画大作を抑えて大ヒットした。11月15日までに、配給収入100億円、観客動員数1250万人を突破。これはそれまで『E.T.』が記録していた配給収入96億円を4カ月以内に超えるという異例の数字であり、この時点までに国内で公開された映画の中では最大のヒット作となった。その後も記録は伸び続け、最終的な配給収入は193億円（当時）に達した。
鈴木は後に、『もののけ姫』にはヒットさせたい個人的モチベーションもあったと振り返っている。

ひとつはストーリーボードを見たら、非常に難しい問題ですが、差別の問題がそこに含まれていた。当然、東宝、日本テレビ、電通の人からは「興行は厳しい。TVでは放送できない」といわれる。そのうえ制作費もそれまでの倍近くかかっている。そういう状況を打破するために、これまでの規模ではだめだと考え、宣伝の規模を拡大したんです。もう一つは、僕は徳間康快社長にお世話になったけれど、その徳間書店が経営的に厳しかった。そこにお金でお返しできればいいなと思った。その二つが動機として、ヒットさせることで、映画の抱える問題を解決しようとしたんです。

（『ハウルの動く城　徹底ガイド』）

そして『もののけ姫』は自らの問題を解決するだけでなく、大きな社会現象を巻き起こすまでの大ブームとなった。

こうした「もののけ現象」について、たとえば10月31日付の『朝日新聞』夕刊は、「難解超えたもののけ姫現象／配給収入・観客動員で新記録」という見出しとともに報じ、そこでは宮崎のコメントだけでなく、識者にもコメントを求め、現象の分析を試みている。

何が動員につながったのか。宮崎監督への質問もそこに集まったが、「何も整理がついていない。自分の頭の変なところを開けてしまったような気がして、とても考えがまとまらない。これまでもありましたが、今回は特にその期間が長いんです」と、明確な答えを出さない。

公開前は「子どもには難解すぎる」という評価が多かった。宮崎監督が所属するスタジオジブリにも「わからないからもう一回見に行く」という手紙が何通も来た。

そうした難解さについて宮崎監督は、「作品はメッセージやテーマのためにあるのではない。一言や二言で語れるのなら映画をつくる必要はない。子どもが何を受け取ってくれたかは、もっと後になってはっきりするのではないか」と話す。だから、興行的に成功したことについても「それは社会現象であって、作品が本当に支持されたとは言えない」とつとめて冷静に構える。

映画ジャーナリストの大高宏雄《おおたかひろお》さんは「配給会社と企業とのタイアップも含めれば五十億円とも言われる宣伝費は邦画では確かに巨額だ。ただし洋画の話題作ではもっと高額なことも珍しくない。これだけの動員は、宣伝費を超えた何かがあったということ」と分析する。

その「何か」について映画評論家の白井佳夫《しらいよしお》さんは「宮﨑監督はかけに勝ったのだ」という。「結論は出していないけれど、現代の混乱の答えをぎりぎりまで映像にした。答えはあるはずだという強烈な映像。それが受けた。日本人の意識も変わり始めた、そう考えないと説明できない」

こうして『もののけ姫』は、日本映画や日本社会に大きな足跡を残す作品となったのだった。

ジブリとディズニーの提携

一方『もののけ姫』の制作中に、ジブリを取り巻く環境は大きく変化することになった。それがディズニーとの提携だ。

1996年7月23日、徳間グループがディズニーとの提携を発表。それに伴って10月には海外担当部門の徳間インターナショナルが設立された。提携のきっかけは1994年。ウォルト・ディズニーのビデオ部門、ブエナ・ビスタ・ホーム・エンターテイメント（BVHE）で日本代表を務める星野康二《こうじ》が「ジブリの作品を低価格のビデオシリーズとしてリリースしたい。権利を売ってくれないか」とジブリにアプローチしてきたことだった。

鈴木は当初、「低価格で売るのが気に入らない」と反発を感じもし、この話はしばらくそのままだった。しかしちょうどその頃、野茂英雄《のもひでお》が大リーグで活躍し、日本のマスコミで大きく取り上げられるようになった。鈴木はそれを見て、ディズニーとの提携を『もののけ姫』のアピールに活用できるのではと考えた。

冬になる頃、鈴木はディズニーに対し、「ビデオ化の権利を売るかわりに、『もののけ姫』をディズニーの手で全米公開してほしい」と交換条件を出した。「ディズニーの手による全米公開」というニュースが、『もののけ姫』の存在感を増す宣伝材料になることを狙った提案だった。

そして、この鈴木の提案が最終的に徳間書店グループとディズニーの提携として形になったわけである。

提携の第1弾として発表されたのは以下の三つ。

1　『もののけ姫』の世界配給をディズニーが行う。配給先はアメリカ、ブラジル、フランス、ドイツ、イタリアなど。

2　スタジオジブリのこれまでの作品の数々をディズニーが世界配給する。対象となるのは

『天空の城ラピュタ』『となりのトトロ』『魔女の宅急便』『おもひでぽろぽろ』『紅の豚』『平成狸合戦ぽんぽこ』『耳をすませば』に、『風の谷のナウシカ』を加えた全8作品。

3　徳間グループである大映が製作した『shall we ダンス?』などの世界配給をディズニーが行う。

合同記者会見には、徳間康快社長、宮﨑駿監督、BVHEのマーケティング上級副社長ロビン・ミラー、BVHEアジアの上級副社長兼専務取締役のグレッグ・プロバートが出席。さらにウォルト・ディズニー・スタジオ会長のジョー・ロスと、BVHE社長のマイケル・O・ジョンソンは、衛星回線を使った生中継で出席した。

報道陣は約1000人が集まり、この大規模な記者会見によって、提携は大きく報じられ、『もののけ姫』のお披露目の目的は十分に果たされることになった。

なお1997年には徳間グループが再編され、ジブリは親会社の徳間書店と合併し、スタジオジブリカンパニー（後に事業本部）となる。徳間インターナショナルも後に、スタジオジブリ事業本部の傘下に入って海外事業部となった。

北米公開の結果

『もののけ姫』は英語に吹き替えられ『PRINCESS MONONOKE』として1999年10月より北米で公開されることに決まった。それに先立つ9月には、宮崎と鈴木が渡米。トロント国際映画祭とニューヨーク映画祭に参加し、カナダとアメリカのマスメディアの取材を受けるのが目的だった。

公開は10月29日より8館でスタート。配給はディズニーの子会社で、製作会社として『パルプ・フィクション』などでも成果を上げているミラマックス。カナダを含む131館まで拡大上映され、興行収入は約237万ドル（約2億6000万円）で終了した。

米国映画協会理事長のジェームズ・ハインドマンは、『PRINCESS MONONOKE』について次のように評している。

「宮崎アニメは大人をも強く引き付ける魅力があります。彼の芸術そのものが愛されているのです。西洋のアニメーションは悪玉善玉がはっきりしていて、そこに描かれる道徳世界は単純です。しかし、宮崎アニメを初めて見た時は、一体この話にどうついていけばいいのかと驚《きょう》愕《がく》しました。彼の描く道徳世界は複雑です。それぞれの登場人物の力がどう作用して、彼らの世界がどう展開していくのか、追ってゆくうちに実に面白くなっていくんです。まるで優れた文学作品を見ているようでした」（『論座』２０００年2月号）と語っている。

『PRINCESS MONONOKE』は、国内でも２０００年4月29日より字幕スーパーで公開。ドキュメンタリー『もののけ姫 in U.S.A.』が併せて上映された。

近藤喜文、死去

『もののけ姫』が大ヒット公開中の１９９８年1月21日、作画監督としてジブリ作品を牽引《けんいん》してきた近藤喜文が、47歳の若さで亡くなった。解離性大動脈瘤《りゆう》が原因だった。

近藤は、『パンダコパンダ』『ど根性ガエル』などを手がけた「Aプロダクション」を皮切りにアニメーターとしての経歴をスタートさせ、『火垂るの墓』よりスタジオジブリに参加、『耳をすませば』で初めて監督に挑戦した。１９５０年生まれの近藤は、高畑・宮崎よりも一世代若い。その実力から尊敬を集めていたことに加え、世代的にも両監督世代と若手スタッフの間にあり、ブリッジ役として双方の信望を集めていた。またアニメーションの世界以外でも、商品企画などにさまざまなアイデアを出していたほか、優しい視線で日常を切り取った『アニメージュ』のイラスト連載「ふとふり返ると」（『ふとふり返ると　近藤喜文画文集』として刊行）といった独自の世界も確立していた稀有な描き手だった。

第10章

実験作『ホーホケキョ　となりの山田くん』への挑戦

次回作はいしいひさいち

ラフな水彩画タッチの画面。原作そのままのキャラクター。4コママンガのテンポを生かしたストーリー構成。『ホーホケキョ　となりの山田くん』は、スタジオジブリの作品の中でも、もっとも実験的で異色なスタイルを持つ長編アニメーションとして制作された。

そもそも『となりの山田くん』の企画の発端は、1993年暮れ。鈴木敏夫プロデューサーが『朝日新聞』朝刊で連載されていた、いしいひさいちのマンガ『となりのやまだ君』（後に『ののちゃん』と改題）を取り上げ、「これ映画になりませんかね？」と高畑勲に投げかけたのがきっかけだった。ただし、この時は「4コママンガをどうやって長編アニメーションにするんですか？」という会話があったきりで終わってしまった。

その後1996年になり『もののけ姫』の制作が進む中、鈴木と高畑は一つの企画を進めていた。平安時代を舞台にした『長谷雄草紙《はせおぞうし》』である。これは平安時代初期の文人、紀《きの》長谷雄を主役とする怪奇譚《かいきたん》を描いた絵巻である。長谷雄は鬼との双六《すごろく》で勝利し、絶世の美女を得たが、鬼との約束を違《たが》えて彼女と契ったため、美女は水となって消えてしまう。その美女は実は反魂《はんごん》の術により人造人間から蘇った存在だったのだ。このような内容の作品だけに、『長谷雄草紙』は幻想的で怪奇な雰囲気を持った長編アニメとなるはずだったが、高畑の「なぜ今平安時代を描くのか、作る意味が見出《みいだ》せない」という結論により、同年末に最終的に中止となった。

そこで次回作候補として浮上したのが、『となりのやまだ君』だった。鈴木は、以前に高畑が「丸や三角や四角を動かすアニメーション本来の楽しいものをやってみたい」と漏らしていたのを覚えており、シンプルな絵柄であるいしいの4コマ作品を挙げたのだった。高畑は、この提案に興味を示し、企画が具体的にスタートした。

『となりのやまだ君』という原作は、どのような点で高畑の興味を惹《ひ》いたのか。それについて鈴木は、新聞の取材の中で高畑の創作上のモチベーションを次のように説明している。

あの人（編注／高畑のこと）は作品に着手する前に常に〝意味〟を求める。作る意味、新しい映像技法を開発するというテクニック上の意味との2つを。

（『『もののけ姫』から『ホーホケキョ　となりの山田くん』へ』）

そして『となりの山田くん』はその二つを満たしうる企画だった。

技法の挑戦と作る意味

高畑の「丸や三角や四角を動かすアニメーション本来の楽しいもの」という発言が、結果的に企画のキーの一つになっているように、『となりの山田くん』は、まず従来のセルアニメのスタイルを問い直すところからその企画がスタートしている。

そもそも高畑は、セルアニメーションの制約から自由なスタイルで、かつそれがテーマと一致したアニメーションを制作したいという考えを以前から持っていた。プリズマカラー（サンフォード社の色鉛筆）を使い、自然を描き出すカナダのフレデリック・バックや、切り絵アニメというスタイルで人生の真実を描き出すロシアのユーリー・ノルシュテインといった、アニメーション作家への尊敬も、そうした気持ちと同根のものであると思われる。

たとえば『火垂るの墓』のごく初期にも、従来のセルアニメにとらわれない手法の採用を考えたことがあったという。また前作『平成狸合戦ぽんぽこ』の完成時には「セルアニメの常識をちょっと外し、いわばラフスケッチの生きのよさを残したような、野趣のある手法で、しかしやはり多くの人に楽しんでもらえる娯楽長編を作ってみたい」（『キネマ旬報』1994年8月上旬号）とも発言している。

そして、こうした高畑の考えを具体的に生かせる環境が、『もののけ姫』の完成後にスタジオジブリに整った。1997年秋に、スタジオ1階奥をワンフロアー化する工事が行われ、ワークステーションが多数導入された。これによりセルを使う従来のスタイルから脱却し、仕上げ・撮影の工程が完全にデジタル化されたのだ。こうして『となりの山田くん』は、フルデジタル化された環境での第一号作品となった。

高畑は『となりの山田くん』の表現スタイルについて、次のように語っている。

今回の場合は、表現と内容が密接不可分に結びついてなおかつ今までのセルアニメとは違うものを作ろうと思ってました。

それから特に考えたのは緻密なファンタジーのことです。ファンタジーっていうのは現実に有りえない世界をまるで有りうるかのように感じさせるジャンルですよね。そのためには、どんどんリアルな表現でいくらでも密度が濃くなっていく、そういう傾向を持ってたわけです。美術についても、以前男鹿さんと話をしたんですが、もうどん詰まりですねえ、と。密度を上げるということに関しては行くとこまで行ったなあって。一方でセルアニメの場合はキャラクターの方はリアルに近づかないわけです。しかもその一定限度以上には近づかないことによる良さってのが、僕はあると思ってます。線で描くと言うことの本質が完全には失われてしまわない。（略）限界があるセルと、限界があるのかないのかわからないくらい、いくらでも密度が濃くなっていく美術との遊離が始まってます。これはどうにもならないような気がしていました。

（『「ホーホケキョ　となりの山田くん」を読み解く⁉』）

この作品の大きな方針は、まんがの様に描き込まないで余白を作るということなんです。（略）まんがと同じにはできませんけど、考え方において同じにする。必要なものだけ描いて、後は描かないということです。だからポスターカラーによる塗り込み型の背景、塗り込み型のセルアニメでは、もう無理になるわけです。さっと描いて、それを透かしてその奥に、その裏側にある本物を感じてもらおうということですから、どんなに単純なものでも塗り込み型ではダメなんです。しかもリラックスした内容に見合ったものにしたい。

（同前）

『となりの山田くん』はこうして、ラフな線を生かした水彩画タッチの画面で制作されることになった。
では一方、ラフな水彩画タッチの画面で描くべきテーマとはどのようなものだったか。高畑は次のように語っている。

今のドラマは、みんな人間の心理を描こうとする。『エヴァンゲリオン』は象徴的です。その点、『山田くん』は人の外面しか描かないし、世の中、ファンタジーだらけの中、見事に現実だけ描く。反時代的で非常に挑戦的。今、これをやる意味はありますね。
（『もののけ姫』から『ホーホケキョ　となりの山田くん』へ』）

また高畑が制作前にまとめた企画書兼演出ノートは、生真面目すぎる理想主義が多くの人をキリキリさせている現状に触れた上で、映画の狙いを次のように記している。

じつはこういう人々や家族にこそ、「やまだ菌」を植えつけて解毒したり、眼《め》からウロコや憑《つ》きものを落として成仏、いや、観念、いや、安心立命してもらいたいところなのですが、それがかなわぬなら、せめてとなりにやまだ家を住まわせることで、幾分なりとも心のまわりの硬い殻をやわらげ、ラクになり、少しはジダラクになって心身症や精神不安定や家庭の崩壊を予防してもらいたいところです。

（『映画を作りながら考えたことⅡ』）

つまり高畑は『となりの山田くん』を、生真面目すぎる人を癒やすファンタジーではなく、そういう人が肩の力を抜いて生きていけるような現実的効用を持つ映画として作ろうと考えたのだ。そこにこの企画の現代性――今制作する意味があった。そしてラフな水彩画タッチは、生真面目と相反する「山田家の人々」を描く上で不可欠なスタイルだったのだ。

高畑は記者会見の席上で「これまでの日本のアニメーションが〝やらなくちゃいけなかったのに、やってこなかったこと〟をやってみようと思っています」と語っている。その「やらなくちゃいけなかった」こととは、このテーマとスタイルの両方を指していたものと考えられる。

監督を支えた田辺、百瀬

高畑は1997年3月より本格的な制作準備に着手。原作を読み込みながら、構成を考えた。しかし、4コママンガを長編アニメーションの構成に移し替えるのは非常に難しい。高畑自身も企画書で「四コマギャグ漫画を説得的にアニメ化（とくに長編化）することは至難の業、いや、ほとんど不可能事です。四コマ漫画を引き伸ばしたり組み合わせてアニメ化したものといえば、人気のある『サザエさん』や成功作の『がんばれ‼タブチくん‼』などがありますが、原作のひきしまった面白さは残念ながら犠牲になっています」（同前）と記している通りだった。

最終的に高畑が採用した方法は、原作の4コマをいくつかのテーマでくくり、ブロックごとにまとめて取り上げ、その間を後にスタッフ間で「ボブスレー篇《へん》」と呼ばれることになる、ひとつながりのエピソードでつないでいくというものだった。

脚本の第1稿ができ上がったのが11月18日。原作からは約200編が選ばれていたが、読み合わせた時点で5時間を超える大長編となっていた。ここから推敲を重ね、1998年2月18日には、2時間10分ほどの長さにまで圧縮された。一方で1997年8月の時点で、脚本ができ上がった部分から絵コンテ作業を開始、1998年2月に本格的な作画インをした。

具体的な絵づくりに関して、高畑を支えたのが絵コンテ・場面設定・演出を担当した田辺修《おさむ》と百瀬義行だ。

田辺は過去に『おもひでぽろぽろ』と『平成狸合戦ぽんぽこ』に原画として参加。今回は、原作のエピソードを中心とした通称「マンガ篇」を担当した。

田辺はまず高畑と打ち合わせつつ絵コンテを描き、それをベースに各カットの完成見本となる「着彩ボード」を描いた。「着彩ボード」は、最終的な画面のイメージを把握するためのボードで、これは田辺が線画を描き、美術監督の田中直哉と武重洋二が着色をした。これには、制作プロセスが確立していない水彩画タッチを完成させるためには、事前に完成画面のイメージを明確に定めることで、各制作工程の作業を明確化するという目的があった。

前例のない『となりの山田くん』の映像世界を作り上げるにあたって、田辺の果たした役割は大きく、高畑はその仕事に対し賞賛を惜しまない。


彼の果たした役割はものすごく大きかった。（略）レイアウトのやり方、どういう風に空間の枠を残すか、どれくらい描き込むかということも、人物がどれくらいの芝居をするかというのも、彼のレイアウトや絵コンテによって決まったわけです。しかもこういうキャラクターでありながら実感が欲しいんです。（略）彼のそういう感覚的に優れた力はすごかったですね。僕なんか舌を巻いたし。上がってくる絵のどれもが良かった。タイミングを検討する時、正しいタイミングにたどり着く力量も含めて、あらゆる点ですごかったです。

（『「ホーホケキョ　となりの山田くん」を読み解く⁉︎』）

一方、百瀬義行は『火垂るの墓』から『平成狸合戦ぽんぽこ』まで、絵コンテ・レイアウトなどを担当してきた、高畑作品のいわば常連スタッフ。今回は、「ボブスレー篇」の作業を一貫して担当した。

「ボブスレー篇」は、ボブスレーを皮切りにさまざまな乗り物を乗り継いで移動し続けるたかしとまつ子の姿を通じて、山田家の一家の歩みをたどった内容。日常描写がメインの「マンガ篇」に対して、大波に揺られる船などダイナミックな映像の多いパートになっている。

カメラワークの多いパートだが、画面制作にあたっては3DCGによる正確なカメラの動きと手描きの絵の味が組み合わされている。たとえば冒頭のボブスレーのシーン。3DCGでボブスレーとたかし、まつ子を作り、それが動くアニメーションを制作。その画像をプリントアウトし、それを参考にアニメーターがキャラクターの演技を作画。それを組み合わせて最終的な完成画面が作られた。

水彩画タッチをいかに作るか

前例のない水彩画タッチの画面を作るため、制作現場ではさまざまな試行錯誤があり、それまでにない新たな制作スタイルが導入された。

作画については、従来とは違うさまざまな工程が設けられた。たとえば、ラフなタッチの線画を一人の画風で統一するため、通常のスタイルで描かれた原画の上に、画面上に出るラフな線画を描く「実線作画」という作業が新たに設けられた。この作業は作画監督の小西賢一が担当した。

また、水彩画の塗り残しやはみ出しを表現するため、1枚の絵につき3種類の動画を描くスタイルが考案された。一つ目の動画は、実線作画された原画の動きをつなぐ「実線動画」。もう一つの動画は、水彩画の塗る範囲を指定する「内線作画」。またこの「実線動画」と「内線作画」を重ねただけだと、塗り残し部分から背景が透けてしまうため、登場人物の周囲を囲む輪郭線を作画し、これをマスクとして重ねることで、それを防ぐ方法がとられた。これは「輪郭線動画」と呼ばれた。

一方、美術については使用する画材がまず違った。通常のアニメーションの背景は、ポスターカラーを使って描かれることが多いが、『となりの山田くん』では、水彩絵の具が使われた。また水彩タッチとデジタル化の両面の理由から作業の流れも変化。まず小西が描いた背景原図をもとに美術が彩色し、コンピューターに取り込む。そして彩色の段階でかすれた線をコンピューター上で消去し、前もってスキャンしておいた背景原図の線を重ねるという工程がとられた。

最初に着彩ボードを作り、その段階で完成画面を決め込むというスタイルに例がなかったため、田中と武重は苦労したという。

このほか絵コンテが、アタマからの順番通りでなく各エピソードごとにバラバラで完成していくことで、現場ではとまどいも多かったという。

ホーホケキョの真相

ジブリ側から原作者のいしいひさいちにアニメ化の提案があったのは1997年3月。

いしいは、岡山県出身。高畑は三重県で生まれたが、岡山県で育っており、いしいは以前から、郷土の先輩として高畑に強い関心を持っていたという。そのためアニメ化については、二つの条件がついただけで快諾されたという。その条件とは、一つは、キャラクターの絵柄を変えないこと。もう一つは、記者会見には出席しないこと、だった。

またタイトルに「ホーホケキョ」がついたことにも有名なエピソードがある。

きっかけは1997年11月のこと、宮﨑駿が次のような主張を始めたのだ。

「『火垂るの墓』『おもひでぽろぽろ』『平成狸合戦ぽんぽこ』と、高畑監督のこれまでの作品には必ず〝ほ〟が入っていた。ところが今回の『山田くん』には〝ほ〟の字が入っていない。タイトルの上に『ぽっぽちゃん』を入れたらどうだろう」

高畑は、その提案を持ち帰り一晩考えて「さすがに『ぽっぽちゃん』はないだろう」と結論。その上で浮上したのが「ホーホケキョ」だった。鈴木はいしいと会い「ホーホケキョ」というサブタイトルをつけたいと提案をした。験担ぎを理由に、唐突なタイトルの変更を投げかけられたいしいの答えは「新春まで待ってください」。

それから1カ月ほどたった12月11日の朝刊。『ののちゃん』と改題された『となりのやまだ君』で、先生に指された生徒が「ホーホケキョ」と応える姿が描かれていた。これこそがいしい流のOKサインというわけだった。

『ホーホケキョ　となりの山田くん』について、記者会見は二度開かれた。一度目は1998年7月16日、東京・紀尾井町《きおいちょう》の赤坂プリンスホテルで開かれた「もののけ姫からとなりの山田くんへ　共同記者会見」。ここでは『となりの山田くん』が最初のお披露目をされたほか、『もののけ姫』の北米公開の準備状況などについて説明が行われた。また1999年4月8日には、東京・虎ノ門のホテルオークラで、改めて『となりの山田くん』の製作発表記者会見が開かれている。

どちらの記者会見も1000人を超える報道陣が集まった。また共同記者会見ではライバル会社として知られる電通の桂田光喜《かつらだてるよし》副社長と、博報堂の東海林《しょうじ》隆社長が史上初めて並んで登壇したことが話題を集め、一方、製作発表記者会見では徳間康快社長と旧知の仲である小渕恵三《おぶちけいぞう》首相が姿を見せ、「完成したらこの映画をぜひ見てみたい」と、マスコミにコメントした。どちらも賑やかなアピールを好む徳間社長らしい趣向をこらした記者会見だったといえる。

キャスティングは、そのまま舞台公演ができそうな、実力派の俳優が中心となった。まつ子に朝丘雪路《あさおかゆきじ》、たかしに益岡徹《ますおかとおる》、しげに荒木雅子、のぼるは五十畑迅人《いそはたはやと》、のの子は宇野なおみ。全編に散りばめられる俳句の朗読は、柳家小三治《こさんじ》が担当した。また、しげの友人役で中村玉緒、「ボブスレー篇」に登場するキクチのばあさん役でミヤコ蝶々《ちょうちょう》が、それぞれ印象的な演技を披露した。

なお、最終的には朝丘雪路が見事に演じきったまつ子だったが、高畑はまつ子が関西弁のキャラクターでさえなければ、桃井かおりに声を演じてもらうことも構想していたという。

ディズニーによる初の出資作

『ホーホケキョ　となりの山田くん』は、『もののけ姫』の時に徳間グループと提携したディズニーが初めて出資する作品となった。ディズニーが競合関係にある企業の作品に出資することは非常に珍しいという。

また、配給は徳間社長の鶴の一声により、松竹に決まった。ジブリは過去に『風の谷のナウシカ』『天空の城ラピュタ』『魔女の宅急便』で東映と組んだことはあったが、その後は一貫して東宝で、松竹と組むのはこれが初めてだった。

当時、松竹の宣伝プロデューサーだった村居俊彦は、『ホーホケキョ　となりの山田くん』というタイトルの宣伝の難しさを次のように振り返っている。

（編注／『もののけ姫』の後だけに）劇場の期待も大きいしね。そうするとやっぱり風呂敷を広げるしかない。でも新聞広告の他には、この映画ならではの媒体を探し出すこともなかなかできなかった。鈴木さんとも、理屈はいっぱい喋《しゃべ》ったんですよ。グローバルスタンダードとか、いろんな話をしたんだけど、結局それを絵に落とし込むのがすごく難しくて、これを理解してもらうには文章で書かなきゃいけないというふうになってきた。でも新聞の読者だって、文章はそんなに読まない。文章で説得するのはもともと難しいんだけど、かといってこの映画に関しては絵だけで説得するのはもっと難しかった気がします。

（『ナウシカの「新聞広告」って見たことありますか。』）

公開日は1999年7月17日。作品自体は一部で高い評価を得たが、興行成績については、邦画としては十分ヒットと言える数字だったものの、ここ10年ほどのジブリ作品の中ではややさびしいものがあった。

シナリオライターの山田太一は、パンフレットに寄せた文章で「これはもう高畑さんの最高傑作だと思う。とうとうやったなァ、とお辞儀をしたいような作品である。（略）テーマは『適当』といいながら、どうして作品は適当どころではなかった。『適当』を適当に語ることが出来ず、信念のように語り、字で書いてしまうところも高畑さんらしい。ともあれ、傑作の誕生に立ち上って拍手したことであった」と感想を記している。また『もののけ姫』の北米公開に合わせて、1999年9月、ニューヨークのMoMAで「Studio Ghibli Retrospectives（スタジオジブリ回顧展）」を開催。その際に、同美術館のパーマネントコレクションとして、ジブリ作品の中から『となりの山田くん』が選ばれ、コレクションに加えられた。

その頃の宮崎監督

『もののけ姫』完成後、宮崎はジブリの近くにアトリエ（当時の通称は「豚屋」）を構え、三つの仕事を進めていた。

一つは、「東小金井村塾2」の塾頭。1998年9月に開講し、800人の応募者の中から13人を選抜。演出志望の生徒たちに半年間授業を行った。受講生の中からは後に『千と千尋の神隠し』のスタッフになる者も出た。

もう一つは、ジブリ美術館建設。同年10月には美術館のための事業会社ムゼオ・ダルテ・ジブリを設立。本格的に準備がスタートした。

そして2001年公開を目指した、新作映画の準備もスタート。主人公が10歳の少女となるこの映画が、後に『千と千尋の神隠し』として公開されることになる。

このほかジブリでは、1999年4月には第2スタジオが竣工《しゅんこう》。同スタジオは地下に試写室があり、5月からさっそく使用が開始された。また商品部、後に美術部も第2スタジオに入ることになった。

第11章

空前のヒット作『千と千尋の神隠し』

10歳の女の子のために

2001年3月26日、東京都小金井市にある「江戸東京たてもの園」で宮﨑駿監督の最新作『千と千尋の神隠し』の製作報告会が行われた。宮﨑は、主人公千尋役の柊瑠美《るみ》とともに記者会見に出席、次のように作品制作のきっかけを語った。

実は僕には、丁度柊さん（13歳）くらいの、赤ん坊の頃からよく知っているガールフレンドが5人ほどいまして、毎年夏に、山小屋で2、3日一緒に過ごすんですが、その子たちを見ていて、この子たちのための映画が無いなと思いまして、その子たちが本当に楽しめる映画を作ろうと思ったのが、狙いというかきっかけです。実際には、その子たちが10歳くらいのときに思いついたのですけど、もたもたしているうちに大きくなってしまったんです。（略）山のオジチャンと呼ばれているんですが、その、山のオジチャンが作った映画を喜んでくれるかどうか、それを自分の目標にしています。

（『「千と千尋の神隠し」千尋の大冒険』）

しかし『もののけ姫』から4年ぶりとなる新作『千と千尋の神隠し』は、このような形に固まるまで、いくつかの紆余曲折を経ている。

宮﨑は『もののけ姫』完成後にスタジオ近くに設けたアトリエを拠点に、「東小金井村塾2」の塾頭として半年間アニメーションを志す若手の指導を行うほか、ジブリ美術館建設のために設立された事業会社ムゼオ・ダルテ・ジブリとともに美術館計画を進めていた。

一方、1998年3月26日には、『もののけ姫』制作中の1996年5月以来の企画検討会を開催。企画提案者とレポーターとして宮﨑自身が立ち、以前取り上げられたことのある柏葉《かしわば》幸子《さちこ》の児童文学『霧のむこうのふしぎな町』を再度提出した。この検討会は、いろいろな小説やマンガなどを題材に「どうやったら映画になるか」をスタッフで話し合うことを目的とした会合で、スタジオジブリのウェブサイトで連載されている制作日誌では、当日の様子を次のように記している。

前回この企画を取り上げたのが3年10カ月前のため、どんな結論を出したのか、そもそも企画提案者が誰だったかすら覚えていない。こんな状態なので、参加者は初めてこの企画に向かう気持ちで意見を出し合う。宮﨑監督もみんなと話すのが久しぶりなので異様に元気である。そのため検討会は予定時間を超え、2時間半以上にも及ぶ。

同書は1975年に発表された和製ファンタジー。小学6年生の少女リナが、父の知り合いを探して「霧の谷」を訪ねると、そこには不思議なお店が集まった商店街があった……という内容である。

宮崎自身は同書のどこが魅力かあまりピンとこなかったというが、同書を好きで子供の頃何度も繰り返し読んだというスタッフの声を手がかりにして、検討会後から同書の映画化が可能かどうかを検討し始める。

宮崎は『ゴチャガチャ通りのリナ』というタイトルで、同書の魅力を探りつつさまざまなイメージボードを描いた。しかし、最終的にはこの作品は映画化できないという判断が下された。

その後、宮崎は改めて、大震災後の東京を舞台に、お風呂屋さんの煙突に絵を描く20歳の女の子を主人公にしたオリジナル企画『煙突描きのリン』の企画をスタート。リンの行く手を阻む中年の男率いる集団とのぶつかり合いを描く予定だった。

しかし、1999年1月、約1年間、宮崎が温めてきた『煙突描きのリン』に対して、鈴木敏夫プロデューサーから意見が出された。

きっかけとなったのはヒット映画『踊る大捜査線 THE MOVIE』（1998年、本広克行《もとひろかつゆき》監督）。これを見て、そこに現代の若者の特性が等身大で描かれていたことに感心していた鈴木は、宮﨑に「我々が作るべきはやはり、子供のための映画ではないか」と提案した。若者のための映画は等身大の若者を描ける人に任せるべきだろう、自分たちが作るべき作品はそれとは違うものなのでは、というのが鈴木の意図だった。

鈴木の一言で、宮﨑は『煙突描きのリン』の企画をストップすることを決意。そして続けて、次の企画を切り出した。鈴木はその時の様子を次のように振り返っている。

僕と宮さんの共通の友人の娘を出してきて、その子のための映画をやるって。舞台は、江戸東京たてもの園で。僕は、その女の子もたてもの園も大好きだったんで、賛成せざるをえない。宮さんによって、絶対反対できない状況に置かれたんです（笑）。

（『ロマンアルバム 千と千尋の神隠し』）

そして1999年11月2日、宮﨑は企画書を脱稿。6日には演出覚書を書き上げた。そして11月8日には、メインスタッフに向けた説明会を行い、本格的に制作準備がスタートすることになった。

世間の縮図としての「湯屋」

企画書は、『千と千尋の神隠し』のコンセプトが明確に書かれているため、スタッフ向けだけでなくマスコミ向け資料などにもさまざまに掲載された。

ここで宮崎は『千と千尋の神隠し』のテーマについて「今日、あいまいになってしまった世の中というもの、あいまいなくせに、侵食し喰《く》い尽くそうとする世の中を、ファンタジーの形を借りて、くっきりと描き出すことが、この映画の主要な課題である」と明確に打ち出している。

そしてその上で「千尋が主人公である資格は、実は喰い尽くされない力にあるといえる。決して、美少女であったり、類まれな心の持ち主だから主人公になるのではない。その点が、この作品の特長であり、だからまた、十歳の女の子達のための映画でもあり得るのである」と記している。

こうして「世の中」の縮図として登場するのが、神々が通う湯屋「油屋」だ。神々が疲れを癒やす湯屋には、湯女や蛙男《かえるおとこ》たちが大勢働いている。

宮崎は湯屋について「いまの世界として描くには何がいちばんふさわしいかといえば、それは風俗営業だと思うんですよ。日本はすべて風俗営業みたいな社会になっているじゃないですか」（『プレミア日本版』2001年9月号）と語っている。また湯屋で働くカエルたちについても「背広を着ている日本のオジサンたちにソックリでしょう」（『千と千尋の神隠し』千尋の大冒険』）と説明している。

この湯屋の支配者が湯婆婆《ゆばーば》。恐ろしい魔女であり、従業員には厳しい経営者であり、かつ息子の「坊」を溺愛する母親でもある。そしてこの世界に紛れ込み両親がブタになってしまった少女、千尋は湯婆婆に名前を奪われ「千」となって、湯屋で働くことになる。

こうした概略を見ていくと「不思議な世界で働くことになる少女」「おっかないお婆さん」「お風呂屋さんが舞台」など、『ゴチャガチャ通りのリナ』や『煙突描きのリン』の企画を練る際に、宮崎が重要な要素と考えていたであろう部分の影響が感じられる。

また宮崎が舞台にすると語った「江戸東京たてもの園」は、江戸から昭和にかけての民家・商家などを移築している屋外施設。こちらは湯屋周辺にある街並みのモデルとして登場することになった。

過去最多人数のアニメーターが集結

作画インは2000年2月1日。ここより制作が本格的にスタートした。

作画監督は『もののけ姫』に続いて安藤雅司。また原画として参加した賀川愛と高坂希太郎が、途中からは作画監督として安藤の応援に入り、作画監督3人体制となっている。

主人公の前向きな意思が感じられる、感覚的なリアリティを重視する宮崎と、よりリアル志向の強い安藤とでは、狙う方向が異なっていたが、『千と千尋の神隠し』ではキャラクターのニュアンスなどの最終的な判断は、安藤に委ねられることになった。

安藤が芝居を任されることになった背景には、鈴木と以前にかわした、ある約束があった。実のところ安藤は、『もののけ姫』の制作を終えた頃、鈴木のもとを訪れて退職を申し出ていた。鈴木が理由を尋ねると、安藤は、宮崎と自分では理想とするアニメーションのスタイルが異なること、それゆえにジブリを出て外で自分のやり方を試してみたいことを告げたという。しかし、安藤ほどの腕利きを失うわけにはいかないと考えた鈴木は、彼を引き留めるために、次回作でのキャラクターの芝居を安藤に一任することを約束。安藤も鈴木の条件を受け入れてジブリへ残ることを決めたのだった。

安藤による作画監督作業はおおむね次のような流れで行われた。原画がアップするとまず宮崎がタイミングのみをチェックし、次に賀川・高坂がそのタイミングを踏まえて原画をチェック、その上で安藤が最終チェックを入れた。安藤は動画になった段階でもチェックを行い、時に枚数を増やすなど、通常の作画監督の範囲を超えるところまで手を加え、細かな動きのニュアンスを確認した。当時の安藤と宮崎の応酬を、鈴木は次のように述懐している。

安藤は並々ならぬ覚悟で『千と千尋』の作画作業に入りました。宮さんは宮さんで還暦目前とは思えぬほどの作業量をこなし、毎晩夜中の十二時まで原画マンがあげてきたカットに修正を入れていました。でも、安藤はまだ三十歳。体力には分があります。宮さんが帰ったあと、さらに朝までかけてブラッシュアップを加えていったのです。（略）あがってきたラッシュフィルムを見れば、宮さんだって安藤がやっていることに気づきます。最初、宮さんは我慢していました。でも、次第に二人の間に火花が散り始めます。老境にさしかかったベテラン監督と、若きアニメーターの熾烈な戦い。プロデューサーとしてはハラハラしつつも、どこか剣豪の名勝負を見ているようなおもしろさもありました。そして、二人のせめぎ合いの結果、『千と千尋』の画面には、ある種の迫力がみなぎることになっ

（『天才の思考』）

たんです。

スタジオジブリ社内で『千と千尋の神隠し』に参加した原画マンは約15人。この時ジブリは、中堅クラスのアニメーターが少なく、入社数年の若いスタッフも前面に出ざるをえない体制だった。一方、業界で実力派と名高いアニメーターが数多く参加しているのも『千と千尋の神隠し』の大きな特徴の一つだ。ＯＶＡ『ＴＨＥ八犬伝～新章～』第４話「浜路再臨」の大平晋也《しんや》、ＯＶＡ『ジャイアントロボ THE ANIMATION 地球が静止する日』の山下明彦らが参加している。

また過去の宮崎作品に参加した他社のベテランアニメーターも多数参加した。中でもテレコム・アニメーションフィルム所属の田中敦子は、湯婆婆の登場場面を中心に１００カット以上を担当し作品を支えた。最終的に『千と千尋の神隠し』に参加した原画マンは約40人と、ジブリ作品最多の人数となった。

美術監督は武重洋二。宮崎からは「どこか懐かしい風景」で、色づかいについては「とにかく派手に」というリクエストがあったという。「派手に」という指示に応えるため、橋の欄干の赤などを塗る場合には、ほかの色をまぜて色をくすませることなく、チューブから出したそのままの赤い色を塗るように工夫したという。また冒頭の現実世界の部分は『となりのトトロ』などの美術監督、男鹿和雄が、またカオナシが暴れる場面に出てくるふすま絵などは美術監督補佐の吉田昇が、それぞれ担当して、強い印象を残した。

『千と千尋の神隠し』は、『ホーホケキョ　となりの山田くん』に続き、仕上げ以降の作業が本格的にデジタル化された2本目の作品にあたる。しかし『となりの山田くん』が水彩画調という前例のない技法を開発しながらの制作であったのに対し、『千と千尋の神隠し』は従来のセルアニメーションを模したスタイルという大きな違いがある。そのため、従来のジブリのスタイルをコンピューターを使って再現・発展させていく経験は、長編では実質的に初めてといってもいい状況だった。

『千と千尋の神隠し』ではフィルム現像を手がけるイマジカとともに、実験的にカラー・マネジメント・システム「Galette（ギャレット）」を共同開発。そのジブリ側の中心を撮影部の奥井敦が担い、デジタルデータがフィルムにレコードされた場合、色味が変わらないように工夫された。なお、システム名である「Galette」は、かつて広島東洋カープで打者として活躍したエイドリアン・ギャレットから取ったもので、イマジカの担当者が同チームのファンであったことに由来している。

また後半の追い込みでは、国内で依頼できる外注スタジオだけではスケジュールに間に合わないことが判明したため、韓国のプロダクション、D.R DIGITAL に動画と仕上げの外注を行った。同社は、韓国のプロダクションの中でも技術レベルが高いことで知られており、『人狼』（2000年、沖浦啓之《ひろゆき》監督）などハイクオリティーな劇場アニメでも力を発揮してきた。スタジオから4人が韓国に出張し、さまざまな指示などがスムーズに伝達できるよう働いた。ジブリが本格的に海外のプロダクションに外注をしたのは、これが初めてのことである。

3時間の大作!?

『千と千尋の神隠し』は、宮崎が当初考えていたストーリーと大幅に違う形で完成している。その転機となったのは2000年5月のことだった。

鈴木によると、宮崎の当初のストーリー構想は次のようだった。

銭婆《ぜにーば》は最初から出そうと思っていたようですが、宮さんが最初に喋っていた内容はまるで違っていました。去年のゴールデンウィークの頃、僕と作画監督の安藤（雅司）君、美術の武重（洋二）さんと宮さんの4人で話し合いをやったんです。その時の構想では、湯婆婆をやっつけた後、背後に彼女のお姉さんの銭婆という、すごいヤツがいたことが分かる。こいつをやっつけなきゃ明日は来ないと。それを巡ってのアクション映画にしようと言っていました。

（『「千と千尋の神隠し」千尋の大冒険』）

それはおもしろそうではあるものの、盛りだくさんすぎて3時間はかかる内容だった。そしてあと1年という制作期間では到底、3時間の作品など完成不可能なのも事実だった。そこで鈴木は、制作期間を1年延長することを提案。しかし、それに対し宮崎と安藤は反対した。そこで宮崎は、大きな決断をする。

その構想の転換について、宮崎はこう説明する。

だから、当初考えていた展開部分を全部切り捨てて、それ以外でまとめることにしたんです。これが大きな転換点だったですね。その中で、突然カオナシというキャラクターが浮上したんです。

（『千尋と不思議の町　千と千尋の神隠し　徹底攻略ガイド』）

カオナシは、千尋が初めて湯屋に入る時にそのほかの神々などに交じって、橋のたもとに立っていた名もないキャラクターである。

本当に単なる脇役だったんです。(略)それは何の予定もなくてただ立たせていただけなんです。(略)でも、映像になって見たら妙に気になるヤツだったんですよね。そうなるとこっちも「アイツはなんであそこに立っているんだろう」って考え始めるんですよね。(略)そうするうちに「あれ、使えるかもしれないな」となったわけです。極端な話、突然に役割を与えて「あなたは何者ですか? ちょっと出てきて、この映画をまとめてください」ってお願いした感じですよ。(同前)

宮﨑はカオナシを中盤以降の重要キャラとし、優しくしてくれた千尋を慕い湯屋に入り込み、やがては欲望のままに暴走する役割を担わせた。こうして映画の内容は、千尋と湯婆婆の関係だけでなく、千尋とカオナシの関係も大きな要素としてクローズアップされることになった。

この宮﨑の提案による大方針転換は、その打ち合わせの最中に決まったという。

「(編注/宮﨑が)『これなら2時間で収まる』と新しい構想を語ってくれたんです。それで、中盤からカオナシの話になったんですが、そこは宮さんという人のすごさで、カオナシの話も入れるし、湯婆婆の話も入れるし、銭婆の話も入れるし、結局全部入れてしまった」(『「千と千尋の神隠し」千尋の大冒険』)というのは、完成したストーリーについての鈴木の感想である。

カオナシの映画

宮崎のこうした方針転換の一方で、鈴木も、このカオナシというキャラクターに興味を持ち、本予告ではカオナシを大きく取り扱うことに決めていた。

カオナシの存在が膨らんできた時は面白いなと思ったんです。宮さんの中から、またひとつのオリジナリティが出てきたし、最終的に映画の大きな柱になった。フィルムを全部通して見た時、宮さんが言ったんです。「これはカオナシの映画だ」って。僕はそんなことうに気づいていたので、「当たり前じゃないですか」と。

(『ロマンアルバム　千と千尋の神隠し』)

最初に制作された特報は、千尋が不思議の町に入っていき、湯婆婆と出会うまでを中心にまとめられた内容。得体の知れない世界に足を踏み入れてしまった怖さをまず印象づけるテイストだった。それに対し、本予告はカオナシと千尋の絡みを中心に編集された。

あの本予告は、作ろうと思ってからフィルムにするまでに、かなりの時間をかけました。何故かと言うと「カオナシと千尋で予告篇を作る」と言ったら、宣伝の人たちがみんな大反対するに決まっている。（略）とにかく時間をかけました。最初にカオナシと千尋のシーンだけつないだものを作って、とりあえず宣伝関係者に見せて、反応を見てみたんです。僕としては、一ヵ月ぐらい毎日見せてりゃ慣れるだろうと思ったんです。（略）一ヵ月後、最終的に「これを予告にしたい」と言った時、やっぱりみんな反対でした。でも、僕としてはどうしてもやり抜きたかった。

（『「千と千尋の神隠し」千尋の大冒険』）

鈴木がこれほどまでにカオナシにこだわったのには、もちろん理由がある。

僕が見たところ、どうもカオナシというのは、人間の心の底にある闇、心理学でいうところの〝無意識〟を象徴している。そいつがあらゆる欲望を飲み込みながら暴走する。千尋はそれを鎮め、海の上を走る列車に乗って銭婆に会いに行く。そして、戦うことなく名前を取り戻します。不思議なお話ですよね。物語の類型からはかけ離れています。でも、僕はこれこそが現代の映画だと思った。

一見、最初のストーリーのほうが分かりやすいし、そのほうがヒットすると考える人もいるかもしれません。それはそれで、宮さんが作ればおもしろい映画にはなるでしょう。でも、大ヒットする映画にはならない。なぜなら、そこには〝現代との格闘〟がないからです。

（『ジブリの仲間たち』）

鈴木はこうした考えのもと、カオナシをメインに据えた宣伝方針を打ち出し、予告だけでなく、新聞広告にもカオナシは大きく取り扱われることになった。当初は、不思議な街並みの前に千尋とブタがいるメインポスターの絵柄を公開まで使用する予定だったが、急遽、カオナシと千尋が向かい合っている場面の絵柄を使うことになった。たとえば公開1週間前の7月13日に『読売新聞』に掲載されたカラーの全面広告の絵柄にもこれが使われている（この広告は、読売新聞広告賞優秀賞に選ばれた）。

東宝映画調整部の市川南は、この新聞広告について次のように振り返っている。

この映画をヒットさせるカギは、「生きること」に関するテーマだというコンセプトに行き着いて、それを象徴するビジュアルがこの千尋とカオナシの絵柄だったからですね。普通の考え方でいくと、全ページ広告で使う絵柄ではないと思います。もっとロングで、全体がわかるような絵の方が収まりがいいですから。現に社内では「これでいいのかな」という意見もあったんです。でも、あえてこの絵を使ったことで、よりインパクトが強まりましたね。

（『ナウシカの「新聞広告」って見たことありますか。』）

一方でヒーローであるハクと千尋との絡みは「恋愛映画ではないから」という方針で、予告や広告には登場しなかった。ハクが広告に登場するのは公開後5カ月経った12月になる。

初のコンビニとのタイアップ

『千と千尋の神隠し』の特徴として、それまでの作品よりもさらに出資企業が増えたことが挙げられる。並べると徳間書店、スタジオジブリ、日本テレビ、電通、ディズニー、東北新社、三菱商事の七つ。ディズニーは、徳間グループとの提携により『となりの山田くん』から出資をするようになっていたが、東北新社と三菱商事は今回初参加である。

『千尋』の宣伝では、電通経由で特別協賛が決まったネスレ日本と、三菱商事系列のコンビニエンスストアチェーン「ローソン」によるタイアップ宣伝の果たした役割が大きかった。

特別協賛のネスレ日本は、『平成狸合戦ぽんぽこ』のJA共済、『もののけ姫』の日本生命と同様に、作品のキャラクター、映像を使用して企業広告などを展開した。

一方、ジブリ初の試みとなったのがコンビニエンスストアとのタイアップ。過去にもコンビニとのタイアップの提案はあったが、鈴木がコンビニを敬遠していたこともあり成立していなかった。しかしローソンは担当責任者の山崎文雄の熱意もあって、『千尋』タイアップキャンペーンを積極的に展開。全国約7500の店舗、インターネット、iモードなどでのローソンのネットワーク、そしてテレビCMを通じて『千尋』を強く告知し、映画の宣伝に貢献した。また、ローソンにとっても前売券を32万枚売るなど、かつてない売上を記録した。以後、ローソンはジブリ作品の告知宣伝の一翼を担う存在となり、三鷹の森ジブリ美術館の入場券を一手に手がけることにもつながっていく。

なお、山崎はこののち、ローソンを退職し、ジブリ美術館の事務局長を務めることになる。

主題歌とキャスト

『千と千尋の神隠し』は2001年7月2日に完成。7月20日から劇場公開がスタートした。

キャストは、主人公千尋に柊瑠美、ハクに入野自由《いりのみゆ》。冒頭でブタになってしまう千尋のお父さんとお母さんは、内藤剛志《たかし》と沢口靖子が演じた。また、湯婆婆と銭婆に夏木マリ、釜爺《かまじい》に菅原文太が配役された。菅原のキャスティングは「愛というセリフに説得力を持たせることができるのは菅原さんしかいない」という鈴木の提案によるものだ。

また『千と千尋の神隠し』の主題歌は、作曲・歌が木村弓、作詞・覚《かく》和歌子による「いつも何度でも」に決まった。この曲が主題歌に決まるまでにも、ユニークなエピソードがある。

そもそものきっかけは、もともとジブリ作品が好きだったという木村が『もののけ姫』を見たことだった。作品に強い印象を受けた木村は、自分のCDに手紙を添えて宮崎に送った。すると後日、宮崎より「『煙突描きのリン』という企画を進めているので、作品が形になる時がきたらご連絡するかもしれません」という内容の返事があったという。

その後、木村は『煙突描きのリン』から刺激を受けてメロディを思いつく。木村は、交友のあった作詞家の覚に相談を持ちかけ、思いついた歌詞の冒頭部分と全体の旋律を伝えた。覚がメロディから受けた印象で一気に歌詞を完成させると、二人は、映画企画の進展とは関係なく、経過報告のつもりで完成した曲「いつも何度でも」を宮崎に送った。ところがしばらく時間がたったところで、宮崎より「歌そのものはいい歌だと思ったが、企画が中止になった」との連絡が入る。

その後、『煙突描きのリン』の企画に替わって、『千と千尋の神隠し』の制作がスタート。主題歌には宮崎作詞、久石譲作曲で「あの日の川へ」という曲が予定されていた。しかし宮崎の作詞作業が難航。2週間かかっても作詞をすることができなかった。そんな折、「いつも何度でも」を思い出した宮崎は、これ以上のものは自分にはできないと、この歌を主題歌にすることを提案し、そのように決まった。

宮崎の当時の心中について、鈴木は次のように推測している。

歌の中に「ゼロになるからだ　充《み》たされてゆけ」という詞があるでしょう。これは宮さんの後付ですが、「もしかしたら、自分の中で潜在的にこの歌がきっかけとなって、『千と千尋』を作ったのかもしれない」と。宮さんがこの歌を聞いたのが2年半前ぐらい。その時は、この「ゼロになるからだ」という詞は、よく分からなかったそうです。今回この映画を作ってみて、それが分かるような気がしたと。（略）この映画で描き切れない部分をこの歌が充たしてくれるのではないかと。そんな気がして「どうしてもこの歌を使いたい」ということになったようです。

（『「千と千尋の神隠し」千尋の大冒険』）

記録的ヒットとアカデミー賞

『千と千尋の神隠し』は記録的な大ヒットとなった。『もののけ姫』が約1年間で積み上げた興行成績を、わずか56日で突破。さらに11月11日までの約4カ月の間に興行収入262億円、観客動員数2023万人をカウント。これはそれまでの興行収入・観客動員のトップだった『タイタニック』（1997年、ジェームズ・キャメロン監督）を抜いて、日本映画史上最大のヒット作となったことを意味する。そして1年以上のロングランヒットとなった『千と千尋の神隠し』の興行成績は、最終的に304億円（当時）に達した。

翌2002年2月には、三大映画祭の一つベルリン国際映画祭で最高賞の金熊賞を受賞。審査委員長を務めたインドのミラ・ナイール監督は、「パワーのあるファンタジーで、少女の小さな世界が普遍性を持って胸を打った」と作品を評した。

一方で、北米においては優先的に配給権を持っているディズニーからオファーがなかったため、公開が難しいという見方もあった。当時、ジブリで海外事業部取締役部長を務めていたスティーブン・アルパートは、自著でその状況を次のように述懐している。

日本での興行収入が新たな高みに達している頃、世界への配給を進める仕事が私に任された。ディズニーとは既存の契約があったが、『もののけ姫』を海外に出したとき、ディズニーがすべての国で作品を後押ししてくれるわけではないことが判明していた。ディズニーが一部のジブリ作品について後ろ向きの態度をとっていたことから、われわれは『千と千尋の神隠し』のアメリカでの配給を断るのではないかと懸念していた。

（『吾輩はガイジンである。』）

そこで鈴木は、宮﨑を尊敬し、かつ『トイ・ストーリー』などのヒットメーカーでもある、ピクサー・アニメーション・スタジオのジョン・ラセターに相談を持ちかけることにした。ピクサーとディズニーは作品の配給関係で契約を結んでおり、非常に縁も深い。そのような事情もあり、鈴木としては、『千と千尋の神隠し』をピクサーで配給する可能性も視野に入れていた。

鈴木とアルパートは、さっそく『千と千尋の神隠し』の試写会をピクサー社内で実施。作品を見たラセターは、ディズニーでの配給を実現するために、鈴木たちへ具体的な助言をする。

今でもその習慣は変わらないが、『千と千尋の神隠し』の国外初の試写会はピクサーで行われた。ピクサーの人々はみな名作だと確信し、日本映画としてアメリカでこれまでにない興行的成功を収めるのではないかと期待した。

ピクサーのジョン・ラセターは、ディズニーの幹部の前で試写をするとき、万全の態勢で臨んだほうがいいと助言してくれた。ディズニー幹部による評価には、観客の反応が大きな影響を及ぼすので、二つのことに留意しなければならないと。第一に、試写会をなるべく大きな試写室で行うこと。第二に、観客席にはディズニー・フィーチャー・アニメーションのアニメーターたちをたくさん入れること。小さい試写室だと幹部はくつろぎすぎて映画に注意をあまり払わない恐れがある。他の仕事をもちこむ危険性さえある。観客が多いほど、幹部は作品に集中するし、大きい試写室のほうが作品の重要性が伝わる。アニメーターたちは映画を理解し共鳴し、それを態度で示すだろう。幹部はそれを見て観客が喜んでいると感じるはずだというわけだ。
（同前）

このラセターの助言を受けて、アルパートは試写会の準備を進めていった。まずは作品配給の決定権を持つ人たちと、ディズニーのアニメーターや監督たちで試写会の席を埋めていく。礼儀上、ディズニーの当時の会長であるマイケル・アイズナーと同社の上層部の人々にも声はかけることにしたが、この作品に関心のない会長と上層部は、案の定、試写への参加を断ってきた。ここまでは、鈴木とアルパートの目論見通りである。このまま試写を実施できれば、理想的な観客と環境のもとで、幹部たちへ向けて全米での配給をアピールすることができる。

ところが、順調に思えた矢先に想定していなかった事態が発生してしまう。不参加を表明していたはずの会長と上層部が前言を撤回し、試写会への参加を希望してきたのだ。

日本における輝かしい興行成績がアメリカに伝わり始めると、アイズナー会長自身が、話題の映画を見たいと言い出したのだ。会長が出席すると耳にした他の上級幹部は、会長が重要と判断したものを無視しては印象が悪いという理由で、一時は欠席と返事をしたのに手の平を返してきた。これらの幹部の部下たちも、上司の機嫌を損ねたくないと出席を希望してきた。こうして連鎖的に出席希望者が増え、上級、中級、下級管理職は参加必須のディズニーの一大イベントとなった。アニメーターたちには幹部たち――その多くは作品に興味もなければかかわりもなかった――のおかげで席がなくなったと伝えられた。

（同前）

こうして目論見がはずれ、アニメーション制作に携わる人々を招待できなかったこともあり、試写会後のディズニー上層部の反応は芳しくなかった。アメリカを除く全世界の映画配給の責任者でもあったマーク・ゾラーディは、アルパートに対して次のように感想を伝えたという。

「映画は見たよ、われわれはみな気に入った。だがね、正直に言うと、誰もが、あまりに日本的で難解すぎて、アメリカ人には理解できないという意見だ。ヨーロッパでも同じだろう。小さいアートシアターならうまくいくかもしれない。それも確実ではないがね。悪いが、そういうわけなんだ」。

（同前）

一方で、この試写会を経ても、ディズニー・フランスことゴーモン・ブエナ・ビスタ・インターナショナルの責任者であるジャン＝フランソワ・カミエリだけは親会社の決断にしたがわず、フランスでの配給を強く要請。結果、同国ではアメリカに先駆けて２００２年4月10日より『千と千尋の神隠し』が配給されることとなった。

こうした一連のやりとりののち、『千と千尋の神隠し』は２００２年9月20日よりアメリカでテスト上映されることとなったが、当初の規模は、ディズニー直営の映画館であるEl Capitan Theaterでの限定上映という極めて控えめなものだった。

英語版のタイトルはアルパートの提案により、『千と千尋の神隠し』改め、『SPIRITED AWAY』に決定。ラセターは英語版制作の総指揮と、宣伝面などで大いに尽力した。

ラセターと宮﨑の交流は古く、もともとディズニーのアニメーターだった彼は『ルパン三世カリオストロの城』に出会い、「大人も子供も楽しめるアニメーション映画が作れるんだ」という確信を得て、宮﨑の熱心なファンとなったという。１９８２年に、東京ムービー新社の日米合作プロジェクト『リトル・ニモ』で渡米中だった宮﨑と面識を得た後、ラセターはピクサーでフルＣＧの短編を手がけるようになった。１９８7年に「広島国際アニメーションフェスティバル」で来日した際は、『となりのトトロ』制作中のスタジオジブリにも訪れている。そんなラセターが手がけただけに、『千と千尋の神隠し』の英語版は、セリフの区切り一つ一つまで気を遣った丁寧な出来映えとなった。

国内の各映画賞でも高い評価を得た『千と千尋の神隠し』だったが、アメリカでもその評価は高かった。全米映画批評会議賞、ロサンゼルス、ニューヨーク両批評家協会賞のアニメーション部門賞を連続して受賞。2003年2月には「アニメーション界のアカデミー賞」と呼ばれるアニー賞（国際アニメ映画協会主催）で監督、脚本など4部門を制覇した。

2003年3月のアカデミー賞では、ディズニーの『リロ・アンド・スティッチ』と『トレジャー・プラネット』、ドリームワークスの『スピリット』、20世紀フォックスの『アイス・エイジ』といった作品を抑えて、長編アニメーション部門を受賞した。

授賞式には、鈴木の出席が予定されていたが、直前になってアメリカがイラクへの攻撃を開始した。このため結局、鈴木も出席を取り止めた。世界各地でテロに対する警戒心が高まる中、万が一を考えてということもあったし、戦争が起こった時期に、その戦争当事国で行われる華やかな式に出席するのはいかがなものかという判断の結果だった。

宮﨑は受賞にあたって、「いま世界は大変不幸な事態を迎えているので、受賞を素直に喜べないのが悲しいです。しかし、アメリカで『千と千尋』を公開するために努力してくれた友人達、そして作品を評価してくれた人々に心から感謝します」（『折り返し点』）と日本でコメントを出した。

なお、限定上映からスタートしたアメリカでの興行ではあったが、『千と千尋の神隠し』がアカデミー賞を受賞した5日後の2003年3月28日には、同国とカナダでの拡大上映がスタート。北米での最終的な興行収入は約1000万ドル（約13億円）に達した。

第12章

三鷹の森ジブリ美術館の建設と徳間康快の死

三鷹の森ジブリ美術館の建設

『千と千尋の神隠し』と並行して、宮崎駿監督はもう一つのプロジェクトを進行させていた。それが「美術館」建設である。1999年7月28日には、宮崎のアトリエ、通称「豚屋」で報道関係者を招いて美術館建設を発表する記者会見が開かれた。

どうして美術館を建設するに至ったのか。そこには、アニメーション制作会社であるジブリならではの動機と事情がある。

当時、アニメーション業界では、アニメーターの職業寿命は40歳という定説があった。長時間の作業による疲労の蓄積や目の酷使、さらにアニメーターとしてのみずみずしい感性も、年齢とともに衰えていくのは避けられない。しかし、そうは言ってもアニメーターを正社員として雇用しているジブリでは、体力的に仕事を続けることのできなくなったスタッフをクビにするわけにはいかない。彼ら、彼女らにふさわしい第二の仕事を用意する必要があった。

そこで宮崎が思いついたのが、絵の描ける店員がいるお店を作るというアイデアだった。アニメーターを続けられなくなった社員にそのお店で働いてもらうことができれば、ジブリはスタッフの終身雇用を守り続けることができる。さっそく宮崎と鈴木は検討を開始。当初は少子化で閉園が決まった幼稚園を活用してお店にするといった構想などもあり、候補地の視察を重ねていたという。

そんな状況のさなか、鈴木は、ひょんなことから中村研一記念小金井市立はけの森美術館の学芸員である堀内哲と知り合い、美術館の運営実態について詳しく話を聞く機会を得る。美術館の運営に関心を持った鈴木は、宮﨑が提案してきた「お店」のアイデアをこれとドッキングし、ジブリで新たな美術館を作ってはどうか、と思いついた。

このような経緯から立ち上がった美術館構想は『もののけ姫』公開直後の1997年から具体的に始動。関係スタッフは、秋より全国の美術館の視察を行った。1998年に入ると、1月から本格的に建設予定地探しが始まったが、なかなか具体的にこれという土地が決まらず、いくつかの候補地も帯に短し襷《たすき》に長しの状況だった。

ところが、それからひと月が経った2月中旬のある日、ジブリが美術館を構想中という情報を知った三鷹市の企画部企画調整室長・河村孝（のちの三鷹市長）から、鈴木のもとへ1本の電話が入る。その電話で河村は、三鷹市が「井の頭公園西園拡張用地」に文化施設の建設を検討していることを告げ、ひいてはこの土地を使ってジブリの美術館を作ってはどうかと提案した。

鈴木は河村のこの申し出に賛同。両者で具体的な検討を始めることになったが、この土地は本来、東京都の所有する土地。文化施設建設という条件で、三鷹市に貸し出される予定となっていた。もちろん建設できるのは市立などの公の施設だけ。ジブリ主導の美術館のような民間施設を建設するのは難しい。

そこで考えられたのが「負担附き寄附」という特別な方法だ。建物は徳間書店スタジオジブリ事業本部と日本テレビ二社の子会社であるムゼオ・ダルテ・ジブリ（10月設立）が建設して三鷹市に寄付。三鷹市所有の公の施設とする。そしてその上で、三鷹市や日本テレビ、スタジオジブリなどが出捐《しゅつえん》して設立した「財団法人徳間記念アニメーション文化財団」（2011年に公益財団法人に移行）が管理運営するという方法が考えられた。日本テレビとは、映画の共同製作会社ということで、長年にわたり関係が深かったので、こうした共同事業が実現した。

こうして1999年3月に三鷹市より、正式な招致要請があったのだった。ちなみに鈴木は、せっかく建設した建物を寄付しなくてはならないという部分に逡巡《しゅんじゅん》があったというが、徳間書店の徳間康快社長より「公の土地に建設させていただくのだから、それぐらいは当然」とアドバイスされ、「負担附き寄附」の方法を採用する決断をしたという。

美術館建設にあたり、宮﨑は映画を作る時と同じように多数のイメージボードを描き、その構想を固めていった。また「こんな美術館にしたい」という文章を書き、その狙いも示した。

たとえば建物や展示については、次のように書かれている。

そのために、建物は…／それ自体が一本の映画としてつくりたい／威張った建物／立派そうな建物、豪華そうな建物、密封された建物にしたくない／すいている時こそ、ホッとできるいい空間にしたい／肌ざわり、さわった時の感じがあたたかい建物にしたい／外の風や光が自由に出入りする建物にしたい

（略）

展示物は…／ジブリファンだけがよろこぶ場所にはしたくない／ジブリのいままでの作品の絵が並んでいる「おもいで美術館」にはしたくない／みるだけでも楽しく、つくる人間の心がつたわり、／アニメーションへの新しい見方が生まれてくる場所をつくりたい／美術館独自の作品や絵を描き、発表する、／映像展示室や展示室をつくり、活《い》き活《い》きと動かしたい／（独自の短編作品をつくって公開したい！）／今までの作品については、より掘り下げた形で位置付けて展示したい

（『三鷹の森ジブリ美術館　図録』）

記者会見で「子供たちが最初の印象として〝変なの〟と言ってくれる美術館。変だから入り

たいと思い、入ってみたらやっぱり変で、ますます入りたいと思ってくれるような建物にしたい。どこかで子供たちの留め金を外してあげたいんです」（『アニメージュ』１９９９年10月号）と語っていた通り、宮崎の構想はかなりユニークなものだった。

法律上の問題もあり、最終的に現在のような形にまとまったが、宮崎の狙いは建物の随所に反映されている。

ジブリ美術館と宮崎作品

ＤＶＤ『宮崎駿とジブリ美術館』は、そんな建物そのものを一つの宮崎作品ととらえ、高畑勲監督による解説で紹介した内容だ。そこでは、その空間の構成などが宮崎作品と共通するという指摘がされている。

たとえば入場者は入口を通過すると長い階段を通って地下1階のホールに通される。ホールを見上げると、屋上までの吹き抜け構造。中空に廊下が渡されて、壁のところどころには小さなバルコニーがある。入場者はその最下層からゆっくりと上に登りながら、館内を回遊することになる。宮崎作品の建物にしばしば登場する吹き抜け構造との共通点もそうだが、最下層から最上部へという移動もまた宮崎作品と非常に似通っている。

さらに地下1階ホールの外は庭のため外の光が差し込み、ここを1階と勘違いしてしまいそうになっている。また、壁のところどころには小さな穴があけられ、子供たちがおもわずくぐりたくなるような仕掛けもある。

宮崎は『三鷹の森ジブリ美術館　図録』の中で、「子ども達が、ここは羽根を伸ばしていいところなんだと思える空間をつくりたかったんです。（略）ここはどうなっているんだろうとのぞいてみたり、知らないうちに迷子になったりする、そんなところをつくりたかったんです。今という時代は、まずそうじゃないところだらけですから」と、美術館が展示品のための単なる箱ではなく、建物そのものにその狙いが込められていることを明かしている。

当然ながらこうしたユニークな建築物だけに、建築にあたっては既製品を使うことができる部分は少なく、建設時には苦労が多かったという。こうした大変な現場を取り仕切ったのが宮崎の長男、宮崎吾朗《ごろう》だ。1998年、吾朗は緑地設計の仕事から美術館の仕事に就いた。鈴木の要請と「作ったものを使ってくれる人の顔が、直接見えるような仕事をしたい」（『千と千尋の神隠し』千尋の大冒険』）というのが理由だった。宮崎は、この人選に対して、息子ということもあり最初から二つ返事だったわけではない。が、映画制作中で、かつ自分の企画・原案を実際に形にするにはさらなる創造力と労力が必要であり、本人も希望していることなどから、この人選を受け入れた。また、この時期に建築・設計・展示・企画・ショップなどの美術館のための新しいスタッフも集結。吾朗を中心に美術館を実際に建てるための奮闘を開始した。

1999年9月に三鷹市議会で「負担附き寄附を受けることについて」の議案が可決。その後2000年3月4日に起工式が行われ、2001年6月に竣工。その後、開館日前日まで内装と展示の準備が行われた。9月29日には、「財団法人徳間記念アニメーション文化財団」の設立理事会が開催。そして2001年10月1日に正式オープンとなった。

ジブリ美術館オープン

完成した美術館は、まず色鮮やかに塗り分けられた外壁が印象的。1階に企画展示室があるほか、常設展示として、ゾートロープなどを通じてアニメーションの動きの魅力を見せる「動きはじめの部屋」、理想のアニメーションスタジオを形にしつつ映画のできるまでを解説した「映画の生まれる場所《ところ》」、おすすめしたい書籍が並ぶ図書閲覧室「トライホークス」、短編映画を上映する「土星座」などがある。また、緑化された屋上にはロボット兵が立っている。

実際の運営にあたっては、建物の維持費用の一部については、三鷹市が負担。そのほかの実際の運営については財団が担当するという役割分担になっている。また財団法人は、商業活動ができないため、当初カフェやショップなどの運営については関連会社の「マンマユート団」（「ムゼオ・ダルテ・ジブリ」を改称）が担当したが、同社は2008年に事業をスタジオジブリに譲渡し、2018年には閉鎖されている。

オープン時の企画展示は、当時公開中だった「千と千尋の神隠し展」。宮﨑自ら、制作が終わったばかりの原動画や背景美術などの展示をディレクションした。また前年より制作していた美術館用短編として2本が完成。中川李枝子《りえこ》と大村（山脇）百合子による児童文学『いやいやえん』の中から『くじらとり』と、オリジナル作品『コロの大さんぽ』が上映された。

その後企画展は1年から1年半ごとに展示が変更されている。2002年10月から2004年5月までは「天空の城ラピュタと空想科学の機械達展」、2004年5月から2005年5月までは「ピクサー展」、2005年5月からは「アルプスの少女ハイジ展〜その作り手たちの仕事〜」を行った。また2003年11月から2004年5月まで、2階ギャラリーなど館内各所を使って「ユーリー・ノルシュテイン展〜ノルシュテインとヤールブソワの仕事〜」も行われた。さらに3本目のオリジナル短編『めいとこねこバス』は2002年10月より上映が始まった。

三鷹の森ジブリ美術館は1日2400人の完全予約制と、入場方法も独自の方法を採用した。

これは『千と千尋の神隠し』の大ヒットを受け、そのままオープンしたのでは美術館のキャパシティを超えた人が訪れてしまうおそれがあったため決められた。予約については、コンビニエンスストアチェーンのローソンにある情報端末Loppi（ロッピー）を使って予約するという仕組みになっていたが、現在はローチケWEBでのみ受け付けをしており、毎月10日より翌月分のチケットを売り出している。

なお1日の入場者数は、映像展示室「土星座」の収容人数を基準としており、入場者が必ず短編映画を座って見られる人数として決められた。

徳間康快社長、死去

2000年9月20日には、徳間書店の社長で、ジブリ設立と運営において大きな後ろ盾であった徳間康快が、肝臓がんにより死去した。『千と千尋の神隠し』「ジブリ美術館」とも、その完成を見ないままの死であった。

徳間社長は、1921年生まれ。『読売新聞』の社会部記者出身で、1954年に東西芸能出版社（現・徳間書店）を設立。スタジオジブリ設立にあたっては、社長に就任したが、ジブリ作品の内容には口を挟まず、グループのトップとしてバックアップを行った。

宮崎は「徳間社長は、私達の社長でした。私達は、社長が好きでした。社長は、経営者というより、話をよくきいてくれる後援者のようでした。企画についても、スタジオの運営についても、現場を信頼してまかせてくれました。よく『重い荷物をせおって、坂道をのぼるんだ』とおっしゃって、リスクの多い無謀ともいえる計画にも、すばやく決断をしてくれました。映画がうまくいけば、大喜びしてくれました。うまくいかなくても、平然として、スタッフの労をねぎらってくれました。私達がここまで来られたのは、社長にめぐり会えたおかげです。長い闘病生活、本当にご苦労さまでした。どうか、ゆったりと休まれて、空や水や土や木とまじりあって、安らかにお眠り下さい。私達は社長のことを語り継いでいくつもりです」(『折り返し点』)とお別れの言葉を述べ、葬儀委員長を務めた。

スタジオジブリの玄関横には、徳間社長の言葉である「志、雲より高く」と刻まれた石碑があり、玄関には現在も徳間社長の写真が飾られている。

第13章

新人監督による2本立て。『猫の恩返し』『ギブリーズ episode2』

愛・地球博用の映像企画から

2002年7月20日、『猫の恩返し』と『ギブリーズ episode2』の2本立てが公開された。『猫の恩返し』の監督は、アニメーターとして『ホーホケキョ となりの山田くん』などに参加し、これが初監督となる森田宏幸《ひろゆき》。『ギブリーズ episode2』も、これまで高畑勲作品などの絵コンテ・レイアウトなどで活躍してきた百瀬義行の初監督作品だ。新人監督による2本立てという異色な企画は、さまざまな曲折を経て決まったものだった。

『猫の恩返し』の企画の発端は『ホーホケキョ となりの山田くん』の制作が山場を迎えていた1999年春。後に愛知県名古屋東部丘陵で開催される愛・地球博にまつわる依頼がきっかけだった。鈴木敏夫はその経緯をインタビューで次のように語っている。

正確には覚えてないんだけど、スタートしたのは3年ぐらい前だったと思います。そもそもの発端は、某社（編注／中日新聞社）から「テーマパークを作るので、そのイメージキャラクターを描いてくれ」と言われたんです。猫がいいということだったので、「ジブリアニメには猫が3匹ぐらいいますよ」と。その中の一匹だったムタを責任者の方が気に入ってくださって、「ついでに20分ぐらいのフィルムを作ってくれませんか」ということになった。これがスタートなんです。ムタを使うなら、当然、宮崎駿にも了解をとらなければいけないので話を持っていったら、彼のほうから「だったら（ストーリーは）柊さんに作ってもらおうよ」と。その時、宮さんが出してきた案が〝探偵もの〟だったんです。「地球屋が探偵事務所で、そこに名探偵バロンがいる。そしてムタがいるというので、できないかなぁ」と。それで柊さんに発注したら、柊さんが猫の国の設定を作ってきたんです。

（『ロマンアルバム　猫の恩返し』）

柊あおいとスタジオジブリは、１９９５年に柊の『耳をすませば』をアニメ化して以来の縁。１９９９年夏にジブリから原作執筆の依頼を受けた柊は、9月にバロンとムタを主人公にした最初のストーリーメモを作成。その後、ジブリとの間でやりとりを重ね、11月には完成した映画の原型とも言えるストーリーメモがまとまり、２０００年1月には「アドベンチャー・オブ・バロン・フォン・ジッキンゲン　猫の国の少女」のタイトルで具体的プランが完成した。このプランには、キャラクターや場面設定のラフも添えられていた。

原作執筆にあたって柊にはいくつかのこだわりがあった。

もともと柊の描いた『耳をすませば』にはムーンという黒猫が登場していた。これがアニメ化されるにあたり、太った白猫へと変更された。鈴木が「ジブリアニメには3匹の猫がいる」といって見せたものの1匹は、この太った白猫版のムーンだった。しかし柊にとってのムーンはあくまでも黒猫。改めてこの太った白猫を重要な役として描くにあたり、新しい名前を付けることにした。そこで『耳をすませば』の中でムーンの別名として登場する「ムタ」が採用され、新たな名前として命名された。

このムーンからムタへの転換は、『耳をすませば』と『猫の恩返し』の関係を象徴している。柊は『ロマンアルバム　猫の恩返し』のインタビューで、本作の立ち位置について次のようにも説明している。

宮崎さんから話を頂いた後、考えはじめた時に、バロンは「耳をすませば」の世界にしかいない。だけどその世界で描いちゃうと、（編注／『耳をすませば』の主役である）雫や聖司が出てくるのかなって観る人が期待しちゃうんじゃないかと思ったんです。それはちょっと嫌だったので、雫が書いた話にしたんです。雫は中学生の時にバロンの話を書いたけれど力が及ばなかった。でもその後、勉強して、またきっと書き直すに違いないと思っていましたから。

こうして2000年1月のプランをベースに、マンガの執筆が始まり、2000年7月までに少しずつ原稿がアップしていった。こうして執筆された原作は『バロン　猫の男爵』として映画公開に先駆け、2002年5月に出版された。

完成した『バロン　猫の男爵』は、交通事故から猫を助けた高校生のハルが、落ち込んだ時にふと漏らした「猫もいいかもねーっ」という言葉のために、猫たちに誘われ、猫の国へと連れて行かれてしまうという、ファンタジックなストーリー。ハルを助ける存在として、バロンとムタのコンビが活躍をする。

ビデオ用作品から劇場作品へ

ストーリーが固まっていく一方、愛・地球博用のイベント映像の企画は、諸事情により白紙に。この案件は、鈴木とも親交のある押井守監督のもとへ持ち込まれ、後に愛・地球博内のパビリオン「夢みる山」のテーマシアター「めざめの方舟（はこぶね）」として上映されることになる。

『バロン　猫の男爵』の発表の場としては、ビデオ用作品という線が新たに浮上し、しばらくの間はビデオ用作品として企画が進行することになる。

監督の森田は、OVA『ジョジョの奇妙な冒険』(1993年)、映画『MEMORIES』の「彼女の想いで」(1995年)、『PERFECT BLUE』(1998年)などで腕を振るったアニメーター。OVA『GOLDEN BOY　さすらいのお勉強野郎』(1995年)で演出デビューをした。

監督となるまでの経緯について、森田は『ロマンアルバム　猫の恩返し』のインタビューで次のように説明している。

森田 (略)宮崎さんと相談しながら、柊さんがマンガを準備しているという話は、僕も人づてに聞いていました。僕は僕で、『ホーホケキョ　となりの山田くん』の原画をやった後で、演出をやりたいなあと思っていて。そんな希望を周りにも話してたんです。そのことを宮崎さんは知っていてくれて、僕に話を振ってきたんだと思います。
——具体的に監督指名の話が来たのは、いつ頃だったんですか?
森田　いつだったか、はっきり覚えていないですけど、僕が、ジブリ美術館用の短編アニメ『コロの大さんぽ』の原画をやっていた時です。気づくと、僕の机の上に、柊さんが書かれたマンガのネームが置かれていて。

――唐突に、ですか？

森田　ええ。机の上に置いてありまして「読んどいて」と書き置きが。で、何日かしたら、宮﨑さんが僕の机のところにやってきて、「そろそろ演出を決めないとどうにもならないんだよね。（監督を）やる？」と。「やるって言いなさい。男の子らしく！」と（笑）。

こうして2000年秋から本格的にシナリオ作業が開始され、11月より絵コンテ作業がスタート、2001年2月には作画作業も始まった。

製作プロデューサーの一人を、『海がきこえる』でプロデューサーを務めた高橋望が担当。初監督の森田が力を発揮するには、まず先に物語の構造を固めたほうがいいだろうという高橋の発案により、『おじゃる丸』『おジャ魔女どれみ』などを手がけたベテランシナリオライターである吉田玲子にシナリオを依頼。吉田は原作の中から「自分の時間を生きる」というセリフをピックアップ。森田が「分かりづらい」とオミットしかけたセリフだったが、それをテーマの一つとして中心に置くことで物語をまとめた。

メインスタッフの編成については、ジブリに所属していないスタッフが中心となった。これは当時ジブリでは『千と千尋の神隠し』を制作していたという事情も関係している。そもそも『猫の恩返し』の企画は、劇場用長編作品のほかに、もう1本並行して作品を制作するという試みでもあった。

キャラクターデザインは『名犬ラッシー』や『アリーテ姫』の森川聡子《さとこ》。柊の造型したキャラクターの原型を生かしつつ、シンプルでありながら現代性を感じさせるキャラクターを描いた。また、森川はほぼ全カットのレイアウトも手がけた。作画監督は二人。『名犬ラッシー』で作画監督、『人狼』で作画監督補佐を務めた井上鋭《えい》と、『アリーテ姫』の作画監督、尾崎和孝が担当した。また原画には、『人狼』のキャラクターデザイン・作画監督の西尾鉄也のほか、『彼氏彼女の事情』のキャラクターデザイン平松禎史《ただし》なども名を連ねていることも特徴の一つだ。このほか、色彩設計は『バンパイアハンターD』などの川尻善昭《かわじりよしあき》作品などで知られる三笠《みかさ》修《おさむ》、撮影監督も高橋賢太郎（T2 Studio）が担当している。

なお美術監督は『海がきこえる』で美術監督を担当した社内スタッフの田中直哉が担当している。

宮崎駿の介入とプロデューサー交代騒動

『猫の恩返し』の企画が進行していくさなか、ジブリでは並行してもう1本の長編企画も進められていた。『ハウルの動く城』（原作『魔法使いハウルと火の悪魔』）である。イギリスのファンタジー作家、ダイアナ・ウィン・ジョーンズによるこの作品を映画にしてはどうか、と提案したのは、ほかでもない宮崎だった。しかし、当の宮崎自身はこの作品の監督をする気はなかったため、当時東映アニメーションにいた細田守に監督を任せ、鈴木がプロデューサーを務めることとなる。

こうして、ジブリとしては極めて異例の若手監督二人による並走が始まったわけだが、あくまでこの2本の企画の立案者は宮﨑。細田と森田は、次第に宮﨑による〝洗礼〟を浴びることになっていく。その経緯を鈴木は著書で次のように綴っている。

宮さんは、企画を立てたら、あとは黙って見守るというタイプじゃありません。ストーリーや絵について、「こうしたほうがいい」とあれこれアドバイスしてきます。しかも、言うことが毎日変わる。

細田くんは、過去にジブリの研修生採用試験を受けたこともあるぐらい宮﨑駿に憧れを持っていました。だから、宮さんの話をまじめに聞いていたのです。（略）それが一週間、一カ月と続くうち、彼はすっかり参ってしまった。僕も相談に乗っていたものの、やがて一人で深みにはまり込んで、作業が行き詰まるようになってしまいました。

（『天才の思考』）

宮崎の介入により、難航する『ハウル』。しかし一方で、『猫の恩返し』の森田は宮崎に対して意外な耐性を発揮する。

『猫の恩返し』も宮さんが企画に関わっていますから、当然あれこれ注文を出してきます。ところが、監督の森田くんがちょっと変わった性格の持ち主で、それを楽しんでしまうんです。毎日、身を乗り出すようにして、宮さんの話を聞き、質問し続けた。それがあまりにも熱心なもんだから、宮さんのほうが参ってしまって、現場に近づかなくなりました。すると、今度は自分からわざわざ宮さんのところへ行って話を聞こうとする。最後には宮さんが逃げまわっていました。

ジブリの歴史上、ほとんどの若手が宮崎駿から逃げまくってきたんですけど、いっしょにやることを楽しんだ数少ない一人が森田くんでした。

（同前）

当初の見込みでは、長編としての本命は『ハウル』とされていたが、ここへ来て『猫の恩返し』の実現可能性が高くなってきた。しかし、『ハウル』にしても、『猫の恩返し』にしても、現場は行き詰まっている。そんな状況を見た鈴木は、高橋望に担当作のスイッチを提案。『猫の恩返し』を鈴木が、『ハウル』を高橋がプロデュースすることで事態の打開を図ることにした。

その結果、一時はどちらの企画もうまくまわり始めてゆくが、ほどなくして『ハウル』は再び暗礁に乗り上げてしまう。やむをえず、『ハウル』の制作は中止となり、以降、ジブリは『猫の恩返し』の制作に集中することとなった。

その後、『千と千尋の神隠し』の追い込みなどの影響もあり作画作業が一時中断するなどの事態もあったが、２００１年８月に森田の絵コンテが完成。

鈴木はそのコンテを見て、作画作業がかなり大変になる内容で、ビデオ作品の予算との折り合いがつかなくなると判断。また、内容的にも劇場用作品としてふさわしいエンターテインメント作品になっているとも考えた。東宝や日本テレビ、ブエナ・ビスタ・ホーム・エンターテイメントといった主要な関係者の会議を経た結果、劇場用作品として制作することが正式に決まった。10月には森田をはじめとするメインスタッフにも、劇場用作品として公開されることが伝えられた。

劇場公開が決まり、課題として浮上したのがタイトルだった。制作中は当初『猫の国のハル』という仮題で制作が進んでおり、スタッフは「猫ハル」と略していた。しかし、このタイトルではインパクトに欠ける。そこで鈴木は『猫の恩返し』というタイトルを提案したが、ここで反対したのが宮崎だった。

森田監督やスタッフといろいろ話し合う中で、『猫の恩返し』というタイトルが浮上してきました。「これなら行けそうだ」と僕が思いはじめた矢先、宮さんがやってきました。

「鈴木さん、このタイトルはよくないよ」

「え、どうしてですか？」

「『神隠し』のあとに『恩返し』はない」

言われてみれば、語感は似ています。そういうとき、宮さんという人は親切というべきか、お節介というべきか、口も出すし、手も出します。10個ぐらい別のタイトルを考えて持ってきました。それで侃々諤々《かんかんがくがく》、ああでもない、こうでもないと議論になった。（略）

全作品の中でも、タイトルでいちばん揉めた作品かもしれません。（『ジブリの仲間たち』）

議論の末、最終的には宮崎も『猫の恩返し』をタイトルとすることを了承。森田も納得し、これが正式タイトルとなった。

キャストは、主人公ハルに池脇千鶴《ちづる》、バロンに袴田吉彦《はかまだ》。『耳をすませば』のバロンは露口茂だったが、若々しい新しいイメージを、ということで袴田がキャスティングされた。エキセントリックな猫の国の猫王に丹波哲郎《たんばてつろう》、ムタには渡辺哲、ムタのケンカ友達であるカラスのトトに斉藤洋介と、実力派の男性俳優が名を連ねているのも特徴の一つだ。

映画は2002年7月20日から公開。最終的に興行収入64億6000万円と、2002年の邦画ではナンバーワンヒット作となった。

また、完成した『猫の恩返し』を見た宮崎の反応を、鈴木は次のように語っている。

宮さんとしては本当は、この『猫の恩返し』に対して、やっぱりある水準に達していないんじゃないかっていうことでいろいろやりとりがあったんですけれど、出来上がった映画を見たときの宮さんに、僕はあらためてこの人はすごいと思った。主人公の女の子がいるでしょう。これはつくったのは森田（宏幸）君なんですけれどね、宮さんの第一声を僕は生涯忘れないですよ。『なんで森田にいまどきの娘の気持ちがよく分かってるんだ』って。これなんですよ。『これはヒットする』って。これは僕、感心しましたね。だから『ハウル』って、『猫の恩返し』がなかったら生まれていない可能性があるんですよ。（略）自分もそれにチャレンジなんですよ。だから、ソフィーのキャラクターをつくるとき、あの『猫の恩返し』の女の子がライバルなんですよ。それに勝つためにいまどきの娘を俺も描く、という。

（『風に吹かれて』）

似顔絵キャラクターの『ギブリーズ』

『猫の恩返し』の併映作である『ギブリーズ episode2』も、非常に複雑な経緯を持っている。

この併映作がどうして「episode2」かというと、２０００年4月8日に日本テレビで放送された『もののけ姫』の海外公開を取り扱った特番の中で、約15分の連作短編『ギブリーズ』という作品が発表されているためである。また、『ギブリーズ episode2』が上映された２００２年には、『スター・ウォーズ　エピソード２／クローンの攻撃』がアメリカで公開されており、プロデューサーの鈴木は同作へのオマージュとして「episode2」をタイトルに使った。
百瀬監督は、企画のそもそものスタートについて次のように語っている。

僕は『ホーホケキョ　となりの山田くん』（'99）でボブスレー篇の演出を担当しました。それがそもそものきっかけになるでしょうか。ボブスレー篇はCGの特性を生かしてさまざまな絵柄が登場して、まるで絵本のページをめくるように展開するという狙いで制作しました。それはまあまあうまくいったので、そこで『山田くん』が終わった後も、そういう新しい試みができる作品を作れたらと考えていたんです。実際にスタートするために、原作を探してはプロデューサーと議論もしたけど、どうもピンとこない。やっぱり原作のアニメ化となると「その原作をアニメで作る意義は？」みたいな話になってしまって、どうも短い作品を簡単に、というわけにはいかない。そこで、鈴木（敏夫）プロデューサーが描いたジブリ・スタッフの似顔絵キャラを使うというアイデアが浮上してきたんです。
（『フィルム・コミック　ギブリーズ episode2』）

こうして発表方法を確定しないまま『ギブリーズ』の制作はスタート。極めて短いエピソードが14本完成したところで、それを1本にまとめて先述の特番の中で披露することになった。また同年、世界最大のアニメーション映画祭「アヌシー国際アニメーションフェスティバル」でも上映された。

しかし一方で『ギブリーズ』が完成してみると、その表現方法などについて反省点も浮上した。

超短編ばかりだったので、一発芸だと思って割り切って作ったんですが……やっぱり、割り切ると達成感がないんですね。それが反省として残ったんです。

（略）

『ギブリーズ』は、3DCGを使ったりしていろいろと凝ったこともした反面、わざと簡単なアニメーションにしてみたりという実験をしたのですが、一般の人が見ると手を抜いたセルアニメにしか見えないということがありました。（同前）

百瀬はこうした反省を踏まえ、「キャラクターはシンプルだが表現には凝る」という方針で、2000年春から『episode2』のコンテをスタート。『ギブリーズ episode2』の特徴として次の3点を挙げた。一つは、徹底的なスラップスティックから、しっとりとした叙情的な物語まで展開できる許容範囲の広い世界。もう一つは、そうした幅の広さを生かし、参加したアニメーターの個性が発揮できる作品であること。そして三つ目は、落書きの似顔絵から生まれたシンプルな絵柄を生かし、そうした絵であっても集中力を持って見続けられる凝った絵作り。

今回も発表媒体は決まらないままの制作開始で、途中までは『ギブリーズ』と『episode2』を合わせて30分ほどのビデオ作品としてリリースするということも考えられていた。また2001年には、日本テレビの子会社フォアキャスト・コミュニケーションズが運営するウェブ上のショッピングモールのイメージキャラクターとして、ギブリーズのキャラクターが採用された。

2001年1月からは百瀬が一人で原画作業をスタート。途中『千と千尋の神隠し』の作画を手伝う期間もあったが、『千尋』完成後から本格的にほかのスタッフが参加しての制作がスタートしている。2001年夏頃には、単館公開という案もあったが、同年秋になり『猫の恩返し』と2本立てで『episode2』も劇場公開されることになった。

完成した作品は「お昼」「カレーなる勝負」「ダンス」「美女と野中《やぢゆう》」「初恋」「エピローグ」という六つのエピソードで構成。スラップスティック・タッチの「カレーなる勝負」と、主人公である野中くんの小学校時代の思い出を綴る「初恋」を中心に、それ以外のエピソードでブリッジしていくという構成になっている。参加したアニメーターの技という点では、「ダンス」の大平晋也、「美女と野中」の一部を担当したうつのみやさとる、「エピローグ」の田辺修などが、印象的なビジュアルを作り上げた。映像のスタイルも変幻自在で、六つのエピソードではそれぞれに、3DCGもあれば、手書きアニメもあるという具合に、さまざまな手法が採用されている。

キャストについては、『もののけ姫』にも出演した小林薫、西村雅彦のほか、鈴木京香、古田新太《あらた》ら実力派の俳優陣が参加している。

ジブリの短編作品

ジブリの最大の特徴は、劇場用長編アニメーションの制作を中心に据えているという点である。こうしたスタジオは世界でも数少ない。しかし90年代に入ると、ジブリもCMなどのさまざまな短編作品を手がけるようになった。

ジブリが最初に手がけた短編は『そらいろのたね』（1992年）。『ぐりとぐら』シリーズで知られる作・中川李枝子と絵・大村百合子の絵本『そらいろのたね』を1話30秒全3話という形式でアニメ化した。宮崎の下、アニメーター近藤喜文が本格的に演出を手がけ、完成させた。日本テレビ開局40年記念スポットとして放送された。

同じ年に制作され、日本テレビ開局40年記念PRスポットとして放送されたのが『なんだろう』。『なんだろう』は宮崎が『紅の豚』の冒頭に登場する豚をベースにデザインした日本テレビのイメージキャラクター。5秒のもの4本、15秒のもの1本が制作された。

日本テレビに関するものとしてはこのほかに、映画番組『金曜ロードショー』のオープニング（1997年、演出・近藤喜文）、バラエティ番組『特上！天声慎吾』のオープニング（2003年、演出・百瀬義行）も手がけている。

PRスポットでは、「スタジオジブリ原画展」TVスポット（1996年、演出・近藤喜文）、『火垂るの墓』金曜ロードショー放映PRスポット（1996年、演出・近藤喜文）、オンラインショッピングモール「ショップワン」PRスポット（2001年、演出・百瀬義行）、『三鷹の森ジブリ美術館』チケット販売PRスポット（2001年、演出・宮崎駿）、KNBユメデジPRスポット（2004年、演出・橋本晋治）などがある。

一般企業のCMを初めて手がけたのは2001年、アサヒ飲料の「旨茶《うまちゃ》」。渋滞編と会議編の2種類があり、どちらも実写バージョンと同じ内容のものをアニメーションでも制作するという、ユニークな試みのＣＭだった。演出は田辺修。２００３年にはハウス食品「おうちで食べよう。」シリーズとして、夏バージョンを４種類（ままごと編／おつかい編／路地裏編／宣伝カー編）制作し、２００４年には、冬バージョンを３種類（ソリ遊び編／道草編／ソリ遊び編30秒）制作した。夏バージョンは宮崎駿監督、演出・百瀬義行、冬バージョンは演出・百瀬義行。

このほか、りそな銀行企業ＣＭ（２００３年、演出・稲村武志）や読売新聞社企業ＣＭもジブリが制作。読売新聞社ＣＭは瓦版編（２００４年、演出・田辺修）、どれどれ引越し編（２００５年、演出・田辺修）などもある。

ミュージックビデオの分野では、１９９５年に宮崎が監督としてCHAGE & ASKAの『On Your Mark』を制作。CHAGE & ASKAの同年のコンサートツアーで上映されたほか、『耳をすませば』の併映作として「ジブリ実験劇場」という冠をつけて上映された。

このほかハウス食品の冬バージョンＣＭに楽曲を提供したcapsuleと百瀬ヨシユキ（義行）監督がコンビを組み、２００４年から２００５年にかけてＳＦ三部作と題されたミュージックビデオ（『ポータブル空港』『space station No.9』『空飛ぶ都市計画』）を発表。

またＣＭではないが、「なんだろう」のようなイメージキャラクターもいくつか手がけている。主なものに、１９９８年に開催された「かながわゆめ国体」のイメージキャラクター「かなべえ」、江戸東京たてもの園のマスコットキャラクター「えどまる」、CMにも登場している読売新聞社のための「どれどれ」、三鷹の森ジブリ美術館のオープンを記念した三鷹市のイメージキャラクター「Poki」などがある。

長編でできない試みをこうした短編やキャラクター作りを通して行うことで、スタジオの活性化を図るとともに、CMなどを手がけることは、収入の面でも意味のある試みであった。

並行して進むさまざまな企画

2000年前後から、スタジオジブリは実写映画の制作や、洋画の提供などにも挑戦している。

2000年にスタジオジブリは、新ブランドとして「スタジオカジノ」を設立、庵野秀明監督の『式日《しきじつ》』を製作した。庵野は1995年に発表した『新世紀エヴァンゲリオン』を大ヒットさせたが、過去に『風の谷のナウシカ』『火垂るの墓』に、アニメーターとして参加しているという縁があった。本作は『ラブ&ポップ』(1998年)に続き、庵野の実写商業映画第2作にあたる。

『式日』は、成功の代わりに創作のモチベーションを失った男「カントク」が、自分の故郷の街で不思議な「彼女」と出会う物語だ。「カントク」は『Love Letter』などで知られる映画監督の岩井俊二《しゅんじ》、「彼女」は、『式日』の原作にあたる小説『逃避夢』を書いた女優、藤谷文子《ふじたにあやこ》が演じた。映画の舞台には、庵野の生まれ故郷、山口県宇部市が選ばれ、4月1日より1カ月かけて撮影が行われ、7月7日に初号プリントが完成した。第13回東京国際映画祭に出品され、優秀芸術貢献賞を受賞。12月7日より東京都写真美術館で公開された。

その後スタジオカジノは『サトラレ』（２００1年、本広克行監督）の製作にも名を連ねたほか、前述した百瀬監督による『ギブリーズ』やSF三部作も同ブランドで発表されている。

このほかジブリは洋画の提供も行った。２００1年には宮崎が高く評価した第二次世界大戦中のチェコスロバキアの空軍を題材にした歴史戦争映画『ダーク・ブルー』（ヤン・スヴィエラーク監督）、２００2年にはフランスで大ヒットしたアニメーション『キリクと魔女』（ミッシェル・オスロ監督）という2本の作品の買い付けに参加した。特に『キリクと魔女』は高畑勲監督が非常に高く評価し、自ら翻訳と日本語吹き替え版演出も手がけた。

また『魔法使いハウルと火の悪魔』の映画化は改めて仕切り直しとなり、宮崎が手がけることとなって、２００2年秋より再スタートすることになった。

第14章

時代を反映した『ハウルの動く城』とジブリの独立

TV特番内での新作発表

2002年7月21日、日本テレビで放送された『猫の恩返し』特番の中で鈴木敏夫プロデューサーが登場、2003年2月より宮﨑駿監督の新作に着手すると発言した。またあわせて9月より2003年2月まで、スタッフ充電のための一時帰休を行うことも発表された。この新作が、『ハウルの動く城』である。

原作はイギリスのファンタジー作家、ダイアナ・ウィン・ジョーンズが1986年に発表した『魔法使いハウルと火の悪魔』。ファンタジー史を取り扱った長編評論『物語る力』では、火の悪魔カルシファーに代表されるキャラクターの魅力に加え、ストーリー性とスピーディーな語り口を兼ね備えた軽妙なファンタジーとして高く評価されている。

宮﨑はこの原作のどこに魅力を感じたのだろうか。鈴木は、次のように語っている。

宮さんは、『HOWL'S MOVING CASTLE』という原題に興味を惹かれたんです。『城が動くって、面白いよ』と。しかもヒロインは、魔法をかけられて90歳のおばあちゃんになってしまう。この二つの要素があれば映画になると宮さんが言ったことが、キッカケでした。

（『ロマンアルバム　ハウルの動く城』）

２００２年10月に宮崎は、映画制作にあたってスタッフにあてた「準備のためのメモ」を書いており、その中でこの原作の特徴について次のように分析している。

この作品は、子供向けのクリスマス劇として構想されたのではないかと思われます。伝統というには大げさですが、イギリスにはクリスマスに子供達が演劇を楽しむという習慣があるようです。（略）ハウルの家とはどんな所でしょう。舞台の中央にカルシファーの暖炉があり、着ぐるみの炎がしゃべったり、のびあがったりしています。左右に四つのドアとひとつの窓、ドアをあけると次々と別の世界があらわれます。劇は説明的なセリフ（ひとり言も多い）で進行します。あとは、四つのドアから沢山の登場人物が出たり入ったり、大声で喋り、ののしり、笑い、泣き、大団円では、すべてがその舞台に登場してたたかったり、だきあったり大ドタバタでハッピーエンドになるわけです。

（『ジブリの教科書13　ハウルの動く城』）

そして宮崎はこうした分析の上で「クリスマス劇として原作を把《とら》えてみると、この作品がよく理解できますが、だからといって映画化に役に立つわけではありません。むしろ途方にくれてしまいます」と、映画化が困難な試みであると説明している。

『ハウルの動く城』が当初は『猫の恩返し』と並走して進行していたことは、前章でも触れた通りだが、そもそも一度は制作中止となったこの企画に、宮崎が仕切り直して取り組むことになったのは何故なのか。鈴木はその経緯を次のように述懐している。

『猫の恩返し』の制作が進むなか、そろそろ宮さん自身の監督作を考えなきゃいけない時期になりました。

ある日、僕がトイレに入ったら、たまたま宮さんも来て、連れションをする格好になりました。宮さんが「鈴木さん、次どうしようか」と聞いてきます。こういうときは間髪入れず答えることが大事です。

「宮さん、せっかくあれだけ『城が動くのがおもしろい』と言っていたんだから、『ハウル』をやりましょうよ」

宮さんは一言、「分かった」と言いました。そこで、ちょうど用足しも終わり、『ハウル』は再始動することになりました。トイレで決まったなんて、誰も知るよしもなく、スタッフはみんなびっくりしていました（笑）。

（『天才の思考』）

3人の作画監督

宮崎は「準備のためのメモ」をまとめた2002年10月より絵コンテに着手。あわせてCGで城をどのように表現するかなどの具体的な制作準備も始まった。

また、この少し前には宮崎とフランスの著名なマンガ家であるメビウスの共同展覧会がパリの造幣局美術館で開催されることが決まり、宮崎はスタッフとともに渡仏。そこでフランス・アルザス地方のコルマール、リクヴィルなどの町を訪れた経験が、『ハウルの動く城』の構想を練る際に役立った。

アルザス地方には、白い漆喰《しっくい》の壁に柱や筋交いの木組みを浮き立たせたコロンバージュ（ハーフ・ティンバー様式）による建物が残っている。この伝統的な木組み構造による建物のある風景は、作品の中にも具体的に生かされることとなった。このほか年代を経た建物特有の歪《ゆが》み方、ヨーロッパ特有の湿度の低い空気感、石畳特有の光線の当たり方などが、背景を描くにあたって参考になったという。

作画インは一時帰休が明けた2003年2月。ここから本格的に制作がスタートした。

作画監督は山下明彦と稲村武志でスタート。山下はOVA『ジャイアントロボ THE ANIMATION 地球が静止する日』(1992年)、『STRANGE DAWN』(2000年)などのキャラクターデザイン・作画監督で知られ、宮崎作品は『千と千尋の神隠し』が初参加。同作品では、千尋とハクが空中をダイビングするクライマックスシーンを担当した。『ハウルの動く城』では、宮崎のラフを踏まえつつキャラクターの演技付けを中心に手を入れて、作品の方向性を決めた。

稲村は、これまでのジブリ作品で原画として腕を振るってきた社員アニメーターの中核の一人。ジブリ美術館用短編『くじらとり』を演出アニメーターとして手がけた経験はあったが、長編の作画監督は初挑戦。山下とともにキャラクター設定などを手がけ、実作業では表情のニュアンスなどを中心に手を加えた。

また、途中からは高坂希太郎も3人目の作画監督として参加。高坂は自らの監督作『茄子 アンダルシアの夏』(2003年)を完成させてからの参加で、『千と千尋の神隠し』に続き、ジブリ作品で作画監督を担当するのは4本目。主に難易度の高いカットの修正などを手がけた。

美術監督は武重洋二と吉田昇の二人体制。武重は『千と千尋の神隠し』に続いて長編4作目となる美術監督。『千と千尋の神隠し』で美術監督補佐を務めた吉田は、ジブリ美術館用短編『コロの大さんぽ』（2001年）、『ギブリーズ episode2』（2002年）の美術監督を経て、長編作品の美術監督を初めて手がけることになった。

また『ハウルの動く城』の特徴として、デジタル作画（CG）で作品のキーとなる「動く城」の動きを制作したことが挙げられる。

宮崎の描くメカなどは、シーンによってもっとも画面的に収まりのよい絵を求めてディティールが変化することが多々ある。そのため3DCGで城を構築するという方法はかえって不都合が多くなる。そうした理由から、城の表現はあくまでも2Dで行われることになった。

城は、セルに背景のタッチで描く「ハーモニー」という技法で描かれた。吉田の描いた美術ボードを参考にしつつ完成した絵は、スキャナーでコンピューターに取り込まれた後、それぞれのパーツに切り分けられる。このパーツを再度重ね合わせ、城が歩く動きに合わせて、それぞれのパーツの動きをつけていくことで、城の特徴的な動きを作り出した。

デジタル作画監督の片塰満則《かたあまみつのり》によると、このような城の動かし方のヒントとなった作品は二つあるという。

一つはロシアのアニメーション作家、ユーリー・ノルシュテインの『霧につつまれたハリネズミ』。切り絵アニメーションである本作はハリネズミの腕を、細かく分割された複数のパーツをひもでつなぎとめることで表現している。画面上ではパーツのつなぎ目は目立たないため、それぞれのパーツを細かく動かして演技をつけると、あたかも腕のパーツ全体が柔らかく動いているように見える。固そうな素材でもこうした方法で柔らかな動きを作ることができる、という点で参考になったという。

もう一つは宮﨑の『風の谷のナウシカ』。この作品で使われた通称「ゴムマルチ」と言われる独特の手法が「城」の動きのアイデアに取り入れられた。「ゴムマルチ」が使われたのは、巨大なダンゴムシ様の生物「王蟲」の動くシーン。王蟲は、ハーモニーで描かれた殻のパーツを重ね合わせ、それをゴムでつないで伸び縮みさせることで、その独特の動きを表現した。この仕組みが「ゴムマルチ」と呼ばれている。

ちなみに今回「城」のハーモニー処理を担当した高屋法子《たかやのりこ》は、『ナウシカ』でも王蟲などのハーモニーを担当していた。

このほかビジュアル面では、SFイラストレーションの先駆者、アルベール・ロビダからインスピレーションを受けた部分も多い。ロビダは19世紀末に活躍し、未来世界の生活様式をユーモアたっぷりに予想、風刺した画家。宮崎は以前より、ロビダに関心を寄せていた。三鷹の森ジブリ美術館で開かれた企画展「天空の城ラピュタと空想科学の機械達展」で、ロビダの絵をスクラップ帳の形式で展示したほか、企画展用短編アニメ『空想の空とぶ機械達』では、ロビダのイラストから発想した空中タクシーなどの飛行機械を登場させている。

この空中タクシーは、『ハウルの動く城』に登場するフライングカヤックの前身ともいえる存在。『ハウルの動く城』を印象づけている個性的な形状をした飛行機械と19世紀末のクラシックな風景の取り合わせは、こうして生まれたのだった。

映画化にあたっての変更点

『ハウルの動く城』のあらすじは次の通り。

帽子屋の長女ソフィーは、ある理由で荒地の魔女に呪いをかけられ老女に変えられてしまう。しかも魔法をかけられたことを誰にも話すことができなくされてしまった。この呪いを解くため家を出たソフィーは、町の人々から恐れられている魔法使いハウルの城へ、掃除婦として潜り込んでしまう。この城は、遠くの町にでも自由に行き来することができる不思議な扉を持った、奇妙な城だった。そしてその暖炉には、火の悪魔カルシファーがいて、城とハウルに力を貸していた。

完成した映画では、前半はおおむね原作通りに進行しているが、後半にいくにつれてオリジナルな要素が増えていく。それは原作を現代性を持った映画としていかに構成していくか考えていく過程で生まれたものだった。

宮崎は、映画化にあたって原作のソフィーの役回りに注目した。「準備のためのメモ」には次のように記されている。


この作品は一種のホームドラマといえます。ソフィーがハウルに恋する前に、ソフィーは主婦としての立場を確立しています。火の悪魔や弟子のマルクル、犬人間やかかし、それにハウルを結びつけ、家族にする鍵はソフィーの存在です。動く城の中のマイホーム。そこへ戦争がおこるのです。おとぎ話の戦争ではありません。個人の勇気や名誉をかけた戦闘ではありません。近代的な国家間の総力戦です。ハウルは徴兵はまぬがれているようですが、戦争に協力することを求められます。要請ではありません強要です。ハウルは自由に素直に、他人にかかわらず自分の好きなように生きたい人間です。しかし、国家はそれを許しません。「どちらにつく?」とハウルもソフィーも迫られるのです。その間にも、戦争は姿をあらわします。動く城のドアのひとつがある港町にも、ソフィーの生家のある町にも、王宮にも、荒地そのものにも、火が降り、爆発がおこり、総力戦のおそろしさが現実のものとなっていきます。

（『ジブリの教科書13　ハウルの動く城』）

原作では戦争に関する記述はほとんどない。原作でハウルがいやいやながら命じられているのは、行方不明になった王の弟ジャスティンと、彼を探しに行って消息が分からなくなった王室付き魔法使いサリマンの二人を探し出すことで、戦争への協力ではない。戦争については敵国「高地ノーランドおよびストランジア」が今にも宣戦布告しそうである、という状況であると軽く触れられている程度だ。

このように原作と比べて戦争という要素がクローズアップされた背景には、２００１年９月11日にアメリカを襲った同時多発テロ以降の時代の流れがあったと考えられる。『ハウルの動く城』の絵コンテを執筆中の２００３年３月には、アメリカがついにイラク空爆を行い、国際政治の場や国内世論が賛否両論で大きく揺れるという状況も起こった。こうした時代の空気を取り込むことで、「今日性のある、作るに値する作品」にしようとしたのだった。

『イノセンス』から『ハウル』へ

『ハウルの動く城』においてジブリは、これまでやってきた宣伝のスタイルを大きく変えた。この転換のきっかけの一つが、押井守監督の映画『イノセンス』への製作協力だった。

『イノセンス』は『ハウルの動く城』公開に先立つ2004年3月に公開された、プロダクションI.G制作の劇場用長編アニメーション映画だ。鈴木は押井が1980年代前半にTVアニメーション『うる星やつら』のチーフディレクターとして注目を集めた頃、雑誌『アニメージュ』を通じて知り合い、以来20年以上の親交があった。押井にとって『イノセンス』は数百館規模で公開される大作アニメーション映画であり、プロダクションI.Gにとっても、テレビ局や広告代理店などと製作委員会を結成し、幹事会社として劇場用作品を製作する初のケースだった。劇場用作品の経験をそれなりに持つジブリにI.Gがいろいろ相談を持ちかけるうちに、宮崎の助言もあり、鈴木はいつしか『イノセンス』のプロデューサーの一人として、出資会社への呼びかけや調整、宣伝の大半を引き受けることになった。押井との長年の交友から生まれた協力である。スタジオジブリとしても製作協力のクレジットで、宣伝や契約実務などでさまざまな協力を行った。

『イノセンス』の共同製作会社の顔ぶれはジブリ作品とほとんど共通していた。こうした参加企業が要となる企業タイアップやパブリシティ、あるいは新聞広告やTVスポット、予告編製作についてもこれまでのジブリのスタイルが踏襲され、その結果、『イノセンス』は押井作品の固定観客層を大きく超えて広く一般層にアピールすることに成功した。

しかし、『イノセンス』の宣伝を進めるうちに、観客の反応が『千と千尋の神隠し』の頃とはどこか変わり始めていることを、鈴木は感じていた。シネコンの普及によりさらに拍車がかかった事前の大量宣伝。どうも観客はこれに拒否反応を示し始めているのではないか。あまりにたくさんの情報に触れるので、観客は観る前から作品を観た気になってしまい始めている。今はまだいいが、8カ月後の『ハウル』ではきっとそれが顕著なかたちで現れるのではないか……。

こうして『ハウル』の宣伝方式は、従来のジブリのスタイルとは極めて対照的なアプローチが取られることになった。それは、――宣伝を極力しない――という方針だった。

『ハウルの動く城』の宣伝について具体的に動き始めたのは、『イノセンス』の宣伝がたけなわだった2003年末頃から。2003年中にはすでに、特報として「この城が動く。」というコピーと城の歩く映像が映画館で上映されていた。

だが宣伝が動き出した矢先に『ハウルの動く城』の上映延期が決まる。2004年1月7日、東宝より作業の遅延を理由に、2004年夏から秋への公開延期が発表された。

こうして当初の予定よりも時間的余裕が生まれた中で、次第に宣伝戦略が固まっていった。東宝の宣伝プロデューサー、伊勢伸平《しんぺい》はその様子を次のように振り返っている。

鈴木プロデューサーが「実は宮﨑監督が『今回の作品に限っては観客の皆さんに真っ白な状態で観てほしい。つまり、宣伝の中で〈語らない〉ということがあってもいいんじゃないか』という提案をされた」と言うんです。最初それが何を意図しているのかは、僕にもピンとはこなかったんですが、鈴木さんとブレインストーミングを繰り返す中で「そういう考え方もあるか」という気持ちに落ち着きました。

（略）

これがもし「宮﨑駿の最新作」でなければ、まちがいなく全否定です。（略）言ってみれば国民レベルの期待感をもって迎えられる映画であるわけです。であるなら、我々がいつものように長期間にたくさんの宣伝をすることで、この映画のテーマ性や時代性を前もって伝えてしまうことを実はお客さんは望んでいないのかもしれない、とちょっと思い当たったんですね。
（『ロマンアルバム　ハウルの動く城』）

このように、宣伝方針の転換は宮崎の提案の反映でもあった。こうしてある時期まではTVでの映像露出を一切やめて、劇場の特報・予告とポスターに絞るという方針が、5月から夏にかけて決まった。6月には五大都市で映画館主を集めた宣伝会議が開かれ、そこで公開延期のお詫《わ》びと8月に映画が完成すること、そして宣伝の場を基本的に劇場に絞る方針などが説明された。

一方、6月からはハウス食品のタイアップCMがTVで流れたが、こちらも劇場特報を踏まえた非常に抑えた内容のものだった。

こうした宣伝方針はマスコミ向けに配られるプレスシートでも徹底され、解説など内容の解釈に関わるような原稿は一切掲載されなかった。そのかわり鈴木による「宣伝をしない、『宣伝』」と題した一文を掲載。そこで鈴木は宮崎の提案を踏まえた上で、どのように今回の決定がなされたかを説明している。

「千と千尋の神隠し」の宣伝は、やり過ぎだったという、これまでの反省もある。よし、今回は、この方針で行こう！　と決めた途端、いつも、ぼくらの映画を応援してくれる関係者から抗議の声もあがった。協力をしたいのに。我々の好意を無視するのか。出来得る範囲で、個々人に会い、誠心誠意、理解を求めた。

適度な宣伝とは何か。スタッフを交え、この間、何度も話し合いを持った。宣伝の内容よりも、そっちを話すのに多くの時間を割いた。量より質なんじゃないか。宣伝は、映画を見るきっかけに過ぎないんじゃないか。当たり前の意見が出たときに、スタッフの顔に安堵《あんど》の表情が浮かんだ。

（『ハウルの動く城　徹底ガイド』）

そして次のように文章を締めくくった。

手前みそだが、面白くて、よく出来た映画だ。宮﨑駿、63歳。あの年齢を迎えたのに、何故、いまどきの娘の気持ちがわかるのか。彼と26年余、ずっとそばにいるが、いまだ不可解なジジィだ。

あとは、言うまじ。映画を見て、自由な感想を、いろいろ聞かせて欲しい。

（同前）

こうして宣伝をしない宣伝は実際に実行された。
ちなみに特報やポスターなどで使われた書き文字は、鈴木の直筆。この狙いについて、東宝の伊勢宣伝プロデューサーは次のように説明している。

たまたま第一弾予告を見た鈴木さんが「こういうコピーでいこうよ」と書いてくれたんですね。予告編を作る人が既存のフォントでコピーを挿入したら、それが面白くなかったんですよ。何だろうね、って話をしている内に「これはアナログの方がいいんじゃないか。じゃあ、この書き文字をそのまま使っちゃおう」ということになったんです。実際読みにくい字だとは思うんですけど、この文字が持つ不思議な暖かさが『ハウル』の世界の入口になるんじゃないか、と。

（『ロマンアルバム　ハウルの動く城』）

ハウル役に木村拓哉《たくや》

このように宣伝展開が抑えられる一方で、最大の話題となったのがキャスティングだった。
『ハウルの動く城』の主要キャストが発表されたのは4月13日。ソフィーに倍賞千恵子《ばいしょうちえこ》、ハウルに木村拓哉、荒地の魔女に美輪明宏という配役だった。
中でもハウルのキャスティングは大きな話題となった。キャスト決定までについて、鈴木は次のように語っている。

もちろん、僕も名前と人気は知っていましたけど、出演しているドラマは見たことがありませんでした。そこで、自分の娘に「キムタクってどういう演技をするの?」と聞いてみたんです。そうしたら、非常に分かりやすく教えてくれました。「男のいいかげんさを表現できる人だと思う」。語弊があるかもしれませんけど、それを聞いて僕は「ハウルというキャラクターにぴったりじゃないか!」と思ったんです。

(『天才の思考』)

宮さんは映画を作る時に、何らかの形で自分を仮託したキャラクターを登場させる。ここではその筆頭がハウルなんです。そういう意味でも生半可な人は声に選べない。候補は沢山いたんですが決定打が決まらない時に、ある方を介して木村さんが『ジブリの作品に出たがっている』と聞いたんです。木村さんと伺って、僕の中にザワめくものがありました。(略)木村さんなら、もっと幅のあるハウルが出来るんじゃないか。そう感じたんです。

早速、宮さんに『実はＳＭＡＰというグループがいましてね？』と言ったら、『僕だってＳＭＡＰぐらい知ってますよ』と返された（笑）。実は宮さんと僕は、遠い昔ＳＭＡＰの面々と地下鉄で一緒になったことがあるんです。彼らがまだそんなに注目を浴びていない時代でしたが、女子高生達に取り囲まれていたんですよ。

（『ロマンアルバム　ハウルの動く城』）

こうした掛け合いのなかで、「（木村拓哉は）どういう芝居をするの？」と尋ねた宮崎に対して、鈴木が娘から聞いた言葉を伝えると、宮崎は「それだよ！」と木村をハウル役としてキャスティングすることに賛成したという。

またソフィーのキャストについて、宮崎から出たリクエストは「おばあちゃんから18歳の娘まで、ソフィーは一人で演じてほしい」というもの。こちらもさまざまな人が候補にのぼったが、最終的には倍賞であればそのどちらも演じられるであろうということで、決まったという。

こうして4月と6月にアフレコが行われ、映画は8月3日に完成。ちなみに、倍賞は映画主題歌「世界の約束」も担当した。

映画公開は２００４年11月20日。公開2日間の興行収入が15億円という日本記録を打ち立て、

『もののけ姫』とほぼ同規模のヒットとなった。これにより当時邦画の興行成績の歴代1〜3位は、『千と千尋の神隠し』『もののけ姫』『ハウルの動く城』と宮﨑作品が独占した。

また『千と千尋の神隠し』の海外での高い評価を受けて、『ハウルの動く城』も高い注目を浴びることになった。9月に開催された第61回ヴェネチア国際映画祭で全世界初披露されると、上演終了後には、5分にも及ぶスタンディングオベーションがあったという。同映画祭では、宮﨑とスタジオジブリ作品の質の高さと継続的な達成度の高さが評価され、オゼッラ賞を受賞した。

日本の公開後から徐々に世界各地での公開も始まった。日本公開から約1カ月後の12月24日からは韓国で公開。観客動員数300万人を超え、韓国で公開された日本映画としては歴代第1位を記録した。このほか2005年に入り、香港《ホンコン》、台湾でも公開され、大ヒットを記録した。また、2005年1月からはフランスで公開され、公開最初の1週目でその週に公開された映画の動員数で第1位となった。

2005年6月からはアメリカで公開が開始。最大202館で公開された。英語版については、英語版『千と千尋の神隠し』をプロデュースしたジョン・ラセター監督が新作で多忙のため、『モンスターズ・インク』を監督したピクサーのピート・ドクター監督が担当。キャストにはハリウッドの実力派俳優が名前を並べた。主なキャストは、ハウルにクリスチャン・ベール（『バットマン・ビギンズ』）、老女のソフィーにジーン・シモンズ（『スパルタカス』）、荒地の魔女にローレン・バコール（『三つ数えろ』）、カルシファーにビリー・クリスタル（『恋人たちの予感』）。

スタジオジブリの独立

２００５年４月より東京都現代美術館で「ハウルの動く城・大サーカス展」が開催された。これは映画の物語が終わった後、ハウルたち動く城の住人たちがサーカス団を結成していたら、という設定で、大道芸人なども出演するバラエティ豊かなイベント。東京都現代美術館の館長である日本テレビの氏家齊一郎《うじいえせいいちろう》取締役会長の要請により、この催しは企画された。東京都現代美術館ではこれまでにも２００３年の「ジブリがいっぱい スタジオジブリ立体造型物展」を皮切りに、２００４年春には『イノセンス』公開記念として「球体関節人形展」、同年夏には「日本漫画映画の全貌—その誕生から「千と千尋の神隠し」、そして…。」などの展覧会が開催されてきたが、ジブリでは２００３年６月に新たに発足したイベント事業室が、これらの展覧会運営に携わっている。

また、２００５年3月より開催された国際博覧会『愛・地球博』への協力も世間の注目を集めた。スタジオジブリは、『となりのトトロ』に登場した「サツキとメイの家」を再現する博覧会協会のプロジェクトに関わったのだ。

「サツキとメイの家」は、昭和初期の建材と工法で建築した本物の家にエイジングを施し、古びさせることで「築後25年ほどが経っている」という映画とそっくりの雰囲気を醸し出した。建設にあたっては、三鷹の森ジブリ美術館の宮崎吾朗館長を筆頭にジブリ美術館を作ったスタッフの何人かが参集し、スタジオジブリの関連会社で三鷹の森ジブリ美術館を建設したマンマユート団が、博覧会協会から建築工事を受託するという形で事業を進めることになった。実際の大工仕事は、地元名古屋で伝統工法を生かして仕事をしている大工らが担当。完成した家は家具や調度品等の充実もあって、とてもいい仕上がりを見せた。だが、博覧会が始まると人気が過熱して、入場券配布をめぐるトラブルが発生したのは残念なことだった。

そして、この時期のもっとも大きな出来事は、スタジオジブリの独立だろう。

株式会社スタジオジブリは、もともと徳間書店の子会社として、１９８５年から活動を行ってきた。１９９７年には徳間書店に吸収合併され「株式会社徳間書店／スタジオジブリ・カンパニー」になり、後に「株式会社徳間書店スタジオジブリ事業本部」となった。が、ここへ来て徳間書店の再建も進んだことから、出版は出版、アニメーションはアニメーションと業務内容に応じて会社を分けることになり、スタジオジブリの独立が決まった。会社名は元に戻って株式会社スタジオジブリ。社長には鈴木敏夫が就任した。

ジブリの独立に伴い、海外の企業からは株を所有したいとの申し出もあった。中には300億円での株式買い取りを提案する企業もあり、ジブリの役員の中にはこの申し出を前向きに検討していた者もいた。しかし、鈴木は最終的にこれを断り、ジブリを資本金1000万円の中小企業とすることを決定。さらに、新たなジブリを作るための準備期間として、独立からの半年間を社員の休養にあてることにした。

株を外部の企業に所有されれば、ジブリは株主の利益のために忙《せわ》しなく働き続ける会社とならざるを得ない。しかし、株を自分たちが持っている限りは、外部が経営に介入することもなく、こうして長期間の休業も自由に決めることができる。

映画を作り続けることを第一とし、自由であり続けるためには不要な成長や拡大を目指さない。あくまで、小回りの利く中小企業であり続ける。

現在のスタジオジブリにも通底する経営方針は、この時に確立され、こうしてジブリは2005年4月1日より独立した株式会社となった。

第15章

新人監督宮崎吾朗の『ゲド戦記』

原作者ル＝グウィンからのアニメ化の提案

話は少し前後するが、2004年夏に『ハウルの動く城』を完成させた後、スタジオジブリは3本のジブリ美術館用短編作品『星をかった日』『やどさがし』『水グモもんもん』の制作に取り掛かった。これらの作品は後に、2006年1月から順次ジブリ美術館の土星座で公開されたが、その制作と並行して、次の長編作品の企画が決定した。それがアーシュラ・K・ル＝グウィン原作、宮崎吾朗監督の『ゲド戦記』である。

ル＝グウィンが書いたファンタジー文学『ゲド戦記』シリーズは全6巻の長編だが、第1巻の刊行から6巻目が出るまでには30年以上の年月が経っている。魔法や竜が存在するアースシーと呼ばれる異世界を舞台に、若き魔法使いゲドの成長と冒険を描いて始まる物語は、次第にゲドを取り巻く世界全体、ゲドの次の世代の話へと展開していく。この作品における魔法は言葉の力そのものであり、数ある異世界ファンタジー文学の中でも特に思索的な内容と現代性が特徴だ。

日本で『ゲド戦記』の最初の3巻が出版された時期に、宮崎駿監督はこの作品を読んで気に入り、何度も繰り返し読んだ。その後、当時雑誌『アニメージュ』の編集部に所属していた鈴木敏夫と知り合い、いろいろなことを語り合うようになる中で、ぜひ『ゲド戦記』を映画化したいという話になり、この本の出版元である岩波書店を通じて原作者サイドにアニメーション映画化の打診をした。今から40年近く前、ジブリができる前のことである。しかし、残念ながらその時は許諾が下りなかった。

その後、宮﨑はマンガ『風の谷のナウシカ』の連載を1982年より雑誌『アニメージュ』で開始し、83年には『シュナの旅』という描き下ろしの絵物語をアニメージュ文庫で発表するが、いずれも『ゲド戦記』の影響が感じられる作品だ。

さて、ジブリによるこのたびの映画化は、原作者サイドからの提案で実現した。2003年秋のある日、ジブリに『ゲド戦記』の翻訳者である清水真砂子から電話があった。それは、宮﨑に『ゲド戦記』のアニメーション映画化をしてほしいと、原作者のル＝グウィンが希望しているがいかがでしょうかという内容だった。これを聞いて、ジブリ内はいささか興奮した。前述の通り、この作品の映画化は長年にわたる願いであったからだ。鈴木は次のように語っている。

おかげさまで、こういうところにアカデミー賞の効果が現れるのか、ベルリンの金熊賞の効果が現れるのか、と思いました。実は『ゲド戦記』に関しては、ずっと以前にアニメ化の打診をしたことがあるのですが、そのときは残念ながら実現しませんでした。でも、今回はル＝グウィンさんが宮崎駿の作品を全部観てくれていて、その上で、「ジブリでアニメ化してもらいたい」というアプローチをしていただけました。つまり、ああいった世界的な賞を受賞することで、宮崎駿の作品が世界中で注目されることになって、世界中の色々な人たちに見てもらえた。そして、そのおかげで、彼女の目にも触れることになったわけです。アカデミー賞をもらっても、金熊賞をもらっても、別に何も得することはないよな、と思っていたのですが、そうじゃないということがよくわかりました（笑）。

（『ロマンアルバム　ゲド戦記』）

しかし、2003年の秋はちょうど『ハウルの動く城』制作の最中だった。そして、宮崎としても二十数年前とは状況が違うわけで、原作者からの映画化の打診に戸惑った。「20年前に言ってほしかった」と思ったそうだ。

そんな状況を見た鈴木は、それならば宮崎を除いた残りのスタッフで『ゲド戦記』を映画化してはどうかと考え、03年の秋に研究会を発足させる。主催は鈴木、そのメンバーの中に宮崎吾朗もいた。

監督〝宮崎吾朗〟の覚悟

さて、映画『ゲド戦記』は当初から〝宮崎吾朗監督〟と決まっていたわけではない。吾朗は次のように語っている。

最初はジブリ美術館の館長として参加しました。アドバイザーというか、話を始めるきっかけとして来てくれ、ということでした。美術館館長という立場から、誰か若い世代の方が監督をやるならば応援したい、手助けをしたいという気持ちもあったんですよ。ジブリ美術館は、スタジオジブリがなければ成り立たないわけですが、高畑（勲）・宮崎（駿）、両監督のキャリアの長さを考えると、そろそろスタジオを継いでいく新しい人材に出てきてもらって、長持ちしてもらわないと困りますから（笑）。もし、若い世代が出てきにくい雰囲気みたいなものがあるとするなら、僕のような人間が参加することで緩和されればいいな、とも思っていたのですが……一種の「弾よけ」というか（笑）。でも、自分で監督をすることになるなんて、全然考えてもみませんでした。（略）最初の企画に参加したのも、鈴木敏夫プロデューサーの「監督をやらないか?」という誘いを受けたのも、やっぱり『ゲド戦記』だったからだと思います。(『ロマンアルバム　ゲド戦記』)

一方で、鈴木は当時の状況を著書で次のように振り返っている。

美術館の建設にあたっては、いろいろと難しいこともあったんですけど、吾朗くんはそれらを着実にクリアしていきました。その仕事ぶりを見て、完成後は館長として運営も取り仕切ってもらうことにしました。ところが、運営が軌道に乗ったころ、彼が僕のところにやって来て言うんです。

「そろそろ辞めたいと思います」

彼にとって興味があるのは、新しいものをゼロから作りあげること。できあがったものを維持していくことにはあまり関心がなかったんです。ただ、美術館のためには彼に館長を続けてほしい。どうしたものか……と考えているとき、ちょうど映画のほうで新しい企画が持ち上がりました。(略)宮さんは『ハウルの動く城』の制作で忙しいので、監督志望のアニメーターと、僕の補佐をしていた石井朋彦をはじめ、何人かで話し合うことにしました。そのメンバーとして、吾朗くんにも声をかけることにしたんです。

ひとつには彼の気分転換になると思ったし、美術館をやっていく上でも、ジブリがこれからどういう映画を作るかは重要なことだったからです。話をしてみると、彼は「そういうことなら」と乗ってきました。

（『天才の思考』）

研究会でまず、問題となったのは、外伝を含めて全6巻ある長大な原作のどの部分を映画化するかということだった。吾朗は次のように振り返っている。

企画の準備段階では、第1巻が題材になっていました。（略）ただ、途中で「本当に第1巻でいいのか？」という疑問が出てきまして、改めて原作を全巻読み返してみたんです。そうしたら、子供の頃はあまり面白いと思えなかった第3巻が、今読むととても面白かった。第3巻「さいはての島へ」は、おじさんになった大賢者・ゲド（ハイタカ）と少年・アレンの旅の物語ですが、僕自身がどちらかというとおじさんの気分がわかる年齢になってきたこともあるのでしょうけれど、すごく人間味が感じられて、親近感が持てました。それなら、むしろ3巻をやったほうが面白いんじゃないかと、素直に思ったんですよ。

吾朗が第3巻（『さいはての島へ』）に着目する一方で、鈴木もまた、別の理由によって第3巻の映画化を提案していた。魔法の力が衰え、人々が無気力となった国・エンラッドを舞台とする第3巻が描くのは、心の問題。高度成長期からバブル崩壊を経て、人々が求める映画のテーマも哲学的なものへと変化していることを察知していた鈴木は、これこそが現代のテーマにふさわしいと考えていた。

しかし、人の心の内にある光と影の戦いを映画として具体化することは非常に難しく、企画は難航。そんなさなかに監督候補だったアニメーターがプロジェクトから降りてしまう事態が発生する。念願の『ゲド戦記』の映画化プロジェクトをここで頓挫させるわけにはいかない。そう考えた鈴木は、ここで初めて、吾朗に「監督、やってみるか」と尋ね、吾朗はこの提案を受ける決断をする。

ちょうどこの頃、スタジオジブリは『ハウルの動く城』の次の長編をどうするかを決めなければならない時期に来ていた。２００５年になり、鈴木は第3巻を中心とする方針を正式に決定。2月7日にはスタジオ内に正式に『ゲド戦記』の制作準備室が発足している。石井朋彦が声をかけて、今度は山下明彦、奥村正志、武重洋二、稲村武志といったメンバーが集まった。吾朗を監督に誘った理由について、鈴木は次のように語る。

客観的にいえば、無謀な話です。アニメーション制作の経験がない人間をいきなり監督に抜擢するわけですから。ただ、僕は彼ならできるんじゃないかと感じたし、彼もそういう雰囲気を見せた。

これはいったいどういうことなのか？　僕の中で前から引っ掛かっていた疑問があらためて浮上してきました。美術館の仕事で声をかけたとき、彼は余計な説明は求めずに、二つ返事で引き受けた。父親と衝突するのは分かっていたし、実際に建設を進める中で何度も問題が持ち上がりました。それでも、彼はそれを乗り越えた。

今回も、彼が監督することになれば、「宮崎駿の息子というだけで監督になれるのか」という目で見られるのは確実だし、当然、父親との軋轢も避けられません。それなのに、彼は「できない」とは言わなかった。それはなぜなのか？　映画を作ることと同時に、その謎を解くことも僕の中でテーマになっていきました。

（『天才の思考』）

アニメーターとしての経験もない吾朗が、監督を引き受けることにしたのはなぜなのか。鈴木が抱いたこの疑問について、後に吾朗は、社会学者の上野千鶴子《ちづこ》からインタビューを受けた際に次のように答えている。

監督候補の人が辞めたときには来年公開ということは決まっていて、もう後がないから「吾朗君、どうするの?」って言われて。そうなると、やらなきゃいけない気持ちがすごく湧いてきて「わかりました、やります」と言ってしまったんです。もちろん絵コンテなんて今まで描いたことないですから「どうすればいいんですか」と鈴木プロデューサーに聞くと、「見よう見まねで描けばいいんだよ」と(笑)。

(『どこから来たのか　どこへ行くのか　ゴロウは?』)

こうして吾朗の監督就任が決まったものの、映画作りは多くのスタッフの力を借りなければ成り立たない。当初は吾朗が監督をすることに対して社内外の関係者から疑問の声があがったほか、実の父である宮﨑駿も大反対をした。そんな意見を制すために、吾朗と鈴木はある行動に出る。

そういった声を鎮めるには、まずコピーとビジュアルでインパクトのあるものを打ち出す必要がありました。

そこで、まず吾朗くんに第一弾ポスターとして、主人公のアレンと竜の絵を描かせてみることにしたんです。小さな人間が巨大な存在に対して畏敬の念を表す。この構図はいろんな絵描きが描いてきたテーマです。この絵がうまくいけば、映画もうまくいく。僕にはそんな予感がありました。

僕がアドバイスしたのは、「角度をつける」ことです。おそらく宮さんがこのシーンを描くとしたら、正面か、真横から描く。同じスタイルで描いたら、宮さんも文句をつけたくなるでしょう。でも、宮さんがけっして描かない構図で描いたらどうか。案の定、絵を見た宮さんは黙ってしまいました。

（『ジブリの仲間たち』）

このような経緯で吾朗によって描かれたのが、竜と少年が向き合う第1弾ポスターの絵である。吾朗が見事に描き上げたこの絵を見て、宮崎駿はようやく息子が監督をすることを了承したという。

また、この頃「宮﨑駿監督が、『ゲド戦記』をやるくらいなら『シュナの旅』をやればいいんだ、と言っている」と、吾朗は人づてに聞く。前述の通り、『シュナの旅』はそもそも『ゲド戦記』の影響を受けて書かれた作品だが、この言葉が大きなヒントになって、「一人の少年が国を出ざるをえなくなり、旅をし、偉大な魔法使いと出会い、そして少女と出会うことで変わっていく」というストーリーの骨格が形作られていくことになる。この『シュナの旅』は鈴木の提案により、『ゲド戦記』のキャラクターと美術設定のベースにもなっており、最終的に原案とクレジットされている。吾朗は後に、「映画『ゲド戦記』の心と身体はル＝グウィンから、そして骨は宮﨑駿からもらった」（劇場用パンフレット）とも語っている。

さらに、この作品の世界を決定づけるべく、鈴木は宮﨑にホート・タウンの絵を描くように依頼。結果として、宮﨑が描いたこの絵は、作品の方向性を明確にする重要な役割を果たし、第2弾ポスターの下絵にもなった。

この絵に導かれるようにして、また、この絵の世界観の元になっているクロード・ロランの絵も参考にしながら、映画『ゲド戦記』の世界が準備スタッフの手によってどんどん具体化していくことになる。

原作者ル＝グウィンとの会談

吾朗監督による制作が始まって間もない頃、宮崎と鈴木は、『ゲド戦記』原作者のル＝グウィンと会っている。当初、ル＝グウィンが希望していたのは、宮崎駿による自作の映画化。その息子である吾朗が監督を務めるのであれば、まずは彼女の許諾を取らなければならない。そのために宮崎駿の協力が必須であると考えた鈴木は、渋る宮崎を説き伏せてともにル＝グウィンが暮らすアメリカのオレゴン州ポートランドへ向かったのだ。

ル＝グウィンの自宅で本人とその息子であるテオに迎えられた宮崎は、『ナウシカ』から『ハウル』に至るまで、自身が『ゲド戦記』に多大な影響を受けてきたこと。この作品を映画化するのであれば、細部までを理解しつくしている自分をおいてほかにはいないと思っていること。しかし、この作品をやるには自分が歳をとりすぎたこと。そして、息子とそのスタッフが自分たちでこの作品を作りたいと言っていることを伝えた。

「息子たちが作る脚本には自分が全責任を持ちます。読んでだめだったら、すぐにやめさせますから」

（『天才の思考』）

最後に宮崎がそう伝えると、ル＝グウィンは、「あなたは息子が作るスクリプトに対して全責任を持つと言いましたが、それはどういう意味ですか？　だめならやめさせるとはどういうことでしょう？　あなたは映画化の許諾を取りにきたのではないのですか？」（同前）と鋭く切り返し、一時は緊迫した空気が流れたが、会談に同席した彼女の息子テオの手助けもあり、最後には吾朗が手がけることをル＝グウィンも承諾した。当時の宮崎の様子を鈴木は次のように振り返っている。

彼女はすこし沈黙したあと、宮崎駿の手をとって、「あなたの息子、吾朗さんにすべてを預けます」と言ってくれたんです。その言葉を聞いた宮さんは感激のあまり涙を流しました。あの瞬間だけは、父親の顔に戻っていたように思います。　（同前）

荒削りでもいい。往年の名作が持っていた力を蘇らせたい

5月9日、映画全体のシノプシスが完成する。これはA4の紙1枚に書かれたものだったが、第3巻を中心にしながらも、第1巻や第4巻、外伝の要素も織り交ぜ、さらには『シュナの

旅』も踏まえたものだった。主人公はゲドではなく、王子アレン、そしてテルーとなっており、吾朗は、これで作品として成立させることができる、と確信を持ったという。

できたシノプシスは、『海がきこえる』の脚本を書いた丹羽圭子にシナリオ化が依頼され、第1稿が5月16日に上がった。その後、吾朗はシナリオの修正作業と並行して、絵コンテの作業に入る。吾朗にとって、絵コンテは初めてということもあり、「ピクサー展」の時に学んだピクサーのやり方を踏襲することになった。

通常、絵コンテ用紙は5カット分を1枚の紙に書くが、1カット分を1枚に描き、それを壁にずらりと貼って検討するというストーリーボードのスタイルがそれだ。カットつなぎやカメラワークは、これまでのジブリ作品の絵コンテを参考にした。

できたストーリーボードを5フレームずつ並べて貼って通常の絵コンテのスタイルに作り変える作業とともに、この『ゲド戦記』では、ライカリールも極めて早い段階から制作された。ライカリールはストーリーリールともいい、コンテの絵を撮影し秒数に合わせて編集して、仮の音も入れた一種のデモ映像で、完成時のイメージをつかみ、主にシナリオを検討するために作られる。

5月から8月まではシナリオとストーリーボード（絵コンテ）、ライカリールが並行作業となり、シナリオについてはコンテが同時進行したので、文字だけの最終稿は作られなかった。また、作画監督の稲村武志によるキャラクター設定や、美術監督の武重洋二による美術ボードの作業も並行してどんどん進められた。この間、6月24日には吾朗が正式にジブリ美術館の館長を退任し、名実ともに映画に専念する立場となっている。

メインスタッフにはほかに、作画演出として山下明彦が参加。作画演出という肩書きはこれまでジブリ作品では使われてこなかったが、キャラクターの演技、動きについての総合的な演出を行い、新人監督を支えるということでこの作品で設けられたものだった。また、色彩設計は保田道世、映像演出は奥井敦といつものジブリ作品と変わらぬ布陣が敷かれた。

稲村は当初、アニメーション制作経験のない吾朗の監督就任に根強く疑念を抱いていたが、吾朗が山下の力も借りながら絵コンテの冒頭20分を仕上げると、「これはプロだ」とその完成度の高さを認めたという。

しかし、なぜ素人のはずの吾朗が、プロをも唸《うな》らせる絵コンテを仕上げることができたのだろうか。前述の上野千鶴子によるインタビューでは、「絵コンテなんて今まで描いたことないですから」と発言していた吾朗ではあるが、一方で、仕事で家にいない父・宮崎駿の影を追った少年期には、父が取り上げられている雑誌『アニメージュ』や、徳間書店から刊行されていた父の絵コンテ全集を読み漁っていたともいう。父から直接教えられたわけではなくとも、不在の父の背中を、その仕事の数々に見て育ってきた吾朗は、無意識のうちに監督としての素地を身につけていたのだ。

こうして、8月25日に絵コンテがすべて完成した。今回、吾朗は初監督ということもあり、作画開始前にすべて絵コンテを揃えるという目標を立てて準備作業は進められたが、無事それを達成し9月6日に作画インした。

『ゲド戦記』がほかのジブリ作品と大きく異なっているのが制作期間だ。ここのところ、制作に2年かけるのが常態化していたジブリだったが、この作品は当初から制作期間を大幅に短くすることを目標としており、公開は作画インから1年も経たない2006年7月を予定していた。

事前に絵コンテをすべて上げることが目標とされたのは、この短い制作期間を達成するためでもあったが、こうした期間設定は制作費の圧縮だけではなく、集中力を高めて一気に作ることで作品にエネルギーを吹き込もうという狙いがあった。それは、新人監督の若さに期待しての挑戦だった。

吾朗はこの映画の狙いをスタッフに説明する時に「新古典主義」という言葉を使ったが、これは、いたずらに完成度を追求するのではなく、荒削りでもいいから、往年の名作が持っていた力を作品の中に蘇らせたいというもので、具体的には高畑・宮崎両監督の出発点となった『太陽の王子　ホルスの大冒険』、あるいは『風の谷のナウシカ』などが意識されていた。
作画は線を増やさず動きで魅力を生み出し、背景は写真のようなリアルさではなく、絵そのものの魅力を前面に出したい。しかし、それは単なる単純化や懐古趣味ではなく、作品にエネルギーを取り戻すという目的があってのことだった。この方針について、吾朗は次のように語っている。

みんな、出来上がった世界の中で閉塞感に喘《あえ》いでいる。アニメーション映画の世界でも、せっかく若い人たちが作っているのに、なぜか巨匠といわれる人たちが作ってきたものを手本に完成度の高いものを作ることばかり考えている。それじゃあ面白いものは出来ないんじゃないかと。だから僕は、巨匠たちが作り上げてきたものの原点でもある、彼らが若かったときの昔風なものを作ってみることにしたんです。（劇場用パンフレット）

制作過程は決して平坦ではなかったが、すべての作画が終了したのが２００６年5月17日で、美術はその前の5月6日に終了しており、映像は5月23日に完成した。この時点ではまだアフレコ中であり、これはかなり珍しいこと。制作スタッフがテンポ良く作業を進められたことの表れだろう。

作品のあり方に強く影響した、手嶌葵《てしまあおい》の「テルーの唄」

さて、『ゲド戦記』の音楽だが、主題歌「時の歌」及び挿入歌「テルーの唄」を歌ったのは、当時18歳の新人・手嶌葵だった。手嶌が「The Rose」を含むスタンダードナンバーを歌ったデモテイクを聴く機会があり、純粋な歌声がイメージにぴったりだと、鈴木、吾朗ともに大いに気に入ったことが、起用のきっかけとなった。

「テルーの唄」の歌詞については、ある時、吾朗に対して鈴木が萩原朔太郎《はぎわらさくたろう》の詩「こころ」を諳《そら》んじて聞かせたことが影響している。吾朗は、「こころ」に触発されながら歌詞を書き、曲は谷山浩子が作曲した。映画の制作中に完成したこの曲は、映画中盤の展開において重要な意味を持つことになり、作品全体のあり方にも影響を及ぼした。

さらに、本人の希望により、手嶌は歌だけでなくテルーの声も担当することになるのだが、吾朗は「テルーの唄」について、劇場用パンフレットで次のように語っている。

鈴木プロデューサーに書けって言われてね（笑）。「テルーの唄」は萩原朔太郎さんの「こころ」という詩を参考にしました。この映画に出て来る人はみんな孤独。そんなこの映画の気分がこの詩に描かれていたからです。人は一人で勝手に生きているわけじゃない。親から受けとるものもあれば、そのまた親から受け取るものもある。いずれは自分も、次に続く人たちにバトンタッチしていく。そうやっていろんな人に何かを分けたりもらったりしていくことが、生きていくことだと思う。歌詞にも映画にも僕のそんな想いを込めたつもりです。

背景音楽は寺嶋民哉《たみや》。ジブリ作品は初めてだったが、映画『半落ち』で日本アカデミー賞優秀音楽賞を受賞し、編曲、オーケストレーションでも高い評価を受けている作曲家である。『ゲド戦記』ではオーケストラによる壮大な曲、エスニックな民族音楽風の曲をうまく組み合わせて、ゲドやアレンが確かに存在していると感じられる異世界を表現した。

もう一つ音楽のトピックとして、世界的なバグパイプ奏者カルロス・ヌニェスの参加がある。『ゲド戦記』の音楽制作中に来日していることがわかり、試しに打診してみたところＯＫとなって急遽参加が決まった。彼がスタジオに現れて最初の音を出した瞬間、その場の空気がはっきり変わり、居合わせた者はみな鳥肌が立ったという。カルロスのおかげで、映画『ゲド戦記』の世界はさらに広がることになった。

キャストについては、主役であるアレンにV6の岡田准一《じゅんいち》を起用。以前、鈴木が岡田のラジオ番組に出演したことがあり、岡田の声が印象に残っていたそうで、キャスティングになって思い出し、吾朗に提案したところ即OKとなった。岡田はまっすぐさと危うさの共存するアレンという役を見事にこなしている。テルーは前述の通り手嶌葵が、そしてゲドは『千と千尋の神隠し』の釜爺役に続いて菅原文太が担当し、大賢人の魔法使いゲドを存在感豊かに演じている。そのほか、不老不死に取りつかれた魔法使いクモを田中裕子、その手下ウサギを香川照《てる》之《ゆき》、ゲドの昔なじみテナーを風吹《ふぶき》ジュンが演じた。

「父さえいなければ、生きられると思った。」

こうして制作された『ゲド戦記』は、２００６年6月28日に初号試写を終えて完成し、7月29日より全国東宝系にて公開された。

「父さえいなければ、生きられると思った。」というコピーが話題を呼び、さらに劇中では、アレンが父を刺す、「父殺し」が描かれていることも作品を強く印象づけることとなった。実はこの「父殺し」、吾朗がはじめに書いたストーリーでは構想されておらず、プロデューサーの鈴木が「父親を刺したほうがいい」と提案したことで追加されることになったもの。鈴木はその意図を次のように語る。

吾朗くんが映画を作る以上、やっぱり父殺しは避けて通れない。僕はそう考えました。(略)つまり、『ゲド戦記』という映画のストーリーには、現実に宮崎親子の間で起きていることと、現代社会の問題が同時に投影されていることになります。
さらに、僕はそれをそのまま宣伝の中に盛り込んでいきました。その象徴的な例が、「父さえいなければ、生きられると思った。」というコピーです。この作品では、どうしてもプロデューサーとして内容面に踏み込む場面が多くなりました。すると、必然的に内容と宣伝が分かちがたく結びつくことになる。
(『ジブリの仲間たち』)

さらに鈴木は、「近代化を成し遂げた先進国はどこも金とモノであふれかえり、人々は過剰な消費に明け暮れている。そんなことがいつまでも続くわけはないと分かっていながらも、そこから逃れられない。とくに都市生活者は病的なまでに消費に取り憑かれている。でも、大量消費社会の終わりはもうそこまで来ている。いまこそ、「見えないもの」の価値に目を向けるべきじゃないか」（同前）という考えのもと、原作の中にある言葉を使って次のようなボディーコピーを書き、この作品を現代に訴えかけた。

世界の均衡《バランス》が崩れつつある。

人々はせわしなく動きまわっているが目的は無く、
その目に映っているものは、
夢か、死か、どこか別の世界だった。

人間の頭が、変《ヘン》になっている。

災いの源を探る旅に出た大賢人ゲドは、
心に闇を持つ少年、エンラッドの王子アレンに出会う。

少年は、影に追われていた。

影におびえるアレンの前に、
顔に火傷の痕の残る少女テルーが現れる。

いのちを大切にしない奴なんて、大嫌いだ!

宮崎吾朗第一回監督作品、
この夏、人と竜はひとつになる。

（劇場用パンフレット）

こうした鈴木の宣伝方針に加えて、コピーライターの糸井重里による「見えぬものこそ。」という哲学的なコピーも呼応し、『ゲド戦記』の興行成績は76億5000万円でその年の邦画第1位を記録。手嶌葵が歌う挿入歌でありデビュー曲の「テルーの唄」がフィーチャーされたことも効果をあげ、曲はスマッシュヒット。歌を宣伝の柱の一つに据える方法は、ジブリの次回作『崖の上のポニョ』でさらに推進されることになる。

『ゲド戦記』はスタジオジブリ独立後初めての長編劇場用作品だったが、新人監督宮崎吾朗は多くのスタッフに支えられながらも作品を完成させ、期待に応えた。

第16章

人間が手で描いた驚きに満ちた『崖の上のポニョ』

子供向け、瀬戸内海、オフィーリア、保育園

『崖の上のポニョ』は宮崎駿監督にとって、10作目の劇場用長編アニメーション作品である。崖の上の一軒家に住む5歳の少年・宗介《そうすけ》は、家出したさかなの子・ポニョと出会う。宗介に助けてもらい、宗介を好きになるポニョ。宗介もポニョを好きになる。しかしポニョは、父のフジモトによって海の中へ連れ戻されてしまう。人間になりたいと願うポニョは、父の魔法を盗み出して宗介のいる人間の世界を再び目指す。魔法の影響で海は膨れ上がり、津波が地上に押し寄せる……。

前作『ハウルの動く城』は海外の小説を原作にしていたが、『崖の上のポニョ』は『千と千尋の神隠し』以来7年ぶりのオリジナル原作。

プロデューサーの鈴木敏夫によれば、この作品の企画は次のように始まった。

今となってはあんまりよく覚えてないんですけど、確か『ハウルの動く城』の公開が終った直後あたりだったと思うんだよね……宮さん（宮崎駿）と、次の作品について話をしている時、僕の方から「子ども向けをやりましょう」って持ちかけたんです。なぜかと言

うと、『ハウル』の中で、カルシファー、マルクルとソフィーのやりとりの場面が〈児童もの〉としてすごく良かったから、あれの発展系を是非見たいと思ったんです。作品全体であれをやったら、小さな子どもたちは本当に大喜びするだろう、と。

（『ロマンアルバム　崖の上のポニョ』）

『ポニョ』の企画はまず〝子供向け〟という方向性が決まるところから始まった。当初は中川李枝子と大村百合子の『いやいやえん』を再びアニメーション化したらどうだろうという案も出ていたが、そんな中、ジブリの社員旅行が新作の企画に大きく影響を及ぼすことになる。

2004年11月20日、ちょうど『ハウル』の公開日に、ジブリは揃って瀬戸内海の鞆《とも》の浦《うら》に社員旅行に出かけた。この時、宮崎は、地元の方のご好意により崖の上のとある民家に泊まったのだが、その家をとても気に入り、翌2005年春に約2カ月間、今度は一人で滞在し、自炊生活をすることになる。家の裏手は全面海に面しており眺めがとても良く、この建物を大変気に入ったのだった。その家に宮崎が滞在したのは、もともとは『ポニョ』とは別のある企画の準備を意識してのことだったが、結果としてその作品の代わりに『ポニョ』が生まれることになっていく。

また、この時期、宮﨑はもう一つ、『ポニョ』につながるインスピレーションを得ている。それは夏目漱石だった。海沿いの家では新作の準備をする以外、何もすることがない。そこで宮﨑は古い文学全集を片っ端から読んでいったが、中でもよく読んだのが『漱石全集』だった。当時の宮﨑とのやりとりを、鈴木は次のように語っている。

町のはずれにある古本屋に行って書棚をつらつら眺めていると、ふと一冊の本が目にとまった。夏目漱石の『門』でした。主人公の名前は野中宗助。妻と弟の三人で崖の下の小さな借家に住んでいます。小説を読み進めるうちに、宮さんの頭の中にひとつのタイトルが思い浮かんできた。僕が様子を見に鞆の浦へ行くと、「鈴木さんさ、思いついたよ」と言います。「『崖の下の宗介』っていうんだ」「へえ、いいじゃないですか」。あれこれ話すうちに、「やっぱり下より上のほうがいい」ということになって、『崖の上の宗介』という仮タイトルができました。

（『天才の思考』）

さて、2005年のジブリは、会社全体としては秋頃まで宮﨑の新作美術館短編3本を制作し、一部オーバーラップしながら、夏を過ぎた頃から宮崎吾朗監督作品『ゲド戦記』に取り組み始める。この年、宮崎は美術館短編以外にもジブリ美術館の企画展示「アルプスの少女ハイジ展」や『ハウル』の海外キャンペーンなどいろいろな仕事をこなしたが、それらを進めながら、頭の中では『ポニョ』の企画が同時進行していた。

その後、2006年2月に宮崎は渡英。これはロバート・ウェストールの『ブラッカムの爆撃機』（宮崎駿編）に収録するイラストエッセイを描くための取材旅行だったが、その折にテート・ブリテンに立ち寄り、ジョン・エヴァレット・ミレイの描いた絵画「オフィーリア」を鑑賞して衝撃を受ける。この絵はロンドン留学中の夏目漱石もおそらく鑑賞し、後に『草枕』に登場させた有名な絵だが、宮崎が受けた衝撃は『ポニョ』の映像制作にはっきりと影響を与えることになる。自分たちがやりたいと思っていたことがそこに実現されている、それも150年以上も前に。もうこれ以上、行きようがない。「オフィーリア」の絵は宮崎に〝精度を上げた爛熟《らんじゅく》さから素朴さへ舵《かじ》を切りたい〟と思わせ、〝初源に還《かえ》ること〟を決意させた。

ところで、『ポニョ』につながる重要な出来事として、もう一つ、社内保育園がある。宮崎はずいぶん前から保育園をやりたいと思っていた。2002年に刊行された養老孟司《たけし》との対談集『虫眼《ムシメ》とアニ眼《メ》』には、長年温めてきた保育園のプランがカラー口絵で掲載されているが、実際に保育園をやりたい、という気持ちはその後も宮崎の中でどんどん大きくなっていき、その意欲が『ポニョ』の企画につながっていく。『虫眼とアニ眼』に掲載されているプランは保育園とホスピスが隣接しているが、これは『ポニョ』でひまわり園とひまわりの家（保育園とデイケアサービスセンター）が隣接していることと重なる。なお、『ポニョ』と同時進行するように、映画の準備作業が始まった2006年春頃、宮﨑の強い意向を受けてジブリの社内保育園も実現に向けて一気に動き出した。そして2007年3月に着工し、映画完成前の2008年4月に「3匹の熊の家」として開園している。基本設計はもちろん宮﨑駿。宮﨑は保育園について次のように述べているが、『ポニョ』とのつながりが鮮明にうかがえる発言だ。

「保育園をつくりたい」と思ったのは、きれいごとではなくて、子供たちによってこちらが助けられるからです。子供たちを見ていて感じることは、やっぱり希望なんです。「年寄りは、ちいさな子供を見ていると、幸せな気持ちになるんだ」ということがよくわかりました。これはとても大きいことです。「文明の末路」とか、「大量消費文明の没落」とか、「地殻変動期に入った地球に住む運命」とか、悲観的なことをいろいろ論じてみても、「じゃあ、どうしたらいいんだ」というと、答えは出てきません。（略）子供が成長してどうなるかといえば、ただのつまらない大人になるだけです。大人になってもたいていは、栄光もなければ、ハッピーエンドもない、悲劇すらあいまいな人生があるだけです。だけど、子供はいつも希望です。挫折していく、希望の塊なんです。答えは、それしかないですね。

（「あとがきにかえて」、『折り返し点』）

不安と神経症の時代だからこそ、初源的なものを描く

さて、映画『崖の上のポニョ』につながるさまざまな出来事を見てきたが、こうして、2006年春の段階では、すでに『ゲド戦記』後の長編としてジブリがこの作品を制作することがほぼ決まっており、4月より宮﨑は一人での準備作業を自らのアトリエで開始する。5月には作画監督の近藤勝也、美術監督の吉田昇の二人が合流。近藤は『魔女の宅急便』や『おもひでぽろぽろ』で作画監督、『海がきこえる』ではキャラクターデザインと作画監督を務めた実力派。ジブリ美術館の短編『やどさがし』で演出アニメーターも担当している。吉田はジブリ作品への参加は『もののけ姫』からだが、その後は社員になり、『ホーホケキョ　となりの山田くん』『千と千尋の神隠し』では美術監督補佐を、『ハウルの動く城』では共同で美術監督を務め、『ギブリーズ episode2』やジブリ美術館の短編『コロの大さんぽ』では美術監督を担当し

ている。

宮崎は近藤、吉田とともに3人でイメージボード、美術ボードの作成を始めたが、『ポニョ』は絵柄を変えることが当初から強く意識されており、近藤、吉田の人選も、映像がとても特徴的な前述の美術館短編2本『やどさがし』『コロの大さんぽ』での達成を踏まえてのことだった。そして宮崎は6月5日に演出のための覚書を脱稿する。作品の狙いやストーリー、キャラクターがまとめられた、企画書と言ってもいい内容の書面だったが、冒頭にはまず、四つの事項が列記されている。

○劇場用長編　目標90分、1000カット
○対象　幼児とすべての人々へ
○内容　類例のない空想豊かな楽しい娯楽作品
○かくされた意図　2Dアニメーションの継承宣言

短めの尺でシンプルかつ豊かな内容を目指すこと、幼児を第一の対象としながら全世代向けに作ること、そして何よりも娯楽作品であることをはっきりと打ち出しており、宮崎の並々な

らぬ意欲が表れている。そして「2Dアニメーションの継承」とは、3DCGを使わずすべて手描きで動かすことの宣言である。〝アニメーション〟の原義である「命を吹き込むこと」が、この作品のテーマの一つである生命を描くことと直接結びついて、単なる絵柄の変更ではなく、映画のテーマを実現するための必然的な選択であることをうかがわせる。

覚書ではこの4項目に続いて「企画意図」が記されており、要約不能なほどに監督の意図が凝縮された文章だが（劇場用パンフレット等に「海辺の小さな町」と題して掲載されている）、中でも特に〝ポニョが我儘《わがまま》を貫き通す物語であり、同時に宗介が約束を守りぬく物語である〟と記されているのが目を引く。そして締めくくりの一文、「少年少女、愛と責任、海と生命、これ等初源に属するものをためらわずに描いて、神経症と不安の時代に立ち向かおうというものである」は、この映画の狙いをもっとも端的に表している（なお、覚書の全文は単行本『折り返し点』に「『崖の上のポニョ』について」として収録されている）。

7月になって、宮崎は再び瀬戸内海の鞆の浦に約1週間滞在する。途中から近藤、吉田らも合流して、ロケハンの要素も兼ねた旅行となった。そして7月中旬、ジブリ第1スタジオの2階に3人は引っ越し、そこで宮崎は絵コンテ作業を進めた。その後、色彩設計の保田道世、映像演出の奥井敦ら、いつものスタッフも準備作業に合流する。

絵コンテのAパートは9月5日に完成し、Bパート執筆中の10月2日、宮崎は映像部門のスタッフを集めて社内説明会を開き、この作品の狙いを改めてスタッフに向けて説明した。

絵本のような素朴なタッチの背景画

『崖の上のポニョ』の映像の特徴は、まず、前述のように3DCGをやめたことである。『もののけ姫』でCG室を開設し、限定的な形ではあれ3DCGを使ってきたジブリだが、今回すべて手描きで動きを表現することにした。社内説明会で宮崎はこのように言っている。

> 濃密になりすぎた画面をすっきりさせて、アニメーションというのは動かしていくんだというところをもう一回取り戻したいと思ったのです。やっぱり最終的に人が惹かれるのは、人間が手で描いた驚きにあると思います。手で描いたいい加減さとか、曖昧さとか、ある種の気分や気持ちが動きの中に出ているとか、そういうことがアニメーションの魅力の根源じゃないかって思うのです。
>
> （劇場用パンフレット）

もう一つの大きな特徴が、背景画の描き方である。これまで、どんどん緻密な表現を極めてきたジブリの背景画だが、今回は思い切って方針を転換し、絵本のような素朴なタッチで背景を描いている。必ずしもすべてがまっすぐではなく、どこか丸く曲がっている暖かな世界。100パーセント手描きの動きとこの暖かなタッチの背景画が組み合わさることで、観る者を解放する画面を目指していた。映画全体については宮﨑は次のように語っている。

海が生き物のようにまるごと動画になっているみたいな表現がきちんとストーリーにおさまったら面白かろうという、非常にスリリングなところを狙ったのが、この映画なんです。

(同前)

さて、社内説明会の日にそのまま作画インして『崖の上のポニョ』制作は本格的にスタートした。『ポニョ』は手描きで動かすことをテーマとしてきたため、作画枚数は最終的に17万653枚になった。これは『千と千尋の神隠し』と比べて約1・5倍の枚数であり、ジブリ作品史上最高である。制作期間も『千尋』と比べて4カ月長い。

音楽はいつも通り久石譲が担当。宮﨑の劇場用映画は9作目になるが、今回はフルオーケストラに加え、コーラスを積極的に導入し、よりダイナミックで温かな音楽を生み出している。

主題歌「崖の上のポニョ」も久石が作曲しているが、作詞は作画監督の近藤勝也が担当し、宮崎が補作している。宮崎は前述の覚書で「あらすじを読むと、まるで血と宿命の大叙事詩のようだが、それは骨格にすぎない。実は明るく愉快な大マンガである。歌がほしい。たとえばポニョの歌」と書いているが、これは『となりのトトロ』を意識してのことだった。『トトロ』も企画書の段階でみんなが歌える主題歌をつけたい、と宮崎は最初から提案しており、そしてあの名曲「さんぽ」「となりのトトロ」が生まれた。『ポニョ』でもそういう主題歌が生まれてほしいと考えた宮崎は、作詞を近藤勝也に依頼。近藤には小さい娘がいるので適任と考えたのだ。ちなみにメインスタッフは、ポニョというキャラクターを具体化していく過程で近藤の娘を大いに参考にしたそうで、彼女はポニョのモデルの一人と言っていいだろう。

主題歌にサラリーマンを起用

キャストは、宗介の母・リサに山口智子、父・耕一に長嶋一茂《かずしげ》、ポニョの母・グランマンマーレに天海祐希《あまみゆうき》、父・フジモトに所ジョージ、ポニョに奈良（神月《こうづき》）柚莉愛《ゆりあ》、宗介に土井洋輝《ひろき》など。妹たちの独特の声は矢野顕子《あきこ》が一人で演じた。

主題歌を歌ったのは藤岡藤巻と大橋のぞみ。大橋は子役として活躍中だったが歌は初めて。

藤岡藤巻は元まりちゃんズの藤岡孝章《たかあき》と藤巻直哉《なおや》が組んで始めた〝おやじエンタテインメント〟を標榜《ひょうぼう》するデュオだが、藤巻直哉は博報堂DYメディアパートナーズでスタジオジブリを担当する現職のサラリーマンでもある。藤岡藤巻を起用した理由について、鈴木は次のように語っている。

藤巻さんは博報堂の社員で、ジブリ映画の製作委員会のメンバー。これがまあ本当に働かない男で、いつものらりくらりと遊んで暮らしている。何とかして彼に仕事をさせるというのが、僕の人生の課題にもなっていたんです。

そんなときに、ポニョの歌の話が出てきた。（略）しかも、彼には娘が二人いて、子煩悩ではある。

そこで、僕は一石二鳥の手を思いつきます。彼に歌わせたら、いい雰囲気が出るかもしれない。そして、主題歌を歌うとなったら、さすがの彼も映画の宣伝に一所懸命にならざるをえない――。

（『天才の思考』）

こうして制作された楽曲「崖の上のポニョ」は、発売元のヤマハの希望もあり、映画公開の半年以上前にリリースされることが決定。しかし、初回プレス3万枚のうち、6月までに売れたのはわずか3000枚と売れ行きはまったく伸びなかった。途中でヤマハは宣伝のテコ入れを行うことを提案したが、鈴木はこれに賛同せず、あえて映画公開直前になってから前例がないほどの量の広告を打つ方針を打ち出した。鈴木はその意図を次のように語っている。

広告の露出量を測る指数にGRP（グロス・レイティング・ポイント）というものがあります。音楽でその最高値はどれぐらいなんだろうと思って調べてもらったところ、だいたい二千GRPぐらいだった。それを一万GRPまで持っていったらどうなるか？ ちょっと実験してみたい気持ちもあったんです。（同前）

こうして過去に例を見ない量の宣伝が開始されると、その効果はすぐに表れた。それまで3000枚しか売れていなかったCDは、連日1万枚ペースで売れていき、最終的には50万枚のヒットを記録。さらに、当時流行していた携帯電話の「着うた」のダウンロード数は495万まで伸びた。

2008年6月25日には初号試写を終えて、『崖の上のポニョ』が完成。公開は同年7月19

日。全国東宝系481スクリーンで封切られ、主題歌のヒットも手伝って、興行収入は155億円に達し、その年のナンバーワンとなった。

また、他の宣伝としては、2007年10月からスタートしたTOKYO FMのラジオ番組『鈴木敏夫のジブリ汗まみれ』（日曜夜11時～）も新しい媒体として活用された。主題歌が初めて披露されたのはこの番組であり、『ポニョ』公開後も多彩なゲストを招きながらその時々の旬なジブリの話題を取り上げて、2023年現在も放送中である。

さて、『ポニョ』を制作している間、企業としてのジブリにはいくつかの変化があった。まず、2008年2月1日に新社長・星野康二が就任した。徳間書店からの独立後、スタジオジブリの社長はずっと鈴木敏夫だったが、鈴木はより制作に専念するため社長職を星野に譲り、代表取締役プロデューサーに就任。星野はディズニーの日本法人のトップを務めた人物で、ジブリとは10年来の付き合いがあった。ジブリを事業面から支えるべく、星野は鈴木の要請で社長を引き受けた。

もう一つは、2008年4月に行われたジブリ美術館スタッフの社員化である。スタジオ部門は『おもひでぽろぽろ』制作中に契約スタッフの社員化が実施されたが、美術館スタッフは2001年の開館以来、基本的にはアルバイトスタッフ中心で運営されてきた。しかし、館主の宮崎駿はそれがずっと気掛かりになっており、財政的な負担は増えるものの、この年、ついにこちらも社員化を行った。

なお、スタジオジブリ仕上部門の責任者を一貫して務め、高畑・宮崎作品を長年にわたって支え続けてきた保田道世は、一つの区切りがついたとして『崖の上のポニョ』を最後に惜しまれつつジブリを退社した。

第17章

米林宏昌を起用した『借りぐらしのアリエッティ』

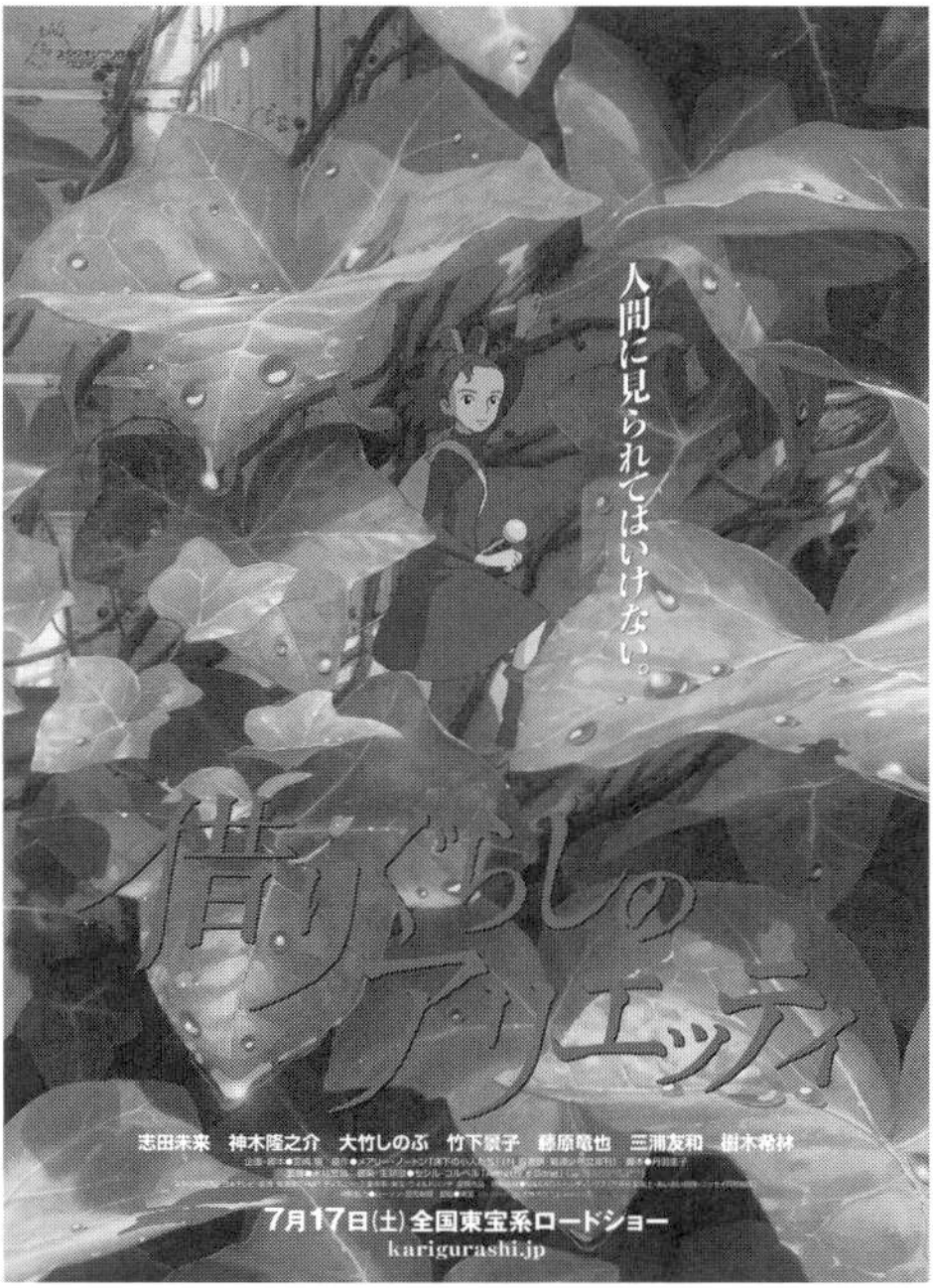

健気《けなげ》な小人たちの暮らしを現代に

宮﨑駿監督が『崖の上のポニョ』後のスタジオジブリ劇場用作品として『床下の小人たち』の映画化を提案したのは、２００８年7月、『ポニョ』がまさに劇場で封切られた頃のことだった。その時点で次回作について決まっていたのは、若手でいこう、ということ。鈴木敏夫プロデューサーはその時、アメリカの児童文学作家であるエイレン・ローブル・カニグズバーグの『クローディアの秘密』を推していたが、それに対して宮﨑が提案したのが『床下の小人たち』だった。

四十数年前、東映動画にいた頃に宮﨑はこの作品を読んでおり、当時、高畑勲監督と映像化の可能性について話し合うこともあった。その後Aプロダクションに移籍した宮﨑は、さまざまな作品に携わる中、『床下の小人たち』に触発を受けた企画を会社に提案したこともあったという。その企画は実現しなかったが、宮﨑の中にはその後もずっと『床下の小人たち』のことが残り続けており、数十年を経て今回の提案へと至ったわけだ。宮﨑にとって、特に印象に残っていたのが主人公の名前である〝アリエッティ〟。今回の企画書は２００８年7月30日に書かれているが、タイトルが『小さなアリエッティ』となっており、宮﨑のこの名前へのこだわりが感じられる。

さて、夏から秋になり、次回作を決定すべき時が来た。結局、鈴木は宮崎を立てて自身の企画を撤回、２００８年10月下旬に『床下の小人たち』映画化が社内レベルで決定した。ただし、企画書のタイトルには、宮崎がこの作品の重要なポイントの一つとして見ていた、原作に出てくる「借りぐらし」という言葉が使われていなかった。そこで鈴木が宮崎に提案し、最終的に映画のタイトルは『借りぐらしのアリエッティ』となった。

ここで改めて原作について触れておくと、作者は１９０３年生まれのイギリスの女性作家メアリー・ノートン。彼女は世界恐慌で夫の会社が倒産したのち、さらに第二次世界大戦の影響を受け、４人の子供たちとともにポルトガル、イギリス、アメリカ、そしてまたイギリスと各国を移り住み、その間女優としても活動したりするなど、起伏に富んだ人生を送った人だったようだ。そういう中、子供向けのファンタジーを書き始め、１９４３年に発表した『魔法のベッド南の島へ』が評判になりシリーズ化され、１９５２年に発表した『床下の小人たち』はカーネギー賞を受賞。続編が４作書かれるほど多くの人に愛されるシリーズになった。

この作品に出てくる小人たちは、小さいというだけで、魔法や特別な能力を持っているわけではない。そして、人間から隠れてひっそりと生きており、必要なものはちょっとずつ人間から〝借りて〟きて、知恵と工夫で暮らしている人たちだ。さまざまな試練をくぐり抜けて懸命に生き抜こうとする小人たちのあり方は作者の人生を色濃く反映しており、また、身の丈に合った生活ぶりは大量消費文明に対する批評も織り込まれているように見受けられる。宮崎は、これからますます生きるのが困難な時代になる、そういう時こそこの作品が一層受け入れられる、そう考え、この企画を提案した。宮崎は企画書の末尾に「混沌《こんとん》として不安な時代を生きる人々へこの作品が慰めと励ましをもたらすことを願って……」と記している。

新人監督を抜擢

こうして、原作は決まった。では監督は誰にするか。当時の宮崎とのやり取りを、鈴木は次のように語っている。

宮さんは東映動画時代に組合運動を長くやってきたせいか、正式な話をするときは本音じゃなく建前で話す癖が骨の髄まで染みついています。だから、自分が発案者であることは棚上げにして、「鈴木さん、会社の責任者として監督はどうするつもりなんだ?」と言ってくるわけです。

そのときふと〝麻呂《まろ》〟こと米林宏昌《よねばやしひろまさ》のことが思い浮かびました。（略）僕もそのときまで麻呂に監督をさせようなんて考えたこともなかった。だけど、建前で詰め寄られて、ちょっと腹も立っていたので、宮さんが一番困る名前を出しちゃおうという意地悪な気持ちもあったんですね（笑）。

（『天才の思考』）

米林は1996年の定期採用でジブリに入社したアニメーター。ジブリの中堅どころでは一番と言ってもいいくらい力量には定評があり、『崖の上のポニョ』（2008年）ではポニョが魔法の力を得て水魚とともに地上に向かう、いわゆる「ポニョ来る」のシーンを担当し、宮崎を唸らせる出来映えを示した。三鷹の森ジブリ美術館のオリジナル短編『めいとこねこバス』（2002年）には演出アニメーターの一人として参加し、常設展示の「フィルムぐるぐる」用の映像『進化論』（2008年）では絵コンテと演出を担当したこともあったが、監督の経験はもちろんなかった。

なぜか〝麻呂〟こと米林の名前が浮かんだ鈴木だが、実はそれまでそんなに話をしたことがあったわけではなかった。しかし彼の仕事ぶり、日頃の振る舞いに何かがあったからこそ、その場で名前が出たのだろう。米林の名前を聞いた宮崎も最初こそ驚いたものの、すぐにその気になって「よし分かった。じゃあいますぐ呼ぼう！」と返したという。やはり、そう思わせる何かを米林は持っていたのだ。

ちなみになぜあだ名が〝麻呂〟になったかというと、おっとりした落ち着きぶりが平安貴族を想わせる、という理由で、入社直後から社内でこう呼ばれてきた。

何事も決まると動き出すのが早いジブリ。宮崎と鈴木はスタジオの近くにある宮崎のアトリエに米林を呼び、説得を始めた。原作本を示していきなり「麻呂、次回作はお前が監督をやれ！」と切り出した宮崎に対し、米林は「監督って、思想とか主張が必要ですよね。僕にはそれがないし」と答えた。それに対し、宮崎・鈴木の二人は声を揃えて「それは原作に書いてある！」と応酬。米林は茫然としていたとか。

ともかく、まずは米林が原作本を読んでみることになった。ちょうどその時期は西ジブリ（愛知県豊田市のトヨタ自動車本社工場の一室を借りて、二十数名の新人アニメーターを3年がかりで養成する試み）の研修生選考の真っ最中で、担当者の一人だった米林は選考の合間に本を読み始めたが、一気には読めず机の上に本を置いておいた。すると宮崎と鈴木が入れ代わり立ち代わり米林のところに来ては、早く読めとせっつく。仕方なく米林は原作本を読み終えたが、読んでみるととてもおもしろく、特に、小人たちの生活のさまざまな工夫とその細かい描写が印象的だったそうで、結局、数日の後に、米林はこの作品の監督をやってみることを決めた。

当時35歳、ジブリ最年少監督の誕生である。こうして2008年11月はじめに、『アリエッティ』の企画は動き出した。

ジブリでは、企画は監督主導で決まり、制作も監督中心で進むことが多い。いわば監督中心主義だが、それは高畑・宮崎というまれに見る才能を持った監督がいるからこそであり、一般的にはプロデュースサイドが企画を立ち上げ、企画主導で制作が進むことのほうが多いものだ。今回、ジブリでは企画主導で作品を作ることにした。若手監督の作だからであり、企画者の宮崎がアドバイスや示唆を与えながら、米林監督ら若手スタッフ中心で映像化することとなった。宮崎の企画書は若手での制作を最初から前提としており、そこではすでに、舞台をイギリスから現代の日本に移すことが書かれていた。日本に住んでいるのだから、日本を舞台にしていくべきという、『となりのトトロ』以降の大きな傾向もあるだろうが、勝手知ったる現代の日本を舞台にすることで、制作がぐんとやりやすくなることを意図してのアレンジだった。

2008年11月17日、第1スタジオの3階に『アリエッティ』の準備室が開設された。この企画のシナリオ化、設定作りをするべく、米林と、ほかに数名の若手が机を並べて準備作業がスタート。宮崎は頻繁に足を運んで、この作品の骨格となるさまざまな設定を話したり、ヒントを与えたりしてメンバーを刺激し続けた。

ジブリ新体制への布石

同じ頃、宮崎はジブリの今後3年間についての構想をまとめ、社内で数回に分けて、美術館スタッフも含む全員に説明する会を開いている。ジブリでは初めてのことだった。会社の規模が大きくなり、『ポニョ』は大ヒットしたものの、スタジオを取り巻く情勢は一段と厳しい。今のレベルの製作費を維持できるのか不安も多く、スタッフの年齢は徐々に上がり、ジブリは転換期を迎えている。だからこそ、今後の方針について具体的に示すべきだと考えたためだと思われる。

その説明会で宮崎は、次とその次の長編は若手でいくこと、そして次回作は『借りぐらしのアリエッティ』であることを改めて説明した。若い力の導入についても積極的に語られ、選考が終わり翌2009年4月スタート予定の「西ジブリ」のことや、来年選考の新人（2010年入社）を多めに採用することなども語られた。

この時の〝若手で3年間に2本制作〟の構想は、その2本の次の作品として宮崎駿による大作制作を意識しており、実質的に5カ年計画と言ってもいいものだった。2010年『借りぐらしのアリエッティ』（米林宏昌監督）、２０１１年『コクリコ坂から』（宮崎吾朗監督）、そして２０１３年の宮崎駿監督『風立ちぬ』と、２００９年からの５年間はこの時の構想通りに展開したことになる。

さて、『アリエッティ』の準備室では連日検討が続き、より具体的な脚本構成案、設定案の作成が試みられたが、脚本については結局、『ゲド戦記』の脚本を宮崎吾朗と共同で書いた丹羽圭子に再び参加してもらい、今回は宮崎駿と共同で執筆することが決まった。

２００８年12月20日に第１回目の脚本ミーティングが開かれ、それは翌２００９年１月27日の第７回まで続く。丹羽に週１～２回のペースで来てもらい、宮崎と丹羽を中心とし、鈴木らも参加して脚本作成のために実施されたミーティングだった。宮崎が口頭で話した内容を丹羽が取りまとめて文章化し、適宜補足・修正することで執筆は進んでいったが、ここでの丹羽の仕事ぶりは、後に鈴木も感嘆をもって次のように述懐している。

宮さんという人は最初に全体の〝箱〟を作っておいて、それから細部を埋めていく作り方はできない人なんです。順番にひとつひとつ細部を作っていく。しかも、細部の設定が全体に影響を与えるので、ひとつのアイデアからストーリーが進行しても、一晩寝て起きて、細部をやっぱり変えようということになると、全体がまったく変わってしまう。それを何回も何回も繰り返す。朝令暮改どころじゃなくて、一日に平気で三回変わったりもします。これまで何人ものシナリオライターがそれに参って討ち死にしてきました。

でも、丹羽圭子は違いました。（略）普通のシナリオライターは、設定の変更が嫌になって、宮さんに「まず〝箱〟を作りませんか」と提案して、うまくいかなくなる。でも、丹羽圭子はそういうことを一切言わず、ひたすら書き直し続けたんです。

（『天才の思考』）

こうした丹羽の奮闘もあり、1月末には第3稿が完成し決定稿となった。短期間でここまで順調に脚本制作が進むのは珍しいことで、宮﨑は丹羽に感謝したという。

宮﨑作品は絵コンテが脚本でもあり、絵コンテ執筆中に制作を開始するが、これは実写、アニメーションを問わず極めて異例のスタイルであり、新人監督を起用する本作では、制作開始前に脚本を完成させることが当然の前提であった。このシナリオ作りの過程で、主人公の少女・アリエッティと翔《しょう》少年の、触れ合いと交流、あえて言えば淡い恋が作品の重要な柱になることがはっきりとしてきた。ちなみに、「翔」という少年の名前は丹羽の発案である。

一方、米林によるキャラクター設定も進み、アリエッティ、ホミリー、ポッドらの設定が固まり、宮崎のOKが出た。アリエッティは特にいろいろなバリエーションが検討された。ちょっとお姉さんっぽいもの、まだ幼い感じのもの、可愛《かわい》さが強調されたもの、はたまたナウシカを思わせる女戦士風のもの等々。

米林はスカーレット・オハラが好きとのことで、参考に『風と共に去りぬ』を見たりしたこともあったそうだが、宮崎からは、アリエッティを人間としてちゃんと描く、ふくらはぎもしっかり描く、健康的に、肉感的に、すっくと立っている女の子、緊張感を持って生きている、といったようなアドバイスがあり、結局、活動的だけれど家庭的でもある、思春期の女の子の揺れる気持ちが表現された現在の形にまとまった。

さて、脚本決定稿ができ上がる頃には、いよいよ絵コンテにも取り掛かることになるが、これまでのジブリ作品においては、高畑勲、宮崎駿、宮崎吾朗を除いて、自ら絵コンテを描いた監督はほとんどいなかった。天才アニメーターだった近藤喜文が監督した『耳をすませば』ですら、絵コンテは宮崎が描いている。しかし今回は鈴木が、「絵コンテはどうする?」と尋ねてみると、米林がはっきりと、「僕がやります」と宣言したため、米林自身が絵コンテを手がけることになった。

第1スタジオ3階の準備室は2009年1月30日に解散し、米林はスタジオ外のとある部屋にこもって、絵コンテ執筆作業に専念。これは、宮崎から米林を守るための、鈴木の計らいだった。

麻呂が「絵コンテは自分でやろうと思います」と告げると、宮さんも「よし、お前は男だ。俺は手も足も出さない」と答えました。でも、それを真に受けるとひどい目に遭うことは分かっていたので、僕は近くにマンションの一室を借りて、そこに麻呂を隔離しました。（同前）

最初は手探りで始めた絵コンテ作業だったが、米林は徐々に調子をつかんでいく。そして絵コンテを宮崎に見せないことを決め、鈴木と相談しながら作業を進めた。4月18日には、もう大丈夫ということで、完成前だったが再びスタジオ内に戻り、メインスタッフの場所に陣取って米林の絵コンテ執筆は続いた。

その頃、鈴木の依頼を受けて、宮崎は設定図となるイメージボードを十数枚描いて提供した。また、当初から作画監督はベテランの賀川愛、山下明彦の二人が想定されていたが、ほかのメインスタッフも美術監督は武重洋二と吉田昇、色指定は森奈緒美、映像演出はいつも通り奥井敦と固まってゆく。なお、宮崎の関与はこのあたりからぐっと減少し、制作が本格化してからはノータッチだった。この頃より宮崎は、2009年5月23日開始のジブリ美術館の企画展示「崖の上のポニョ展」の作業に注力してゆく。

5月15日、スタッフ向けの作品説明会が行われ、18日、ついに作画イン。こうして制作が本格的にスタートした。米林はまず絵コンテを仕上げることに集中した。制作期間が1年ちょっとということもあり、本作では絵コンテを極力早い段階で仕上げて制作のスピードアップを図ることが目論まれたが、米林の頑張りにより、作画インの1カ月後の6月19日には絵コンテが完成。以後、米林はその絵コンテに沿って約1年間、ひたすら画面作りに力を注いでいった。

新たなジブリ作品の誕生

2009年4月頃、1枚のCDが鈴木のもとに届いた。送り主はフランスのブルターニュ地方出身のアーティスト、セシル・コルベル。ジブリには頻繁にCDが送られてきており、鈴木がそれらを聴くことはほとんどない。しかし本作の主題歌について悩んでいた鈴木は、この時偶然にもセシルのCDを聴いて彼女の抜擢を即座に思い立った。米林に聴かせたところ彼も大いに気に入って、まずはセシルに連絡してみることになった。手紙には連絡先が書いていなかったがホームページが見つかったのでメールを送ったところ、翌日すぐに返事が返ってきた。セシルとのやりとりはこうして始まり、5月には正式に主題歌を依頼。ジブリ作品で主題歌を海外のアーティストに依頼したのは初めてだった。

セシルは後に主題歌となる「Arrietty's Song」と、ほか数曲のイメージ曲のデモ音源をすぐに完成させ、日本に送った。それを聴いた鈴木は、背景音楽もセシルに作ってもらうことを思いつく。この映画は、オーケストラが奏でる壮麗な曲は似合わない。セシルの、ケルトの流れをくむアコースティックでシンプルな曲が背景音楽にもいいのではないか。その考えに米林も同意し、その旨を改めて依頼したところ、セシルはこれを快諾。さらにデモ曲作りが続けられた。

セシルは2009年9月に来日、打ち合わせを行ううちに、主題歌を日本語で歌うことを自ら提案したという。帰国後、試しにデモを作ってもらったところ大変いい出来だったので、主題歌は日本語と英語両方で録音するものの、日本語版をメインでいくことが決まった。

2010年5月2日からはスタジオジブリの試写室でアフレコが開始された。キャストはアリエッティに志田未来、翔に神木《かみき》隆之介《りゅうのすけ》、ホミリーに大竹しのぶ、貞子に竹下景子、スピラーに藤原竜也《たつや》、ポッドに三浦友和、そしてハルに樹木希林《ききりん》という実力派揃い。5月19日にアフレコは終了したが、同じ頃、5月29日に仕上げと撮影両方がアップして映像の作業も完了した。そして6月24日に初号試写を迎え、映画はついに完成。初号終了後、試写室内で宮﨑は真っ先に立ち上がり、米林の右手を持って高らかに掲げ、〝麻呂、よくやった〟と言ってスタッフの前でねぎらった。こうして若手監督による瑞々《みずみず》しいジブリ作品が誕生した。

展覧会×映画の相乗効果

映画が完成すれば、次なる課題は宣伝だ。

前作、『崖の上のポニョ』のキャンペーンで全国の映画館を回った際、鈴木はあることに気づく。従来の劇場宣伝でポスターと並んで主流だったはずの〝スタンディ〟と呼ばれる立体看板が、どの劇場でも少なくなっているのだ。その代わりに登場したのが、〝バナー〟と呼ばれる劇場の壁に貼る幅数メートルの横断幕のような巨大ポスター。そこで鈴木は『アリエッティ』の宣伝の一つとして、このバナーを活用することを思いつく。

このころになると、全国の主要な映画館がほぼシネコンに切り替わっていました。じつはそれによって、減り続けていたスクリーン数が回復していくんです。１９５０〜60年代には７０００を超えていた劇場は、映画産業の斜陽化とともに激減。一時期は２０００館を切っていました。でも、シネコン化によって、ひとつの映画館が複数のスクリーンを持つようになり、２０１０年にはスクリーン数が３４００まで増えていました。

シネコンは１館につき、だいたい７〜８スクリーンを持っています。そうすると、同時期に５〜10タイトルの映画を上映することになる。劇場側がそれらを等しく宣伝するかというと、そんなことはなくて、必ずその時期のイチオシというのがあります。劇場の壁はその作品のバナーで埋め尽くされることになる。

当時ヒットしていた『パイレーツ・オブ・カリビアン』シリーズは、登場人物一人ひとりのバナーを作って、それを壁一面に並べていました。そんな中でスタンディをぽつんと置いてもまったく勝負にはなりません。

『アリエッティ』では、「どうせ作るなら、一番大きいやつを作ってやろう」ということで、10・５×１・８メートルの巨大バナーを制作しました。（略）小さいバージョンも作り、とにかくバナーを配りまくって、劇場を〝アリエッティ一色〟に染めていく作戦に出ました。

（『ジブリの仲間たち』）

こうして作られたバナーには、庭の緑の中に身長10センチのアリエッティが隠れている絵が描かれ、「人間に見られてはいけない。」というこの作品のコピーをビジュアル化したことで話題を呼んだ。

劇場宣伝に注力する一方で、鈴木は宣伝におけるデジタルとアナログのバランスにも新たな考えを取り入れることにした。従来の宣伝は新聞広告などアナログを中心とするものが主流だったが、インターネットの隆盛に伴い、全情報の半分をデジタルにする方針を提唱したのだ。そこには、鈴木なりのロジックがあった。

ポイントは半々というところです。逆にいえば、まだまだアナログもしっかりやらなきゃいけないと思っていました。

たとえば、アナログの代表が新聞です。僕はこれまで一貫して新聞広告には力を入れてきました。新聞の購読者層を見ると、中心となる世代が50代から60代、70代へと上がってきています。そのデータを見て、「新聞広告はもうやめて、ネットに集中しよう」という広告関係者もいました。でも、僕から言わせれば、それはナンセンスです。逆の見方をすれば、年輩の人たちは新聞を情報源にしているからです。とくにジブリ映画のターゲットはオール世代。新聞を使わない手はないと思っていました。（略）「宣伝費が少ないから新聞を削る」のではなく、「宣伝費が少ないからこそ新聞に使う」。そういう発想をすることで、結果が変わってくる映画もけっこうあるんじゃないか？　僕はそう思っています。

（同前）

鈴木が特に重視したのが、映画の特集が組まれる朝日新聞の夕刊。単館系の映画館では、金曜日に広告を打てば土曜日の数字が上がるというデータも出ていた。

また、展覧会も作品の宣伝に貢献した。映画の公開にあわせてこの時期に開催されたのが、東京都現代美術館での「借りぐらしのアリエッティ×種田陽平展」。美術監督である種田陽平が、小人の住む世界をセットとして再現したこの展覧会には、通常の倍の予算がかかることとなり、当初は共同主催者である日本テレビの賛同をなかなか得ることができなかった。そこで鈴木は、日本テレビの会長であり、東京都現代美術館の館長でもあった氏家齊一郎に対して、種田本人が直接プレゼンを行う機会をセッティング。プレゼンは成功し、「おもしろそうだな、トシちゃん。やろう！」との氏家の鶴の一声によって、展覧会が実現する運びとなった。

展覧会が始まり、『アリエッティ』のセットの中で来場者が楽しんでいる様子がニュースで放送されると、入場者が殺到。展覧会と映画の相乗効果により、作品はさらに認知・拡大していった。

こうした宣伝のさなか、映画は2010年7月17日に公開され、興行収入92億5000万円、動員765万人の大ヒットを記録。同年の邦画ナンバーワン作品となった。ジブリは休む間もなく、前述の3年間の計画に沿って、翌2011年公開の次回作制作へと進む。なお、2010年6月には3階建ての第5スタジオが完成し、7月から業務を開始している。また、西ジブリが8月に撤収、スタッフは東京・小金井のスタジオ勤務となり、新作制作に合流した。

第18章

時代の変わり目の渦中に作った『コクリコ坂から』

異例の5カ年計画

２０１１年に公開された『コクリコ坂から』は、２００６年の『ゲド戦記』に続く宮崎吾朗の第２回監督作品である。この企画は、宮崎駿監督が２００８年11月に社内で発表した、スタジオジブリの向こう３年間の計画に基づいていた。それは『崖の上のポニョ』公開後のジブリの中長期的なあり方をまとめたもので、若手監督で今後３年間に２本の劇場用長編作品を作り、２０１０年、２０１１年の２年連続で公開するというプランだった。若手で短期間で作ることの目的はいくつかあったが、中でも大きいのが若手の作品は新しい時代を切り拓《きひら》くのでは、という期待だった。

この計画に沿って２０１０年夏に公開されたのが米林宏昌監督の『借りぐらしのアリエッティ』であり、すでに同作については社内の説明会の時点で作品も監督も決まっていた。しかし、続く２０１１年夏の公開作が『コクリコ坂から』に決定したのは２０１０年１月のことで、社内説明会からさらに１年以上の月日を要した。

次回作の企画を検討

話を少し戻して、『ゲド戦記』が終わった後の宮崎吾朗について振り返ってみよう。2006年夏の『ゲド』公開後、吾朗は〝リハビリ〟も兼ねて、三鷹の森ジブリ美術館にいったん戻っていろいろな仕事をした。カフェの皿洗いもやったそうだが、2007年2月にはジブリ美術館の「団長」に就任。団長というのは、ジブリ美術館全体の運営母体である財団法人徳間記念アニメーション文化財団と、当時ショップやカフェの運営会社であった株式会社マンマユート団の両方の団長ということで、ユーモアも込めて命名された。この肩書きのもと、席をジブリ美術館の近くにある美術館のアトリエ（通称「草屋《くさや》」）において、かなり自由な立場から、展示の企画・構成や商品企画のアドバイスなどをしばらくの間、柔軟にこなしていった。

この期間の主な働きとしては、種田陽平に美術監督を依頼した企画展示「小さなルーヴル美術館展」（2008年5月〜2009年5月）や、ギャラリー展示「パンダコパンダ展」（2008年2月〜5月）、「二つの生と死 〜『崖の上のポニョ』と『スカイ・クロラ』から見えてくるもの展」（2008年6月〜11月）、そして県立神奈川近代文学館で開催された「堀田善衞《よしえ》展　スタジオジブリが描く乱世。」（2008年10月〜11月）などの展示の仕事がある。「堀田展」で吾朗は、「スタジオジブリが堀田善衞作品のアニメーション映画化を試みる」という想定で、美術スタッフとともに何点もの絵を描いた。

しかし、そうした活動を続けている間も、鈴木敏夫プロデューサーはずっと吾朗に「次の映画の企画を考えるように」と促し続けた。こういうものは勢いがあるうちにやった方がいいという考えから、鈴木は『ゲド』公開直後から、折に触れて新企画を提案するよう吾朗に話し続けたという。

最初は避けていた吾朗も段々と「これは逃げられない」と思うようになる。「堀田展」で、仮想の設定ではあるが映画制作を意識して描いたイメージボード、美術スタッフが描いた美術ボードが刺激になったこともあったようだ。吾朗は徐々に、内外の児童文学を「映画化可能かどうか」を考えながら読み始めるようになった。そして2008年10月、新作映画の企画を考えることを前提に、吾朗は草屋から小金井の第3スタジオ2階に、若干名のスタッフとともに移動。ジブリ美術館の展示の仕事も一部継続しながら、次回作の企画書作りに本格的に取り組み始める。

リンドグレーン作品に着手

こうして吾朗は、2008年の秋以降、児童文学を読み込み映画化を検討するわけだが、しかし、なかなか「この作品を映画にしよう」というところにまで至らなかった。もっとプロデューサーに近い場所にいた方がいいだろうということで、2008年12月には、鈴木の部屋の隣のプロデューサー室（通称「PD室」。第1スタジオ3階）に席を移動。年が明けてさらに企画検討は続く。この時期、吾朗は国内、海外を問わずいろいろな児童文学を検討した。イメージボードを描いたりもし、宮﨑駿とも話し合いをしている。

その合間には、気分転換も兼ねて、『読売新聞』のコマーシャルの絵コンテを描き、演出を担当した。完成は2009年7月で翌月から放映開始。この作品は宮﨑駿、鈴木の二人が大好きな杉浦茂のキャラクターを使った15秒のCMで、企画は宮﨑駿。いわば初の親子共演作で、短いながらとてもいい感じの作品に仕上がった。

さて、2009年5月、ようやく対象となる児童文学が固まる。『長くつ下のピッピ』などで有名なスウェーデンの作家リンドグレーンの『山賊のむすめローニャ』である。吾朗はPD室の隣の準備室も使いつつ、この企画の準備を始めた。すると開始早々、たまたまそれを知った近藤勝也が「『ローニャ』だったらやってみたい」と自ら志願。近藤は『魔女の宅急便』『崖の上のポニョ』などで作画監督を務めた腕ききのアニメーターであり、ではやってもらおう、ということで作画監督が決まった。『アリエッティ』の担当カットを終えた近藤は6月からこの企画に参加。この後、吾朗・近藤の二人によってイメージボード、キャラクタースケッチなどが描かれてゆき、吾朗はシノプシスをまとめた上でシナリオ作りへと進む。

吾朗は9月には完全に席を準備室に移して、近藤とともに『ローニャ』の企画準備に専念。しかし、開始から数カ月経過するうちに、段々とこの企画の厳しさが感じられ始めた。12月に入り、再び気分転換の意図も込めて、鈴木は吾朗・近藤の二人にCMの制作を依頼。今度は日清製粉の110周年記念のコマーシャルだった。鈴木が以前描いた猫のキャラクターを使い、吾朗が絵コンテを描き演出し、近藤が作画したが、筆ペンの柔らかいタッチで描かれた猫（後に「コニャラ」と名付けられた）がとても可愛らしく、2010年3月から放映されると大変好評で、後に続編が3本作られた。

しかし、『ローニャ』の準備作業はますます重苦しいものになってきていた。

二十数年前の企画が急浮上

暮れも押し迫った2009年12月27日、宮﨑駿は鈴木に重大な提案をする。『ローニャ』の準備は中断する。そして、マンガ『コクリコ坂から』を映画化する、と。『ローニャ』の企画にやはり行き詰まりを感じていた鈴木は、宮﨑から『コクリコ坂から』の名前を聞いて、一瞬のうちに二十数年前のことを思い出した。マンガ『コクリコ坂から』は、『風の谷のナウシカ』公開後の夏に、映画化はどうだろうと議論したこともあった作品だったからだ。
鈴木は当時を次のように振り返っている。

遡ること二十年前。信州の山小屋で夏休みを過ごす際、宮さんは姪っ子が置いていった少女漫画雑誌を繰り返し読んでいました。その中で目にとまったのが『耳をすませば』と『コクリコ坂から』。遊びに来た押井守や庵野秀明らと、「どうやったら少女漫画を映画にできるか」を議論したりもしていました。

結果的に『耳をすませば』は一足先に映画化したものの、『コクリコ』のほうは時代に合わないという理由で企画を断念していたんです。ところが、今回は宮さんの中に明快な企画意図ができあがっていた。

――二十一世紀に入って以来、世の中はますますおかしくなってきている。なんでこんな社会になってしまったのか？　日本という国が狂い始めるきっかけは、高度経済成長と一九六四年の東京オリンピックにあったんじゃないか。物語の時代をそこに設定すれば、現代に問う意味が出てくる――

その考えを聞いて、僕も非常に納得するものがありました。高度成長の結果、暮らしは豊かになったけれど、その後、バブルが崩壊。〝失われた十年〟を経て、いっこうに未来は見えてこない。社会全体が閉塞感に覆われているのを感じていたからです。

（『天才の思考』）

マンガ『コクリコ坂から』についてここで少し紹介すると、作者は高橋千鶴、原作者は佐山哲郎《てつろう》で、講談社の月刊誌『なかよし』に1980年に掲載された少女マンガだ。宮崎の著書『出発点』に収録された文章に詳しく書かれているが（『脚本 コクリコ坂から』角川書店刊にも再録）、宮崎はこのマンガを読んだ当時、人を恋する真情にあふれている、主人公たちが断固としていて軟弱でないのがいい、などの点が気に入ったとのことで、『ナウシカ』制作後の神経症的な疲労の回復にずいぶん役立ったそうだ。

『コクリコ坂から』の名前を久しぶりに聞いた鈴木は、即座にその映画化を決意。年が明けてすぐに、鈴木は吾朗にその旨を伝え、吾朗もその提案を受け入れた。こうして2010年1月、映画『コクリコ坂から』の企画が決定した。作画監督はそのまま近藤勝也が担当し、脚本は宮崎駿が書くことになったが、鈴木の提案により、『アリエッティ』と同様に、丹羽圭子が脚本執筆に参加することになった。つまり『ゲド戦記』は宮崎吾朗・丹羽圭子の脚本だったが、

『コクリコ坂から』は宮﨑駿・丹羽圭子の脚本となる。

宮﨑のこの映画化企画には、原作マンガに対する大きな変更点がある。原作は描かれた当時そのままの時代設定、つまり1980年頃の話だったが、前述の経緯もあって、宮﨑はこれを東京オリンピック前年の1963年に変更した。今の日本の枠組みができたのはおそらくその頃であり、今、映画の時代をそこに設定することには意味がある、という考えからだった。1963年は高度経済成長と大量消費社会が本格化した頃であり、今の社会のあり方の直接的な始まりの時期にあたる一方、終戦後18年でまだ戦争の影響が残っていた時期でもある。

また、原作マンガは舞台を特に定めていなかったが、宮﨑は映画の舞台を横浜と特定して企画を立てた。これまでのジブリ作品は、時代、舞台、いずれも特定していないことが多かったので、『コクリコ坂から』はその点異色である。また、それとつながる話だが、ファンタジーの要素が一切ない点はジブリ作品では初めてのことだろう。

なお、『山賊のむすめローニャ』は後に吾朗の手で、NHKとドワンゴの共同製作で全26話のテレビシリーズ『山賊の娘ローニャ』として制作され、2014年から2015年にかけて放送された。

軌道修正でテンポアップ

宮崎は2010年1月27日付で「企画のための覚書」を脱稿し、映画の企画意図をスタッフに改めて示した。その頃、マンガ『コクリコ坂から』の作者と原作者の二人から映画化について快諾を得て、いよいよ映画制作の具体的な準備作業が始まった。

映画『コクリコ坂から』の脚本執筆については『アリエッティ』の時と同様に、宮崎・丹羽・鈴木・PD室スタッフの計4名が宮崎のアトリエに集まり、週約1回のペースでミーティングを繰り返して進められた。監督中心主義で作品を作ってきたジブリが、企画中心主義に移行して成功を収めた前作『アリエッティ』。その手法が『コクリコ坂から』でも引き継がれ、企画からシナリオまではプロデュースサイドで作り、それをもとに監督が絵を描いていく方式がとられたというわけだ。

宮崎がホワイトボードや模造紙に構成案をぎっちりと書き、それを先生のようにほかのメンバーに対して口頭で説明していく。話した内容を丹羽が取りまとめて適宜補足・修正し、シノプシスを次回までに作成、それをまた検討して宮崎が新たなアイデアを加え、まとまったところからシナリオにしていくスタイルだ。2月1日の第1回ミーティングから約2カ月半を経て、

4月17日にシナリオは完成した。『アリエッティ』の時は正月をはさんで1カ月と1週間ほどでシナリオが完成しているので、この時よりは時間がかかっている。

なお、この作品の舞台である1963年は、宮崎駿が東映動画に入社した年。高校生である主人公たちと宮崎では、青春を謳歌した時期がずれている。一方で鈴木は当時高校1年生だったことから、その時代の中高生たちが世の中をどのように見て、何を感じていたのかを当事者として理解していた。そのため、宮崎は脚本制作の間、鈴木を熱心に取材し、団塊の世代の青春をシナリオに反映していった。

宮崎・丹羽によるシナリオ執筆中、吾朗・近藤は、宮崎の書いたプロットに基づいてイメージボードを描き、作品イメージを固める作業を進めていたが、1スタ3階の準備室には時々、宮崎が顔を出し、直接イメージを伝えたりしていた。また、吾朗は横浜などへロケハンにも行った。宮崎はその後、コクリコ荘などのイメージボード、美術設定についてのラフスケッチを十数点メインスタッフに提供している。

こうしてシナリオは完成し、4月19日、いよいよ吾朗は絵コンテの制作に取り掛かる。近藤はキャラクターデザインやラフレイアウトを並行して進め、準備室にはどんどん絵が増えていった。『ゲド戦記』の時もそうだったが、吾朗は絵コンテをライカリール（絵コンテをカットごとに秒数に合わせて撮影し編集し、仮のセリフを入れたもの）にして、実際の完成映像により近い形で確認しながら作業を進めた。ただし、『ゲド戦記』の時は初監督ということもあって、すべての絵コンテを完成させてから作画インしたが、今回はもともとスケジュールが厳しいこともあり、絵コンテの途中で作画インすることは当初から織り込み済みだった。ちなみに『ゲド戦記』の時は部分的に他の人も絵コンテを描いているが、今回はすべて吾朗一人で執筆している。

なお、絵コンテとライカリールの作業中に、吾朗は鈴木の意見を受けて、映画のテンポを約1・3〜1・5倍に引き上げ、全体を明るくする軌道修正を行った。この時代、人々の動きはもっとテキパキしていた、と。また、冒頭にあったLST（戦車揚陸艦）の爆発シーンをカット。こうしたこともあり、絵コンテも予定以上に時間がかかってしまったが、この作業によって、吾朗自身、映画の方向性をしっかりとつかんだようだ。

9月13日、ジブリ社内において『コクリコ坂から』の作品説明会を宮﨑駿、宮崎吾朗、鈴木の3人でスタッフに向けて行い、同日、ついに作画イン。こうして『コクリコ坂から』の制作が本格的に開始された。

吾朗の席は、メインスタッフのスペースにそれ以前から設けられていたが、絵コンテ作業の間は、絵コンテ用の作業場とメインの席を行ったり来たりが続いた。吾朗がメインスタッフの席に完全に移動したのは2010年の年末。今回のコンテ制作がそれだけ大変だったからであろう。そして絵コンテは2011年1月8日に完成した。

震災と原発事故

ジブリは1990年代中盤以降、ほぼ2年に1本のペースで作品を発表してきたが、『コクリコ坂から』と前作『借りぐらしのアリエッティ』は久々の2年連続での長編制作・公開だった。そのためもあってスケジュールはタイトだったが、キャラクターデザインの近藤と作画監督5名の計6名、美術監督4名、色指定2名、動画検査と動画検査補が計4名と、メインスタッフにいつも以上のスタッフを配置するなどして、スタジオの力を結集して制作作業は進められた。西ジブリを一年前倒しして撤収し、2010年8月に小金井のスタジオに合流した二十数名、同年4月に新人採用で入社した十数名の若いスタッフも力になった。

しかし、制作が追い込み中の2011年3月11日、東日本大震災が発生。原発事故も引き起こされた。スタジオに目立った被害はなかったが、当日、交通機関が止まり二十数名が帰宅できなくなったため、社内で炊き出しを行い社内保育園に宿泊した。ちなみにジブリ美術館でも180人以上の来館者が帰れなくなり、その晩は館内で一泊してもらっている。スタジオでは、こういう時こそ仕事を続けるべきだ、我々にできることは映画を作ることだという宮﨑駿の意向により、あまり日をおかず作業を再開。しかし3月13日に計画停電実施が発表され、日中は停電になる可能性が出てきたため、コンピューターのサーバーをその間止めざるをえず、仕上げ・撮影のデジタルの部門は夜勤シフトを敷く変則的な対応をしばらく強いられた。結局停電はなかったが、震災と原発事故はただでさえ厳しいスケジュールをさらに圧迫した。

当時の状況を鈴木は次のように語っている。

原発事故の影響で計画停電も行われて、現場をどうするかが大問題になった。吾朗くんからは、「とりあえず三日間は休みにしましょう」という提案がありました。制作進行を考えると厳しい面がありますが、状況を考え、僕もやむなしと判断しました。

ところが、それを知った宮さんが怒ってしまった。

「生産現場は離れちゃだめだよ！　封切りは変えられないんだから、多少無理してでもやるべし。こういうときこそ神話を作んなきゃいけないんですよ」

宮さんの言うことも分かります。高畑、宮﨑の時代はそれでよかったのかもしれない。でも、いまの時代にそれをやろうとしたら、いろんな支障が起こる。とくに、昔と今では家族のありかた、子どもを育てる環境があまりにも違う。だから、僕は一定の休みは必要だと思ったんです。だから、出られる人は出る。出られない人は家のことをちゃんとやる。そういう曖昧な結論にしました。

（『天才の思考』）

そんな状況下、阪神・淡路大震災の時と同様に、スタッフの中で活動可能な有志が被災地へボランティアに向かっており、『コクリコ坂から』完成後の7月には40名以上のスタッフが現地入りをし、会社もそれを支援した。

音楽と声の出演者

さて、『コクリコ坂から』の音楽だが、まず、企画・脚本の宮﨑駿が当初から主題歌に「さよならの夏」（作詞：万里村《まりむら》ゆき子、作曲：坂田晃一《こういち》）を提案していた。１９７６年に放送された同名テレビドラマの主題歌で、オリジナルは森山良子《りょうこ》の歌唱だったが、吾朗は手嶌葵に新たに歌ってほしいと希望を出した。では誰かにアレンジをお願いしようということになり、ヤマハの担当者が挙げた候補者の中に武部聡志《たけべさとし》の名があった。武部のアレンジとピアノで手嶌が歌ったある曲を聴いた鈴木はその出来映えに感心し、また、たまたま鈴木も吾朗もＮＨＫの番組で武部を観ていて好印象だったことがわかり、アレンジを依頼することに。主題歌は万里村によって新たに歌詞の追加があり、手嶌の歌唱で「さよならの夏～コクリコ坂から～」として完成した。

鈴木は武部のアレンジの才能を高く評価し、映画の音楽全体も依頼することを発案、吾朗ほかの関係者の賛同を得て、劇伴も武部が担当することになった。武部は「学校の音楽室で流れるような素朴な楽器の曲」「当時の空気を表すようなジャズやラテン」の二つのプランを柱に本作の音楽を作曲した。

さらに『コクリコ坂から』では、1961年の大ヒット曲「上を向いて歩こう」(作詞：永六《えいろく》輔《すけ》、作曲：中村八大《はちだい》、歌唱：坂本九)も使われることになり、宣伝コピーも「上を向いて歩こう。」になった。ほかにも宮崎吾朗作詞・谷山浩子作曲・武部聡志編曲・手嶌葵歌唱の挿入歌2曲や、声の出演者がドラマの中で歌う歌などバラエティに富んだ曲が登場し、全体に明るく軽快な音楽に彩られている。

声の出演者については主役の小松崎海に長澤まさみ、風間俊《しゅん》に岡田准一がキャスティングされ、さらに竹下景子、石田ゆり子、柊瑠美、風吹ジュン、内藤剛志、風間俊介、大森南朋《なお》、香川照之らが出演。『ゲド戦記』でアレンを演じた岡田をはじめ、以前ジブリ作品に出たことがある馴染みの俳優が多い。収録は2011年5月2日から19日にかけて行われた。長澤は最初、明るめの声で演じていたがどこか軽く、吾朗の意見でやや無愛想に演じたところ、それがうまくはまり、人に媚びない凛《りん》とした海のキャラクターがより明確になった。

初の自治体タイアップとネットでの宣伝

前述のような事情もあり制作状況は非常に厳しかったが、2011年6月23日、初号試写を迎え作品は完成した。並行していつも通り宣伝が活発に行われたが、ジブリ作品では初めて、映画の舞台となった横浜市とタイアップしさまざまなPR活動が行われた。

とはいえ、これまで特定の地域だけではなく、全国の人に見てもらいたいという考えから〝ご当地映画〟になることをなるべく避けてきたジブリ。なぜ今回は自治体とのタイアップに踏み切ったのか。鈴木はその経緯を次のように語っている。

自治体が映画の宣伝とタイアップしてもいいものなんだろうかということも気になりました。それで、市長の林文子さんにお会いしたとき、率直に聞いてみたんです。

「市長自らがタイアップに乗り出したりしても大丈夫なんでしょうか？」

「鈴木さんともあろう人が、なんて古くさいことを言ってるんですか。これからは自治体もこれぐらい積極的にやらなきゃだめなんですよ」

すっかり諭されてしまいました。（略）

現場担当の貝田泰史さんというのもおもしろい人でした。市役所に入るまでは塾の先生をやっていたそうですけど、まるで昔の広告代理店マンみたいに元気なんです。次から次へと企画書を持ってきて、内容は非常におもしろいんだけど、とにかく予算がない。それを持ち前のアイデアと体力で打開しようとする。

こういう人に会うと、やっぱり何とかして協力しようという気になります。普通のタイアップだと、僕らが企業に宣伝をしてもらうという形になるんですが、このときはこちらが横浜市の活性化に協力するという感じになりました。

（『ジブリの仲間たち』）

こうして、山下公園から元町、港の見える丘公園にかけてのエリアの活性化を目的として、スタンプラリーやソーシャルメディアと連動したキャンペーンが実施されることとなった。

また、メインのタイアップ先はＫＤＤＩに決まった。ジブリとして映画で携帯電話会社とタイアップすることはこれが初である。実のところ、これまでもドコモやソフトバンクを含めた携帯電話各社からタイアップの提案はあったが、宮崎駿が携帯電話やコンピューターを嫌っていることもあり、これらの申し出はすべて断る方針をとっていたのだ。

そんな状況を変えるきっかけとなったのが、２００９年に東京都現代美術館で開催された「メアリー・ブレア展」。ジブリで展覧会を担当している橋田真が、この展覧会でＫＤＤＩの協賛を取り付けたことを契機に、続く「借りぐらしのアリエッティ×種田陽平展」でもＫＤＤＩの協賛を得ることになり、展覧会は成功を収めた。そうした経緯から、『コクリコ坂から』でもＫＤＤＩからタイアップの申し出があり、鈴木はこれを実現させるべく、宮崎を説得することにした。

「好むと好まざるとにかかわらず、やっぱりいまの宣伝はネットなしじゃ成立しません。本気でやろうと思ったら、携帯電話の会社とも組まなければいけないと思うんです」

（同前）

そう鈴木が言うと、最終的には宮崎もこれに賛同。ＫＤＤＩと正式に契約を交わす運びとなった。

さらにIT企業ドワンゴの会長である川上量生《のぶお》が、2011年はじめからジブリにプロデューサー見習いとして通うようになっていたこともあって、これもジブリ作品としては初めて、インターネットを使ったさまざまなプロモーションが本格的に展開された。当時の宣伝を振り返って、鈴木は次のように語っている。

『アリエッティ』のとき、「情報の半分をデジタルにする」と宣言したものの、正直なところ、従来のチームだけではネットの世界に疎くて、対応しきれない部分がありました。だから、川上さんとKDDIという援軍が加わったことは、僕にとってはかなり心強かった。

PCと携帯電話のスペシャルサイトや、auの店舗での展開など、いろんなことをやってもらいましたが、これが後にスマートフォン向けの会員サービス「ジブリの森」へとつながっていきます。（同前）

映画の公開は2011年7月16日。457スクリーンで封切られ、興行収入44億6000万円、動員355万人を記録し、その年の邦画第1位となり、また、日本アカデミー賞最優秀アニメーション作品賞などを受賞した。

『コクリコ坂から』制作中、震災発生直後の2011年3月28日、日本テレビ放送網の氏家齊一郎会長が亡くなった。ジブリの初代社長であった徳間書店社長の徳間康快が2000年に亡くなった後、スタジオジブリとジブリ美術館の支えとなってくれていた人物であり、高畑勲、宮﨑駿、鈴木敏夫、宮崎吾朗らはその死を深く悼んだ。その後、スタジオジブリの玄関には、徳間と並んで氏家の写真も掲示されるようになった。なお、『コクリコ坂から』に登場する徳丸理事長は、徳間康快がモデルである。

第19章

力を尽くした『風立ちぬ』。その後の引退と再始動

「事実上未完」の原作を映画に

『風立ちぬ』は『崖の上のポニョ』以来5年ぶりとなる、宮﨑駿監督11本目の劇場用長編アニメーションである。『ポニョ』と同じく原作も宮﨑だが、今回は『風の谷のナウシカ』『紅の豚』と同様に、自身が描いた同名の原作マンガが存在している。

原作マンガが連載されたのは、『紅の豚』の原作『飛行艇時代』やそれを含む一連のシリーズ『宮﨑駿の雑想ノート』と同じく、模型雑誌『モデルグラフィックス』。2009年4月号から2010年1月号までの全9回の連載だった（10月号は休載）。宮﨑による『風立ちぬ』の創作ノートには2008年という年数が記されているそうなので、この作品の構想自体は『ポニョ』制作終了後の2008年後半から始まったようだ。ただ、宮﨑自身は最初から映画化を想定してこのマンガを描いたわけではなかった。

マンガ『風立ちぬ』は、零戦の設計技師・堀越二郎の半生を、1920〜30年代を背景としつつ、堀辰雄の小説『風立ちぬ』のモチーフも大胆に織り交ぜながら描いたもの。そのモチーフというのは、大まかに言うと、結核にかかっている少女と軽井沢で出会い、婚約するが相手は亡くなってしまうというもので、これは堀辰雄の実人生が色濃く反映されている。それゆえ宮崎の『風立ちぬ』の主人公は、実在した堀越二郎と堀辰雄の半生が融合して生まれた、フィクションとしての堀越二郎ということになるだろう。タイトルももちろん堀辰雄の小説から借りている。

現実の堀越二郎は1903年生まれで、堀辰雄はその翌年生まれ。二人はいずれも1921年に第一高等学校に入学し、二人とも学生寮に入っている。その後二郎は1924年に東京帝国大学工学部航空学科に、堀はその翌年に同じ東京帝大の文学部国文科に入学する。つまりこの二人は、同じ場所で青春時代を送っていたことになる。マンガ版『風立ちぬ』には「妄想カムバック」というフレーズがタイトルに添えられており、第1回には作者名の下に「資料的価値はない」という言葉も書かれていた。これは、史実を一応踏まえつつも、宮崎の想像力、妄想力を全開にして、兵器にまつわる人間ドラマを描いた連作マンガ『宮崎駿の雑想ノート』を思わせる記載であり、実際、宮崎としてはマンガ版『風立ちぬ』を、『雑想ノート』と同様に、自分の趣味の作品のつもりで描いた。

なお、登場人物はほとんど顔が動物化されて描かれており、二郎は『紅の豚』のポルコ・ロッソのように豚の顔だった。連載は全9回だったが、これは予定通りというわけではなく、宮崎によれば「事実上未完」であり「挫折」を味わったとのこと（後述の映画版『風立ちぬ』企画段階での「中間報告」の記載による）。その頃制作が本格化した、ジブリ美術館オリジナル短編アニメーションの一作『パン種とタマゴ姫』（原作・脚本・監督：宮﨑駿、２０１０年11月20日より三鷹の森ジブリ美術館で上映開始）の作業に追われてそうせざるをえなくなったのだった。

戦闘機は大好き、戦争は大嫌い

実は宮﨑が当初構想した映画企画は、『崖の上のポニョ』の続編だった。『ポニョ』の公開直後に待望の初孫を迎えた宮﨑には、孫を喜ばせたいという思いもあったのだろう。しかし、これに反対したのが、プロデューサーの鈴木敏夫だった。鈴木はその理由を次のように語っている。

ジブリはこれまで続編は作らないという方針でやってきたわけで、僕としてはその点が引っかかりました。もうひとつ気になったのは、『ポニョ』の続編が幼児を喜ばせる作品になるんだろうか？　ということです。

というのも、『ポニョ』自体、必ずしも小さな子どものための作品になっていなかった部分がありました。上映中の映画館の様子を聞くと、ポニョが波に乗って登場するシーンで、泣きだす子がけっこういたというんです。やっぱりあのシーンにはある種の狂気がある。大人が見るとおもしろいんだけれど、幼児が見ると怖いんですね。

（『天才の思考』）

今作るべき作品は、『ポニョ』ではない。そう考えた鈴木が宮崎に提案したのが『風立ちぬ』だった。時期は2010年夏とのことなので、『アリエッティ』公開の頃だ。

宮崎に『風立ちぬ』の映画化を提案した理由とその経緯について、後に鈴木は『風立ちぬ』の劇場用パンフレットに掲載されている「日本人と戦争」という原稿で次のように綴っている。

戦闘機が大好きで、戦争が大嫌い。宮崎駿は矛盾の人である。人間への絶望と信頼、その狭間で宮さんは生きて来た。ではなぜ、彼はそうなったのか？

あまり知られていないが、宮崎駿は戦争について詳しい。日本はむろんのこと、世界の戦史についても詳しい。特に独ソ戦について語るときは熱くなる。局地戦の数々についても入手出来る限りの様々な本を読んでいるし、戦闘に使用された戦闘機や戦車などなど武器の類に至るまで知識が豊富だ。彼の話によると2000万人の人が死んだそうだ。そして、人間が体験した一番愚かな戦争だと断罪する。

一方で、彼は平和への希求を誰よりも激しく望んでいる。若き日には、反戦デモなどにも数多く参加し、現在もその気持ちを抱き続けている。

そんな彼が、ゼロ戦を設計した堀越二郎を主人公に漫画連載を構想し始めたのは、5年ほど前のことになる。今日、話したばかりだが、彼の創作ノート「風立ちぬ」には2008年と書かれていたそうだ。

そんな彼のことを熟知していたぼくは、当たり前のように、今度は「風立ちぬ」を作ろうと提案した。しかし、彼の返事はにべも無かった。

「鈴木さんはどうかしている。この漫画は俺の趣味の範囲で描いている。映画化などとんでもない」

「アニメーション映画は子どものために作るべきで、大人物を作ってはいけない」

しかし、ぼくは食い下がった。プロデュースの基本は野次馬精神である。宮﨑駿が戦争を題材にどういう映画を作るのか。戦闘シーンは宮さんの得意技。まさか、今度の映画で好戦的な映画は作るわけにはゆかない。そのことはあらかじめ分かっていた。得意技を封じられるとき、作家は、往々にして傑作をモノする。

この話を持ちかけたのが2010年の夏。その後、ぼくと宮さんは何度も話し合う。そして、秋のことだったと記憶している。

「わかった。映画になるかどうか、検討してみる。暮れまで待って欲しい」

企画が決定した日を忘れない。12月28日だった。年が明けて、宮さんはすぐに絵コンテに取り掛かる。二郎の子ども時代と関東大震災のさなか、二郎とヒロイン菜穂子《なおこ》の出会いまであっという間に描いた——。

ちょうど、東日本大震災が起きる前日のことだった。

戦後68年、人間への絶望と信頼を抱き続けて来たのは、何も宮﨑駿に限らない。このテーマこそ、日本人の抱える一番の問題だと僕は確信していた。

２０１３・５・28

こうして宮﨑が鈴木に２０１０年12月21日付で提出した「風立ちぬ　中間報告」と題する書面には、原作マンガにはなかった、主人公二郎とヒロイン菜穂子の関東大震災での出会いというアイデアとともに、最終的な映画作品とほぼ同じA案と、青年期以降にストーリーを絞り夢のシーンも出てこないB案の、二つの映画化プランが書かれていた。宮﨑はこの中間報告の書面を基に鈴木と相談。そして前述の２０１０年12月28日、仕事納めの前日に、２０１３年夏公開のスタジオジブリ作品として『風立ちぬ』を制作することが正式に決定したのだった。

初めて実在の人物をモデルに

年が明けて2011年1月10日、宮崎は企画書を完成させた。改めてこの『風立ちぬ』という企画を眺めてみると、宮崎が深い興味を抱いている二つの要素、戦闘機（特に堀越二郎の作った飛行機）と戦前の近代日本文学（その中でも堀辰雄の小説）が組み合わさっている点がとてもユニークだ。

堀越二郎については小学6年生の頃に当時発売された堀越の本（おそらく奥宮正武《まさたけ》と共著の『零戦 日本海軍航空小史』であろう）を友人から借りて読んだのが最初の出会いだったそうだが、それ以来の長い蓄積が反映されている。

一方の堀辰雄。宮崎は『ポニョ』の時にも、夏目漱石の影響を受けつつ作品を制作しているが、そうした日本の近代文学への関心は、『ハウルの動く城』制作後に古い文学全集を繰り返し読んだあたりから顕著になってきたことである。その頃読み返した本の中に堀辰雄も含まれており、堀については、戦争の時期に青春を送った人々がどのように生きたのかをよく伝える文学として、ずっと敬意を抱いてきたようだ。

前述のように、堀越二郎と堀辰雄は同世代。しかし、この二人を融合させて一人のキャラクターにするというのは、仮に思いついても普通はなかなかやらないであろう。それをやってしまうのが宮﨑の独創性ということになる。いずれにせよ、実在の人物をモデルにした映画というのは宮﨑にとって初めてのことであり、それによって（それだけが理由ではないが）ファンタジー色が薄くなったのも、この映画の大きな特徴である。宮﨑にとって、リーマンショック後はファンタジーを簡単に作れない時代が来た、という思いがあり、それがこの企画に反映されている。

また、数十年にわたって物語が展開するのも宮﨑作品では初めてのこと。大きな歴史の流れを背景として、その中で出会い愛し合うようになる男女を描くこの映画は、イギリスの映画監督であるデヴィッド・リーンが手がけた『ドクトル・ジバゴ』のような歴史ロマンの趣もあり、長い期間を描く映画ならではの、歴史を踏まえた奥行きが生まれている。なお、映画では人物の顔を動物化することはやめて、すべて人間の顔で描いている。この点に限らず、宮﨑は映画化にあたり原作マンガをいろいろ変更しているが、これは原作マンガにとらわれず、この『風立ちぬ』を1本の映画としてどのように作るのが最善か、を原点に立ち返って考え抜いた結果だといえる。

敬愛する人々への思いを込めて

この映画にはほかにも、イタリアの航空機製作者にして設計者のカプローニが「挑発者であり、助言者であり、二郎の内面の代弁者」（企画書より）として二郎の夢の中に現れ、重要な役を演じている。カプローニ社の作った飛行機にCa・309という軍用偵察機があるが、これの愛称はGHIBLI、つまりジブリ（ギブリ）。スタジオジブリの名称もカプローニが製作した飛行機から来ているわけで、この点からもわかるように、宮崎は以前からこのカプローニ伯爵と彼が作った飛行機が好きだった。劇中でカプローニが語る飛行機への思いは、飛行機を含む20世紀の文明に対する宮崎の考えの反映にも思え、映画に深みを与えている。

また、宮崎が深く敬愛する文学者、堀田善衞もこの作品に影響を与えている。カプローニが何度も二郎に言う言葉、「力をつくして」は、堀田が生前に出した最後のエッセイ集『空の空なればこそ』に引用されている旧約聖書の伝道の書にある「凡《すべ》て汝《なんじ》の手に堪《たう》ることは力をつくしてこれを為《な》せ」から来ている。「力をつくす」はこの映画の中心的テーマと直接結びついた言葉であろう。

さらに一点付け加えると、この映画が描く時代について宮崎が関心を抱く理由の一つに、父親の存在がある。宮崎の父親は1914年生まれ。関東大震災を9歳の時に経験しており、4万人近い焼死者を出した被服廠《ひふくしよう》跡の広場を、妹の手を引いて逃げ回り生き延びた。宮崎から見た父親は、大義名分とか国家の運命にはまったく関心がなく、家族のことだけを考える人だったそうで、どのようにしてああいう人になったのか、父親が生きたあの時代はどういう時代だったのかを知りたいと思ってきたそうだ。ちなみに宮崎の父親は、戦時中は兄（つまり宮崎の伯父）を助けて軍需工場を切り回していたが、その工場は軍用機の部品を製造していた。そうしたこともこの映画の題材と関係があるといえる。

震災シーンと東日本大震災

さて、宮崎は2011年1月13日にジブリの第2スタジオ2階にスペースを設け、そこで絵コンテを描き始める。今回も『崖の上のポニョ』と同様、水彩絵の具でほとんどのカットを着色したとてもカラフルなコンテを描いていった。そして関東大震災のシーンを描き終えた翌日、あの東日本大震災が起きたのだった。宮崎は震災のシーンを残すべきか悩んだが、歴史上起きたことということもあり、残すことを決断。そのままコンテを描き続けた。

そうしていくうちに、この映画のメインスタッフも徐々に固まっていった。作画監督に高坂希太郎、美術監督に武重洋二、撮影監督に奥井敦といずれも宮崎作品をこれまでも支えてきた面々だが、色彩設計も再び保田道世が担当することになった。保田は長年高畑・宮崎両監督の作品で仕上げの責任者を務めてきたが、『崖の上のポニョ』の後にいったんジブリを退社。が、宮崎にとってこの映画の色彩設計は保田以外に考えられず、再度の登板となったのだ。

２０１１年６月30日、社内の制作系スタッフを集めて作品説明会を開催。「問題意識を持って、この時代と向き合って作品を作りたい」と宮崎は語った。

そして２０１１年７月６日、作画打ち合わせが始まり、映画『風立ちぬ』の制作は本格的にスタートした。

前述のように、『風立ちぬ』はフィクションとはいえ、実在した人物がモデルであり、描かれる時代や舞台は現に存在した70〜90数年前の日本が主である。そのため、制作開始と同時にデッサン講習が社内で実施され、作画スタッフは和服の描き方などを改めて学んだ。また、美術スタッフは古い街並みで知られる愛媛県喜多郡内子町《うちこちょう》にデッサン合宿に行っている。とはいえ、それらは時代考証を正確に行うためというわけではなく、いかにそれらしい感じが出せるようになるかに主眼を置いて実施された。

『風立ちぬ』も、絵コンテの完成前に作画に入るという宮崎作品ではお馴染みの方式で制作を開始しており、宮﨑は上がってくる絵のチェックをしつつ絵コンテを描き続けた。手描きによる作画と背景美術の制作スタイルも従来通りであり、制作期間中は宮﨑をはじめスタッフは、基本的にひたすら絵を描き続ける毎日だった。

重慶爆撃をめぐる葛藤

そして、絵コンテは映画のラストにさしかかった。戦闘機は好き。しかし、戦争には断固反対。この矛盾をどう解消するのか？　絵コンテをあるシーンまで描き進めたところで、宮﨑はこの問題と対峙《たいじ》せざるをえない状況に追い込まれた。それが、幻となった重慶爆撃のシーンである。当時の状況を鈴木は次のように語る。

飛行機は「美しい夢」であると同時に、人を殺す道具にもなる。当然、彼の中には葛藤が生じるはずです。そのせめぎ合いの中で、青年はどう生きたのか。テーマはそこに収《しゅう》斂《れん》していくはずでした。

具体的にいえば、二郎が戦闘機を開発する過程だけでなく、その戦闘機が戦場で何をしたのかを描かなければいけなかった。彼の作った零戦の最初の任務のひとつが、中国の重慶への爆撃でした。スペインのゲルニカ爆撃に続く、世界でも最初期の無差別爆撃です。そこから世界中で都市への無差別爆撃が行われるようになり、現代でも市民を犠牲にする空爆が続いています。（略）たぶん、重慶爆撃をきちんと描いた映画はこれまでなかった。それをやるのは意義があるし、宮さん自身がやるべきだと言っていた。

ところが、絵コンテを描き進め、そのシーンまで来たとき、宮さんは激しい葛藤に苦しむことになりました。ひとつには、そのシーンを描いたら、お客さんがどう受けとめるかということです。爆撃によって人々が無惨に殺されたあと、二郎が何と言おうとも、共感を得るのは難しいでしょう。

（『天才の思考』）

こうした宮﨑の葛藤に加えて、鈴木自身にも爆撃を受けた当事国である中国の反応への懸念があったが、『風立ちぬ』の製作者でもあった日本テレビの氏家齊一郎からの後押しもあり、二人は改めてこのシーンの実現を模索することになる。

しかし、宮﨑にはもう一つ、絵描きとしての葛藤があった。零戦が編隊を組んで戦場へ飛んでいくシーンを何枚描いても、納得のいくものが描けない。自分以外のアニメーターに画面設計を依頼してみたりもしたが、それでも満足のいくものはできなかった。そうして悩みぬいた挙句、とうとう宮﨑は、重慶爆撃のシーンそのものをなくす決断を下すに至る。
なお、この幻の重慶爆撃シーンについては、『風立ちぬ』公開翌年に『文藝春秋』で企画された高畑、宮﨑、鈴木の鼎談《ていだん》でも高畑から指摘を受けており、宮﨑は次のように答えている。

高畑　僕は『風立ちぬ』を多くの女性と同様に堀越二郎と菜穂子の恋愛映画だと思って観て、恋愛映画として納得しました。でも、これは言っちゃっていいのかな。映画の終盤に変わり果てた大量の零戦が並ぶシーンがありましたが、その前に、この大戦で何があったのか、客観描写でいいから描くべきだったたんじゃないかなと思いましたね。
宮﨑　それは僕も十分考えました。でも、そういうシーンを描くと、アリバイ作りのような気がして……。それでもうやめようと。
高畑　零戦が残骸になると同時にまず人間が、あんなに大勢死んだんです。ある一定の年齢より上の人はともかく、若い世代には、あの戦争がどういうものだったか分かっていない人がたくさんいる。だから、どういう形ででも描いてほしかった。でも宮さんが十分考えた上だとは思った。考えないわけないから。
宮﨑　うん。零戦に関するドキュメント映像をたくさん観すぎたせいもあるかもしれないけれど、そういう証言や記録はいっぱいあるわけですね。そういうものにまったく触れずに、アニメーションだけで全部を観客に理解してもらうのは無理だろうと。棘《とげ》になるだけだと思ったんです。当初の構想では、そういう場面を入れていたんだけど、零戦は日中戦争から終戦までずっと飛んでいますから、長くなってしまうんですね。
高畑　でも、ほんの短くても、どういうことがあったか思い出すだけの時間があってもよかったと思うね。
宮﨑　パクさん（高畑氏の愛称）のような意見が出てくると思っていましたけど、それを描いたとして、零戦の設計者である堀越二郎の人間像が変わるかといったら、全然変わらないんですよ。
高畑　それはわかりますね。

（「スタジオジブリ30年目の初鼎談　宮さん、もう一度撮ればいいじゃない」『文藝春秋』２０１４年2月号）

最終的に絵コンテは公開年の２０１３年1月末に完成、全カット数は１４５０となった。その後も制作作業は続けられたが、5月には作画、美術、ＣＧなど各パートが次々にアップし、撮影も5月28日には終了。作画枚数は16万1545枚に達した。

主役の声に庵野秀明を起用

『風立ちぬ』の声の出演者だが、ユニークなのが、主人公堀越二郎を『エヴァンゲリオン』シリーズや『シン・ゴジラ』などで知られる、映画監督の庵野秀明が演じていることだろう。キャスティングは2012年の9月から本格化したが、二郎についてはなかなか決まらなかった。12月のある日、鈴木が打ち合わせ中にふと庵野の名前を口にし、宮崎もしばし考えた後にあり得るかも、と思い始めたことから突然候補者として浮上。2日後には早くもオーディションが行われ、急転直下で決定に至った。後に宮崎は記者会見で庵野にオファーした理由として「庵野が現代で一番傷つきながら生きている感じを持っていて、それが声に出ていると思ったからです」と語っている。

ヒロインの菜穂子を演じたのは瀧本美織《たきもとみおり》。宮崎からは「昔の人は生き方が潔い。必死に生きようともがく感じではなく、与えられた時間を精いっぱい生きている、そんなイメージで演じてほしい」とのアドバイスを受け、それを意識して演じた。

また、カプローニは狂言師の野村萬斎《まんさい》が演じたが、このキャスティングは宮崎と鈴木が早い段階から希望していたもの。宮﨑は録音時、野村に「カプローニは二郎にとっての〝メフィストフェレス〟だ」と説明した。

ほかに本庄を西島秀俊《ひでとし》、黒川を西村雅彦、里見を風間杜夫《もりお》、二郎の母を竹下景子、加代を志田未来、服部を國村隼《くにむらじゅん》、黒川夫人を大竹しのぶがそれぞれ演じているが、西村、竹下、志田、大竹は二度目、あるいは三度目のジブリ劇場映画出演である。

庵野のほかにもう一人、異色のキャスティングと言えるのがカストルプを演じたスティーブン・アルパート。彼も役者ではなく、スタジオジブリの元取締役で海外事業部の部長だった人物だ。90年代後半から2000年代にかけてジブリ作品の海外展開に大きな役割を果たし、宮﨑の海外出張にも毎回同行していたが、2011年末にジブリを退社していた。そもそもカストルプはアルパートをモデルとして造形されたキャラクターであり、宮﨑はアルパートの日本語のしゃべり方に以前から不思議な魅力を感じていたので、そのまま声の出演をすることになった。

声の録音は、いつも通りスタジオジブリ第2スタジオ地下の試写室で、2013年4月17日から5月16日の間に断続的に行われ、計12日間で終了している。

『魔女の宅急便』以来24年ぶりの〝ユーミン〟起用

音楽はいつも通り久石譲が担当した。制作の早い段階から音楽の打ち合わせも始まったが、久石は今回、感覚をつかむのにいつもよりずっと長い期間を要し、着手から1年2カ月ほどかかった。これまでの宮崎作品のようにファンタジー中心ではなく、実在の人物がモデル、リアルな時代設定といった点が実写映画に近いものを感じさせたことが理由だった。そうしたこともあってか、これまでの宮崎＝久石コンビ作品では必ず行われた、まずイメージアルバムを制作し、それを生かして本編用のサントラ音楽を制作する、というプロセスは今回は行われず、サントラ用の音楽のみが制作され、CD発売がされている。

音楽収録は2013年5月末に行われたが、宮崎の希望もあって今回はいつもより小編成のオーケストラで演奏された。また、鈴木の案を取り入れて、ロシアのバラライカやバヤンなどの民族楽器、あるいはアコーディオンやギターなど、いわゆるオーケストラ的でない楽器をフィーチャーしたのも『風立ちぬ』の音楽の特徴である。

主題歌は荒井由実（現・松任谷由実）の「ひこうき雲」。松任谷の同名デビューアルバムに収録されている名曲で、松任谷は『魔女の宅急便』以来24年ぶりの宮崎作品登板となるが、この主題歌も急展開で決定している。

2012年の暮れに『魔女の宅急便』『おもひでぽろぽろ』ブルーレイ発売記念トークイベントで松任谷と対談することになった鈴木は、予習のつもりで松任谷のベストアルバムを聴いた。そして収録曲の「ひこうき雲」を聴いているうちに、『風立ちぬ』の主題歌にぴったりだと気がつく。そこで宮崎に聴かせたところ、映画にぴったり合っていることに驚き、主題歌とすることに賛成した。宮崎もこの曲は前から知っていたが、鈴木に聴かされた時は思わず涙が出たという。

そして、12月9日に行われたトークイベントで、鈴木は松任谷に対し聴衆の前で、宮崎の新作の主題歌に「ひこうき雲」を使わせてほしいと突然の公開オファー。松任谷はびっくりしたものの、「鳥肌が立ちました。このために40年やってきたのかな……」と快諾し、こうして主題歌が決定した。なお、この時点ではまだ『風立ちぬ』のタイトルなどは発表されておらず、映画の正式な製作発表はその4日後の12月13日に行われた。

『風立ちぬ』は音響でも独特の取り組みをしている。効果音の大半を人間の声で表現しているのだ。この試みは、三鷹の森ジブリ美術館のオリジナル短編アニメーションの1本である『やどさがし』でそれに近いことが一度行われているが、『やどさがし』はかなり簡略化された絵柄の短編であり、劇場用の長編ではもちろん初めて。リアルな効果音を追求しても限界がある、たとえば本当の零戦の音はすでに存在していない、というような意識からおそらくこの手法は生まれたのではないかと思われる。宮崎は制作の初期段階から効果音を人の声で出すことを考えていたが、もう一点、ステレオではなくモノラル音響にすることも、同様に制作当初からこだわりを見せていて、実際にモノラルで仕上げている。これは宮崎が、以前から映画のステレオ音響に対して種々の問題を感じていたためだったが、『風立ちぬ』の音響は、作品の内容、時代設定ともマッチしていて一部で注目された。

総決算の宣伝戦略

映像と音が仕上がり一つにまとまって、2013年6月19日、『風立ちぬ』は初号試写を迎え、約126分の映画として完成した。なお、『風立ちぬ』はフィルムを一切作成せず、すべてデジタルデータで上映される初めてのジブリ作品となった。

宣伝については、あまりに早く情報が流通して公開前に陳腐化してしまうことを避けるため、公開間近まで極力抑える方針が採られた。劇場では主題歌「ひこうき雲」をフルに使った4分13秒の予告編が6月8日から上映開始され、反響を呼んだ。

また、この日から第2弾ポスターも掲示開始されたが、メインコピーの「生きねば。」は

『もののけ姫』の「生きろ。」を思い出す人も多く、やはり話題になった。が、このコピーはもともとは宮﨑の長編マンガ『風の谷のナウシカ』の、最後のコマの言葉「生きねば……」から来ている。

宣伝コピーについて、鈴木は次のように語っている。

ジブリの映画では、たびたび「生きる」という言葉をコピーに使ってきました。それはおそらくこの30年が、「生きるとは何か」を何度も問い直さざるをえない時代だったからでしょう。

「4歳と14歳で、生きようと思った。」(『火垂るの墓』)
「生きろ。」(『もののけ姫』)
「〝生きる力〟を呼び醒ませ!」(『千と千尋の神隠し』)
「父さえいなければ、生きられると思った。」(『ゲド戦記』)
「生まれてきてよかった。」(『崖の上のポニョ』)

同じ「生きる」でも、作品のテーマと時代の変化に応じて、微妙に表現が変わってきています。

制作が始まってまもなく、ちょうど宮さんが関東大震災のシーンの絵コンテを描きあげた翌日、東日本大震災が起きました。続けて原発事故が発生。東京から逃げ出す人もいたし、スーパーで買い占めが起き、計画停電もありました。混乱の中で思ったのは、二郎や菜穂子も同じような世相の中で生きていたんじゃないかということです。
彼らは何を思っていたのか？　そして、我々はこの時代をどう生きればいいのか？　そんなことを考えていたときに思い出したのが、漫画版『風の谷のナウシカ』の最終巻、最後のコマに書かれた「生きねば……」という言葉でした。寄るべなき時代には、これぐらい強い言葉が必要だと思ったんです。

（『ジブリの仲間たち』）

6月末からはいつも通り多種多様な媒体で大量の宣伝が展開されたが、これはこれまでジブリが培ってきた宣伝手法の総決算ともいえるものだった。『コクリコ坂から』に続いて、今回もKDDIとはタイアップを行い、スポットには主役の声を務めた庵野秀明が出演。さらに庵野は各媒体のインタビューにも露出し、宣伝面で大いに活躍した。従来通りの東宝の配給宣伝や製作委員会による広告展開のほか、ローソンや読売新聞といったこれまで付き合いのあった企業も宣伝に協力。さらに、川上量生はKDDIと連携してネットでの宣伝企画を展開し、

ａｕでは会員サイト「ジブリの森」も立ち上げられ、映画を盛り上げた。

そのほか、ＮＨＫでは宮崎を密着したドキュメンタリーが放送され、出版では文藝春秋より『文春ジブリ文庫』という過去のジブリ作品の制作過程を一作ごとに刊行していくシリーズが始動。アナログ、デジタルの両面で『風立ちぬ』の宣伝が展開されていった。

こうして２０１３年7月20日、ついに公開日を迎えた『風立ちぬ』は全国４５４スクリーンで封切られ、興収１２０億２０００万円を記録して、邦画・洋画合わせたその年公開の全映画の中で1位となった。また、日本アカデミー賞の最優秀アニメーション作品賞と最優秀音楽賞を受賞し、海外でもニューヨーク映画批評家協会賞、ボストン映画批評家協会賞、全米映画批評会議賞などにおいてアニメーション映画賞を受賞。米アカデミー賞長編アニメーション映画部門でもノミネートされたが、こちらは受賞には至らなかった。

引退宣言とその後

『風立ちぬ』制作中に宮崎は種々の限界を感じるようになり、完成前から本作を最後の作品とすることを決めていた。封切から1カ月半後の9月6日、宮崎は吉祥寺のホテルで記者会見を開き、長編映画制作からの引退を世間に向けて正式に発表。しかし同時に、あと10年はいろいろとやっていきたい、という明確な活動継続宣言もその場であった。

会見後、宮﨑はマンガを少し描いたりした後、三鷹の森ジブリ美術館の企画展示「クルミわり人形とネズミの王さま展」（2014年5月から1年間開催）に本格的に取り組んだ。また、これまでの業績により米アカデミー賞の名誉賞を受賞することが発表され、2014年11月には授賞式出席のため渡米している。宮﨑は続いてジブリ美術館の次の企画展示「幽霊塔へようこそ展」（2015年5月から1年間開催）にも取り組んだが、この頃には、ジブリ美術館のオリジナル短編アニメーションの新作企画も考えるようになっていた。

こうして『風立ちぬ』公開から2年後の2015年、短編ではあるが、再びアニメーション映画監督としての活動が始まった。

第20章

8年の歳月を費やした『かぐや姫の物語』

『平家物語』から『竹取物語』へ

『かぐや姫の物語』は『ホーホケキョ　となりの山田くん』以来14年ぶりとなる、高畑勲監督の劇場用長編アニメーション映画である。

1999年の『となりの山田くん』公開以降、高畑の次回作についてはさまざまな検討がされてきた。まず、2000年代前半には、以前から高畑が映画化を考え続けてきた『平家物語』が最有力企画として検討された。だが、結局取り止めとなる。高畑は、『となりの山田くん』で絵コンテ・場面設定・演出を担当した田辺修に次回作でも作画の中心になってもらいたいと考えており、高畑にとって欠かすことのできない最重要スタッフだった。しかし田辺は『平家物語』に難色を示した。この作品において戦のシーンは必須だが、田辺は暴力的なシーンを描く気にどうしてもなれなかったのだ。また、もう一つの理由として、膨大な甲冑《かっちゅう》や武具を描ける作画スタッフを揃えることの困難さもあったようだ。

ここで『竹取物語』の企画が急浮上する。鈴木敏夫プロデューサーの記憶によると、それは2005年頃とのこと。提案者は鈴木だったが、それは、『竹取物語』をいつか映像化するべきだと、以前から高畑自身が言っていたことを思い出したからである。

実は、高畑にとって『竹取物語』は、遡れば半世紀に及ぶ歴史がある企画だった。高畑が東映動画（現・東映アニメーション）に入社して間もない頃、内田吐夢《とむ》監督による『竹取物語』マンガ映画化の企画が持ち上がり、社員全員からその脚色プロット案を募るということがあった。内田は実写の大監督だが当時は東映所属だったので、子会社の東映動画でそういう企画が検討されたこともあったらしい。高畑は当初『竹取物語』に特に興味があったわけではなかったが「かぐや姫はいったいなぜ、何のために地上にやってきたのだろうか」を考えるうちに、興味が強く湧いてきたそうだ。そして、かぐや姫が地上にやってくる前に、月ではこういうことがあった、だから姫は地上にやってきたのだ、というある設定を考え出した。

この独自の作品解釈について、高畑はのちのインタビューで『今昔物語集』と『竹取物語』を比較しながら次のようにも語っている。

『今昔物語集』の娘は、美しいけれども全然人間的じゃないのに対し、かぐや姫の心を描いているのが『竹取物語』の大きな特徴ですね。だからこそ『源氏物語』で〝物語の祖《おや》〟とよばれた。でもその心の動きを読み取ろうとすると訳がわからなくなる。（略）

いや、こんな話を続けていても原作の分析にしかなりませんのでやめますが、そんな訳のわからない『竹取物語』には描かれていないウラがあって、それを解明すれば、原作の筋立てをほとんど変えないまま、かぐや姫に感情移入さえできる、ほんとうの〝物語〟を物語れるのではないか、というのがこの企画（編注／映画『かぐや姫の物語』のこと）なんです。それは、かぐや姫が〝罪〟だの〝昔の契り〟だののために地上におろされた、という原作の言葉から、『なぜ、何のために、かぐや姫は地上にやってきたのか』を読み解けばよい。実は僕は五十数年前、それがぱっと読み解けた気がしたんです。そのヒントは月と地球の違いです。原作に書いてあるとおり、月は清浄無垢で悩みや苦しみがないかもしれないけれど、豊かな色彩も満ちあふれる生命もない。もしもかぐや姫が、月で、地上の鳥虫けもの草木花、それから水のことを知ったら、そして人の喜怒哀楽や愛の不思議さに感づいたら、地球に憧れて、行ってそこで生きてみたくなるのは当然じゃないかと。

（『ジブリの教科書19　かぐや姫の物語』）

結局、内田による企画は実現しなかったが、この時、高畑は、『竹取物語』のアニメーション映画化はおもしろくなり得るとはっきり感じ、日本最古の物語であるこの作品の映像化は、いつか日本人がきちんとやるべきだと、折に触れて思うようになったそうだ。鈴木はこの話を思い出し、それで２００５年にこの企画を提案した。こうして『竹取物語』の映画化がジブリで検討され始める。

若手の参加と企画の頓挫

その頃、高畑の専任担当者として、２００５年2月にジブリに入社した若手の岸本卓《たく》が任命されるというもう一つの動きがあった。高畑の企画を進めるには時間がかかる。誰かが監督の話し相手になって、膨大なやりとりを毎日続けることで、企画を形にしていくプロセスが必要なのだ。『火垂るの墓』以来、その役割を鈴木が担っていたが、今回は岸本がそれを担当することとなった。なお、この時点で、田辺が作画の中心になることは決定しており、次期高畑作品はそれがすべての前提だった。以後、岸本は、高畑の話し相手を務めながら、第４スタジオ（通称４スタ）にいる田辺のところにも通い、『竹取物語』の企画を進めるべく奮闘を続けることになる。

４スタというのはほとんど語られることがないが、ジブリ四番目のスタジオとしてその頃すでに10年以上継続していたスタジオだ（その後２０１６年に撤収）。第１スタジオ等から徒歩約10分の、中央線の南側の場所に存在していて、ほかのスタジオはジブリが建てた建物であるのに対し、4スタは普通の民家を借りたものだった。優秀だけれど、ジブリの通常のスタジオに入って仕事をするのを望まないアニメーターのために、少し離れた場所に別途建物を用意したわけで、仕事内容もジブリ作品限定ではなかった。田辺はその4スタの責任者でもあり、彼を中心に4スタは運営されていた。後に『かぐや姫の物語』に参加した作画の主力メンバー数名は、4スタにいた人たちであった。

さて、後に『かぐや姫の物語』に結実する企画がやっとスタートしたが、絵が上がらなかったため、2005年暮れにこの企画はいったん流れてしまう。高畑自身は絵を描かないので、絵の担当者とやりとりしつつ、田辺が描いた絵を手がかりにいつも企画を進めていく。しかし田辺はどうしてもこの時『かぐや姫』企画の準備用の絵が描けなかった。平安時代のイメージが湧かない、というのが主な理由だったそうだ。また、高畑はこの時期、まだ監督をやるとは明言していなかった。岸本がこの件で初めて高畑に会った時、「『かぐや姫』の企画はいい企画だと思う、しかし自分がやるとは言っていない」と言われたそうで、この頃はまだ、高畑の監督就任は未確定のまま、ひとまず話は進めようという状態だった。『かぐや姫』の企画が進まないため、2005年暮れに、岸本は翌年公開の宮崎吾朗監督作品『ゲド戦記』を担当することになり、この企画はいったん消滅する。

新企画が浮上

『ゲド戦記』公開後、岸本は志願して再び高畑作品の担当に戻った。さらに2006年11月、西村義明《よしあき》が新たな高畑担当として岸本とともに関わることになった。西村も当時まだ20代の若手だったが、ジブリには2002年に入社し、それまで主に宣伝関係を担当してきていた。

西村が参加してからすぐに、鈴木は新たな企画の提案をした。それは山本周五郎の『柳橋物語』。江戸末期を舞台にした時代小説で、庶民の人情と恋を描き、火事が重要な転機となるお話だ。田辺がこの頃、明治時代の人々の動きに興味を持っていたので、それに近い時代だ、ということと、火の表現に高畑が興味を持つかもしれない、といったようなことを考えての提案だった。そしてこの提案は一つの結果を生み出す。本を読んだ田辺が、岸本の働きかけで初めて絵を描いたのだ。

2007年2月、田辺の描いた『柳橋物語』のキャラクターの絵を前にして、高畑、鈴木、岸本、西村の4人が話し合いをした。しかし、高畑はその絵に感心したものの、この絵では長編アニメーションはできない、また、自分はこの作品をやるつもりはないと話し、代わりに「子守唄」の企画を提案する。

紆余曲折による収穫

「子守唄」の企画、それは赤坂憲雄《のりお》著『子守り唄の誕生』を原作とした企画だった。この本は小説ではなく学術書で、かつて日本に存在した子守りの少女たちが歌っていた子守唄について、五木の子守唄を中心に叙述した本である。この本を題材にしてイメージを膨らませ、エピソードを組み立ててストーリーにし、映画を作ろうという野心的な企画提案。これは高畑が以前から抱いていたものだったが、明治期を描くというのは田辺の志向性とも合っているということで、『柳橋物語』の対案として出された。

こうして周五郎作品から一転し、「子守唄」の企画検討が開始された。「子守唄」の企画検討は400日以上続き、その間に2回、熊本県の五木村にも取材に行っている。集めた資料も膨大。しかし、結局この企画も見送られることになった。いくつかのエピソードをまとめて、1本の映画にするための枠組みがどうしても固まらなかったためである。とはいえ、この企画検討中に、田辺がいくつものキャラクターを描き上げたのは収穫だった。特に子供と赤ん坊のキャラクターは、『かぐや姫の物語』前半のあり方に大きな影響を及ぼしている。

また、この企画検討中に、高畑は監督をやることを岸本と西村の二人に対して了解した。

「子守唄」の企画は、決して無駄にはならなかったというわけだ。

さらに、この企画を進める過程で、当時日本テレビ放送網の会長だった氏家齊一郎の後押しも一層明確になってきた。氏家は高畑作品のファンであり、高畑監督の新作をぜひ観たい、そのためには支援を惜しまない、と鈴木に話したのだ。かつての徳間書店社長、徳間康快がそうであったように、氏家は徳間亡きあとのジブリを支えるパトロンとして、高畑、宮崎両監督の作品作りを支え続けた存在。三鷹の森ジブリ美術館の発足の際にも多大な援助を行い、美術館が完成してからはその運営にあたる徳間記念アニメーション文化財団の理事長を務め、鈴木とは月に一度会談をする間柄だった。

こうして高畑の劇場用新作制作のための外的な環境は少しずつ整い始めていた。なお、氏家は残念ながら2011年3月に亡くなるが、最終的に完成した『かぐや姫の物語』には「製作」としてクレジットされている。

脚本家・坂口理子《りこ》の参加

そうした状況下、2008年春、高畑は改めて企画を『かぐや姫』と定めた。しかし、準備用の絵がなかなか上がらない状況が続いた。2008年8月、高畑企画を担当してきた岸本が降板。西村のみが高畑担当として残った。

一人になった西村は、誰かもう一人が必要だ、そしてこの状態を進めるにはまずシナリオを作るのがカギだと考え、旧知の脚本家Aに連絡。高畑と会ってもらい、Aの参加が決定する。

2008年10月には滋賀県大津市に高畑・田辺・A・西村でシナリオハンティングに行き、10月末にはAによるプロット第1稿が完成。その後も脚本会議を続け、2009年1月末に脚本化作業に着手。2月21日にAによる初稿が完成する。『かぐや姫』の企画で全編のシナリオが上がったのはこれが初めてで、その点は画期的だった。また、脚本化作業の中で、田辺がかぐや姫を含む複数のキャラクターの絵を描き始めたのも大きな前進だった。しかしこの脚本は高畑の意向とズレが大きく使えないと判断され、Aの仕事はここまでとなる。そして高畑は、一人で自ら脚本を書くべく執筆に着手するが、なかなか進まない。6月になってもやっと約9分の進捗だった。

そこで7月に、新たに脚本家・坂口理子に参加を要請することになった。坂口を選んだのは、2008年のNHKドラマ『おシャシャのシャン!』を観て感心した高畑の希望によるもので、坂口はいくつもの賞を受賞している実力派。幸いにも坂口と高畑はうまくかみ合ったようで、坂口は8月9日に19ページのプロット案を提出、それを読んだ高畑は、「こういう映画だったんですね」と漏らしたと言う。坂口はその後、脚本執筆を開始する。なお、坂口の参加以降、脚本会議には田辺も出席するようになる。また、9月には作画監督の小西賢一の企画参加も決定している。坂口に参加を要請した頃、高畑は『かぐや姫の物語』の企画書を改めてまとめた。

進み始めた絵コンテ

さて、2009年9月29日にジブリ制作部門の中枢と言える第1スタジオ2階に『かぐや姫』の準備室が開設される。『借りぐらしのアリエッティ』の米林宏昌監督、『パン種とタマゴ姫』の宮﨑駿監督が同じフロアで作業するその隣で、高畑、田辺が机を並べ、小西が顔を出し、週3日のペースで坂口が通って脚本作業は続けられた。

10月20日、坂口の脚本初稿がアップ。読み合わせをしたら3時間半あったので、高畑・坂口・西村の3人で翌週に協議して2時間半にまで削り、これをもって準備稿アップとした。こうして高畑・坂口の共同脚本でこの作品の準備稿がまとまった。この準備稿を読んだ鈴木は宮﨑とも相談の上、正式にジブリで制作することを決定。2009年10月28日の社内会議でその旨を発表した。ちなみに、高畑が禁煙した、というトピックがあったのもこの頃だ。

しかし、制作そのものはその後も順調には進まなかった。2009年末の段階で、絵については翁《おきな》の家、翁と媼《おうな》のキャラクターがやっと固まってきたという状態だった。

この頃、高畑は映画の画面スタイルの方向性について頻繁に話題にするようになる。キャラクターは鉛筆の線を生かして、線の向こうに本物がある、と感じさせるようなものを。背景美術は淡彩で。そして山の生活が生き生きと感じられるものを。結局のところ、そうした美術を実現できる人は一人しかいなかった。男鹿和雄である。アニメーションの背景美術の第一人者であり、『となりのトトロ』『おもひでぽろぽろ』などで美術監督を務めた男鹿。しかし男鹿は『もののけ姫』以降、もう十数年美術監督をやっていなかった。2009年末のある日、西村は男鹿を説得しようとして長時間話し込み、『借りぐらしのアリエッティ』の仕事が終わったら考えてみる、という約束を取り付ける。

さて、2010年になった。前年末より田辺は一人で絵コンテ制作を開始したが、その後、高畑と二人での作業に切り替わる。3月末、7週間かけて総計9分の絵コンテが完成。その後も絵コンテ制作は、極めて遅いながらもじわじわと進められた。4月になり、坂口が再び参加して脚本を手直しし、16日に準備稿を脱稿して製本へ。時間にして2時間半の準備稿は、関係者の間で大変な好評ぶりで、西村は大きな手応えを感じた。その翌月、西村は『かぐや姫』準備室の引っ越しを鈴木から命ぜられる。『かぐや姫』の制作中、ジブリでは常に別の長編を同時に制作中であり、そのため、いずれは小金井市梶野町《かじのちょう》のいつものスタジオとは別の場所に制作現場を設ける必要があった。そろそろ『かぐや姫』専用の場所で作業を始めるべき時期が来ていた。西村は東小金井駅南口近くのビルの2階にほどよい物件を見つける。

男鹿和雄が美術監督に

2010年6月7日、『アリエッティ』の作業を終えた男鹿を訪ねて、高畑は美術監督就任を要請。男鹿は受けてくれた。前年10月末の映画化正式決定から7カ月半が経過していたが、男鹿が加わったことで、この作品の輪郭がはっきりしてきた。田辺、そして男鹿の参加は、高畑がこの作品を成立させる上での必須条件。後に高畑は、男鹿の特異な技術について次のように語っている。

男鹿さんについては、もうほんとうにすごい力量をもっていて、作品のカギになる山での暮らしや何年後かの再訪などの場面は男鹿さん以外に描ける人はいない、と最初から思っていました。水彩でさらっと描いてもいちいちそれが絵になる、しかも山川草木、自然の実感がふわっと広がる、風はさっと吹き込む、そんな絵描きですから、今度の手法にぴたっとはまるだろう、という予測はすぐつく。(略)最近のアニメ美術が煮詰まっているのでは、という話をだいぶ前からしていた仲ですから、関心はもってもらえるはずだと信じてましたが、美術監督をしなくなってから長いので、やってくれるかどうかだけが心配でした。ですからやってくださることになった時はもうほんとうに大喜びでした。

(『ジブリの教科書19 かぐや姫の物語』)

こうして6月12日、新スタジオ「かぐや姫スタジオ」(通称「かぐスタ」)がオープン。スタッフも増えて、制作準備作業が徐々に本格化する。2010年秋には高畑の提案で、どういう映像を目指すのかを把握するためにテストカット数カットを制作。さらに鈴木の指示により、パイロットフィルムの制作を行うことになった。通常のパイロットフィルムと違い、この時は、目指すべき映像を可能にするため、実際の制作作業をどう行うべきかの検証に主眼が置かれた。いわば本編の一部として数カットを先行して制作するような試みだ。

2011年1月17日からパイロットフィルムの作画イン。なお、この時点で絵コンテは約400カット、約37分ができていた。しかしパイロットフィルムの制作中、東日本大震災が発生。地震の直接的被害はなかったが、第1スタジオなどと違い、東小金井駅南口の地域は計画停電が実施されたので、かぐスタはしばしば停電に悩まされた。4月28日、パイロットフィルムの試写。その制作と並行して、かぐスタは本編映像の制作に本格的に取り組むようになる。

『かぐや姫』の特徴の一つに、独特の映像表現がある。いわゆるセル画風の画面とはまったく異なる、キャラクターと背景が一体化し、まるで一枚の絵が動くような表現。また、スケッチのような線で描かれたキャラクターがそのままで動くことで、生命力を強く感じさせるアニメーション。一見シンプルでありながら、高い画力と膨大な手間、そして最新のデジタル技術によって生み出された『かぐや姫』の映像は、高畑の前作『ホーホケキョ　となりの山田くん』の成果を踏まえつつも、高畑の飽くなき探求心と、田辺修、男鹿和雄をはじめとする優れたスタッフたちが全力を注ぐことで初めて可能になった表現であり、アニメーションの新たな到達点となった。しかし、このスタイルを貫き通して1本の劇場用長編アニメーションを制作するには多大な労力と時間を要するのもまた事実であり、スケジュールは常に厳しい状況にあった。

なお、スタッフについてだが、制作現場と同様に、同時進行中のもう1本の長編『風立ちぬ』があるため、常連ジブリスタッフの多くはそちらに参加しており、『かぐや姫』はいつもとは一味違うスタッフ編成となった。メインスタッフのうち、色指定の垣田《かきた》由紀子と撮影監督の中村圭介はT2studioの所属であった。この方針を決めた鈴木は、その意図を次のように語っている。

高畑さんがこだわる人であり、粘る人であることは周知の事実でしたから、最初から少数スタッフで、時間をかけて作る構想でした。それは高畑さんの望むところでもある。同時にこのとき、ぼくとしての思惑もあったんです。『風立ちぬ』はジブリのスタッフだけでやる一方、『かぐや姫』の方は全部外注でやる。企画に合う人を集めて作るというのは、草創期のジブリのやり方です。どういうものができるかということと同時に、スタッフ編成の問題、そしてお金の問題、それらをひっくるめて実験をやりたかった。だから西村からジブリのスタッフの応援要請があったときは全部遮断してきた。外注だけでやってみろと。

(『仕事道楽　新版』)

〝受け身ではない意志のある声〟を求めて

日本のアニメーションはほとんどの場合、声の録音をアフレコで行うが、高畑は以前から、より実感のこもった自然な演技のために、声を先に録音しその音に合わせて作画するプレスコの手法を積極的に採用しており、『かぐや姫の物語』もプレスコ中心で録音が行われた。

キャスティングの検討は2011年春にはすでに始まっており、主役のかぐや姫はオーディションで選ぶことになって、ゴールデンウィークの頃に実施されたがなかなか適当な声に出会えない。かぐや姫にふさわしい、〝受け身ではない意志のある声〟が見つからなかったのだ。

そんな時、オーディションに現れたのが朝倉あき。朝倉の声を聴いた高畑と西村プロデューサーは「彼女なら可能性がある」とうなずき合った。朝倉はオーディションの後、落ちたと思って駅までの道を泣きながら歩いたそうだが、高畑は結局、「声の悲しみ方が良かった」という理由で数百人の候補者の中から朝倉を選んだ。

2011年8月、ジブリの試写室でプレスコを開始。朝倉あきのほかに、翁役の地井《ちい》武男《たけお》、媼役の宮本信子、相模《さがみ》役の高畑淳子、斎部秋田《いんべのあきた》役の立川志《たてかわし》の輔《すけ》、石作皇子《いしつくりのみこ》役の上川隆也《かみかわたかや》、大《おお》伴《ともの》大納言役の宇崎竜童《うざきりゅうどう》、車持皇子《くらもちのみこ》役の橋爪功《いさお》らがそれぞれ録音を実施。九月には捨丸役の高良健吾《こうらけんご》、御門《みかど》役の中村七之助《しちのすけ》、阿部右大臣役の伊集院《いじゅういん》光《ひかる》のプレスコを行い、以後、それらの声に沿って作画が行われた。2012年6月29日、翁役の地井武男が亡くなったが、ほとんどの録音は済んでいたため、地井はそのまま翁として本作に出演することができた。なお、わずかながら追加録音の必要があったため、三宅裕司がその部分を担当している。さらに201

2年8月には女童《めのわらわ》役の田畑智子《たばたともこ》、炭焼きの老人役の仲代達矢《なかだいたつや》のプレスコを実施。そして映画がほぼ完成に近づいた2013年9月、多くのキャストが補助的なアフレコを行い、北の方役の朝丘雪路も録音を終えて、声の収録が完了した。『かぐや姫』は高畑のこだわりにより、声の録音も通常よりはるかに長い期間と手間がかかっている。

公開に向けて

『かぐや姫』の制作については、2009年8月に、ロカルノ国際映画祭に名誉豹《ひょうしょう》賞受賞のため出席した高畑が、『竹取物語』に基づいた映画を準備中であると明かしたため、以後ファンの間では、おそらくそうだろうということで囁《ささや》かれてきたが、公式発表はしばらくないままだった。その間、前述のように制作は本格化し、かぐスタが手狭になったため、2012年2月にはさらに新しいスタジオ「第7スタジオ」(通称7スタ)に引っ越しを実施、6日から7スタは稼働を開始した。7スタは東小金井駅南口から徒歩十数分の3階建のビルで、かぐスタと違い建物1棟をまるごと借りて、『かぐや姫』制作のために特化した改造を行った。

そして2012年12月13日、『かぐや姫の物語』の正式な製作発表が行われた。『風立ちぬ』の発表と同時であり、その時点では2013年夏に2本を同日公開すると発表。1988年の

『火垂るの墓』『となりのトトロ』以来25年ぶりの高畑作品・宮﨑作品同日公開ということで話題を呼んだ（ただし今回は2本立てではなく別々の劇場）。この2本同日公開は鈴木の提案によるものだったが、当時の高畑の反応は「そうやって煽《あお》って、この作品を公開しようということですか」（『ジブリの教科書19　かぐや姫の物語』）と芳しくなく、「そういうことには協力したくない」と憤ったという。

２０１２年末に完成していた絵コンテは１０２０カット強、約96分で、約３００カットが残っていた。結局は、厳しい制作状況に鑑み本作の公開を秋にずらすことを決断、２０１３年２月５日にその旨が公表され、『風立ちぬ』公開後の８月19日、『かぐや姫』の公開日は11月23日と正式に発表された。

公開延期の余波

『かぐや姫』の公開延期は作品の内容にも影響を及ぼした。それは音楽である。久石譲は以前から高畑作品への参加を熱望しており、高畑も『かぐや姫』の音楽候補として久石の名前は意識していた。もともと、『風の谷のナウシカ』で久石を推したのはプロデューサーだった高畑であり、『かぐや姫』制作中も、実写映画『悪人』での久石の仕事ぶりを評価していた。しかし『風立ちぬ』と同時公開では２本同時に久石が音楽を担当するのはさすがに無理ということで、当初は『かぐや姫』の音楽を久石に依頼することはなかった。ところが公開延期が決定し、大変ではあるものの不可能ではない状況となったため、ついに高畑監督作品への久石参加が実現したのだった。

主題歌を担当したのは、現役の僧侶という異色の肩書きを持つ広島在住のアーティスト二階堂和美。高畑が『朝日新聞』のレコード評で二階堂のアルバム『にじみ』を知り、すべてのアルバムを買い揃えて聴いて、二階堂の歌に強く惹かれたことから、主題歌を依頼することになった。二階堂は二度ほどの打ち合わせを経て高畑の求める曲を作り上げ、２０１３年３月、地元広島で高畑立ち会いのもと、お腹《なか》にもうすぐ生まれる赤ちゃんを宿した状態で主題歌「いのちの記憶」をレコーディングしている。なお、高畑は３・11以降、自分は演出家として責任を果たすことができるのかという疑問を感じていたが、「いのちの記憶」を聴いてその疑問は消えたという。この曲のおかげで、『かぐや姫の物語』が３・11以降にふさわしい、人間と地球の連帯を表す映画になると確信したそうだ。

絵コンテは２０１３年３月23日にいったんアップしたがその後数カット微調整があり、最終的に１４２３カットとなった。その後も厳しい追い込みの日々が続いたが、２０１３年10月30

日、企画開始から8年の歳月を経て、ついに初号試写を迎え映画は完成した。総尺137分はジブリ映画で最長である。高畑は自ら『かぐや姫』を評して、アニメーション作品として「今日のひとつの到達点」「一種の夢の実現」と述べている。

"作られたヒット"を望まない監督

こうして完成した『かぐや姫の物語』だったが、公開延期の影響は宣伝面にも及んだ。制作期間を決めずにスタートし、結果として8年の歳月を費やすことになった『かぐや姫の物語』の製作費は50億円。これは日本のアニメーション史上最高額で、本来、商業映画としては成立しえないものだった。しかし当初から採算度外視で進めた企画とはいえ、出資者たちの期待には応えなければならない。『風立ちぬ』との同日上映を提案した際の鈴木の脳裏には、これが作品のプロモーションとして大きな効果を生むはずだという考えも当然あった。それゆえに、同日公開の希望が潰《つい》えた以上は、新たな宣伝方針を打ち立てなければならない。

当初は、プロデューサーである西村に宣伝も任せる意向を示していた鈴木だったが、西村からの要求もあり、二人で宣伝プランを検討していくことになった。ここで最初に問題となったのが、作品のコピーだ。鈴木は高畑が書いた企画書を読み直し、「姫は、地上の思い出によって女を苦しめた罪を問われる。そして罰として、姫は地球におろされることになる」という文章に着目。ここから「罪と罰」という言葉を思いつく。ロシアの文豪であるドストエフスキーの小説タイトルとしても知られる「罪と罰」は、文学や映画でたびたび取り上げられてきた普遍的なテーマでもある。これを活かすことができれば、現代に訴えかけるコピーになる。そう考えた鈴木は、さらに「姫の犯した」というフレーズを付け足し、「姫の犯した罪と罰。」というコピーを考案。これを高畑に提案することにした。

さっそく、桜を見て喜ぶかぐや姫のビジュアルとこのコピーを合わせて高畑に見せに行く鈴木と西村。しかし、その反応は期待したものではなかった。当時の高畑とのやりとりを鈴木は次のように語っている。

「このコピーは、僕が作ろうとしている映画を邪魔することになります」
「でも、高畑さんの企画書の中にあった言葉を使ったんですよ」
「それをテーマにしようとしたのは確かですけど、残念ながら、うまくいかなかったんです。いま作っている作品の内容とは違います」

宣伝は作品の邪魔をしてはならない――高畑さんが繰り返し言ってきた大原則です。監督にそう言われたら、どうしようもありません。僕は引き下がることにしました。

（『ジブリの仲間たち』）

一度は引き下がった鈴木だったが、このコピーがもつ普遍的な意味合いと、従来の『竹取物語』へのイメージをがらりと変えるインパクトに対しては周囲からの評判も悪くない。諦めきれなかった。そこで、第2案を用意した上で、再度「罪と罰」案も高畑に提案することにした。すると案の定、高畑は第2案は問題がないと意見を述べた。対する鈴木は「罪と罰」案を推すスタッフの意見が多いこと、そして第2案は関係者からの評判が良くないことを報告。結果、高畑は「じゃあ、勝手にやってください」と、コピーの方針を鈴木に任せることを了承し、「罪と罰」案でポスターや予告編が作られることに決まった。

なお、このコピーが作品の内容とは乖離《かいり》していることを気にしていた高畑は、その後、部分的に作中の台詞を変更することで、この問題を解消。これには当人の鈴木も脱帽したとのことで、次のように述懐している。

最近の映画というのは、宣伝と内容が以前よりも深く関係するようになっている。観客が映画を見る前に、宣伝コピーを見てしまう以上、本編もそれを無視できない。それが高畑さんの考えでした。つまり、「姫の犯した罪と罰。」というコピーに対して、作品のほうが応えるべきだというんです。（略）

僕は、宣伝というのはお客さんに映画館へ来てもらうための道具だと思っています。映画に興味を持ってもらうきっかけになれば、それでいい。でも、じつはそれがものすごく難しい。そういう意味では、「たかが宣伝、されど宣伝」。それが僕の実感です。ところが、高畑さんはそうは考えない。宣伝と本編に矛盾が出ないように徹底的にこだわる。宣伝を変えられないなら、本編を変える。そこまでやるのが高畑さんという人なんです。（同前）

コピーが決定すると、鈴木は『風立ちぬ』同様に総力戦の宣伝戦略を打ち出すべく、宣伝チームのメンバーに対して、「ひと目でわかる『かぐや姫』10の宣伝ポイント＋α」という資料を共有した。その項目は次の通り。

・『かぐや姫の物語　プロローグ〜序章』ブルーレイ＋DVD100万セット配布！（協賛

パナソニック＋KDDI）
・『風立ちぬ』を追い風に　劇場で1000万人が見た〝疾走する姫〟予告
・アイフルホーム特別協賛CM3000GRP！
・auスマートパス「ジブリの森」と、LINEスタンプのダウンロード累計1500万！
・前代未聞の書店店頭展開！　徳間＋角川→2000店、日販→800店、計2800店
・10万人＋α　戦後最大の映画試写会実施！　TOHOシネマズ、イオンシネマetc
・『夢と狂気の王国』（※ジブリを追ったドキュメンタリー映画）を『かぐや姫』公開の1週間前に先行上映！　プロデューサー／川上量生、監督／砂田麻美
・イオンシネマのロビーでジブリ大会。①宮﨑駿幻のデビュー作『ユキの太陽』上映。②6分間の「プロローグ」特別上映。③「アルプスの少女ハイジ展」
・鈴木プロデューサー大活躍！　歴代最多のテレビ出演。NHK＋民放合計視聴率、目指せ100％！
・朝倉あき＋二階堂和美の全国くまなくキャンペーン！　札幌、名古屋、大阪、福岡etc
・特別協賛　読売新聞&ローソン
（同前）

これらの宣伝の結果、2013年11月23日、456スクリーンで公開された『かぐや姫の物語』は、興行収入24億7000万円を記録。国内はもとより海外でも高く評価され、米アカデミー賞長編アニメーション映画賞にノミネートされた。しかし、高畑最大のヒット作である『平成狸合戦ぽんぽこ』の実質の興行収入である44億7000万円には及ばなかったこともあり、後に鈴木は、「いまなぜ『竹取物語』を映画にするのか？　そこに現代との格闘はあるのか？　そこをしっかり詰めきれなかった。それは企画者である僕の責任です。宣伝を始めるにあたって、あらためてその問題を意識し、〝罪と罰〟というコピーによって、現代との接点を作ろうとしました。一定の効果はあったと思いますが、作品と宣伝が一体になるところまでは到達できなかった」（同前）と述懐。さらに、宣伝をめぐる高畑との緊張関係と、自身が到達した宣伝手法についても、次のように総括している。

宣伝によって意図的にムーブメントを作りだし、その流れに乗って映画をヒットさせる――必要に迫られてやってきたことですけど、僕はその手法をどんどん発展させて、『もののけ姫』で行き着くところまで行ってしまった。高畑さんはそれに対して、大きな抵抗を感じた。だから、『山田くん』では、コピーひとつに対してもきわめて慎重になっていたんだと思います。
高畑さんは〝作られたヒット〟を望まない監督です。本当にその映画を理解してくれる人だけが、心から楽しんで見てくれる。それぐらいの状態が心地いいんだと思います。その気持ちは僕にもよく分かります。だから、『かぐや姫』の宣伝で僕が抵抗したのはコピーだけです。それ以外は、すべて高畑さんの気持ちを汲みながらやっていたつもりです。

（同前）

なお、役目を終えた第7スタジオは撤収することになり、2014年1月17日に高畑や男鹿らも出席して閉所式が行われた。
公開から4年以上経った2018年4月5日、高畑勲は82歳で逝去。『かぐや姫の物語』は高畑の遺作となった。

第21章

若手監督を中心にした新制作体制の編成『思い出のマーニー』

再登板への意欲

『思い出のマーニー』は2010年公開の『借りぐらしのアリエッティ』でデビューした米林宏昌監督の第2作である。米林（通称「麻呂」）は鈴木敏夫プロデューサーの発案でアニメーターから『アリエッティ』の監督に抜擢され、無事映画を完成させたが、その後、一原画マンに戻り宮崎吾朗監督作品『コクリコ坂から』に参加。続く宮崎駿監督作品『風立ちぬ』でも原画を描いていたが、2012年1月のある日、米林は鈴木と話す機会があり「もう一度監督をやらせてほしい」と再登板への意欲を語った。

米林は『アリエッティ』を終えた直後は、すべてを出し切ってやり終えた感じを抱いたそうだ。しかししばらくすると、やり残したことがある、また機会があれば監督をやってみたい、と思うようになっていた。『アリエッティ』は宮崎駿の企画・脚本であり、作品世界の要となるイメージボードも数枚描いていた。そのこともあり、米林は、次はストーリー作りの初めから関わって、もう少し自分でやりたいという気持ちを抱いていたのだ。

米林の意志を聞いた鈴木は、岩波少年文庫の『思い出のマーニー』を手渡し、これを映画化してみたらどうかと即座に提案した。『思い出のマーニー』はイギリスのジョーン・ロビンソンが1967年に発表した児童文学で、邦訳が最初に出たのは1980年。宮崎駿が好きな作品で、宮崎の著書『本へのとびら　岩波少年文庫を語る』に推薦文が載っているが、宮崎はまずもって、この本に出てくる屋敷と、マーニーがいた青い窓のイメージが強く印象に残ったのだった。後にスタッフに語った話によると、この本を読んでからは、海外旅行に出かけるたびにこの『マーニーの窓』を探したそうで、ある時、アイルランドのケンメアでついに自分の思い描く『マーニーの窓』を見つけた、と思ったそうだ。ただし映画化については、とても難しく自分には生涯映画化できないと思っていたとのこと。実際、これまでイギリスを含め、世界のどこでも映像化されたことはないようであった。

鈴木がこの本を選んだのは、作品が素晴らしいのはもちろんだが、ヒロインが二人いる、というのが大きな理由だった。鈴木は『アリエッティ』制作を通して、米林が少女を描くことが大変うまく、本人もそれが好きであることを感じていた。『思い出のマーニー』はマーニーとアンナの二人のヒロインだから、二人を描き分けるのは麻呂にとって楽しい仕事になるに違いない、麻呂にはうってつけの企画だ、と考えたわけだ。

宮﨑駿の提案

さて、『風立ちぬ』の原画を描きながら原作を読んだ米林は、やはり大変おもしろい作品だと思ったものの、困難さも強く感じた。後に記した「企画意図」という文章にはこう書かれている。

文学作品としてはとても面白く読んだし、感動しました。ただ、アニメーションとして描くのは難しい内容でした。物語の醍醐味はアンナとマーニーの会話です。その会話によって、ふたりの心に微妙な変化が生じていきます。そこが何より面白いのですが、どうやってアニメーションとして描けばいいのか。少なくとも僕には面白く描ける自信がありませんでした。

（映画『思い出のマーニー』公式サイト）

1回目の企画検討会議が2012年2月28日に開かれ、そこには『風立ちぬ』制作で多忙を極めているはずの宮﨑駿も参加。そこで宮﨑からは、日本を舞台にするという提案がなされた。イギリスの児童文学を原作にし、日本に舞台を置き換えてアニメーション映画を作るというのは『アリエッティ』とまったく同じだ。日本人が、日本の観客を相手に作るのだからそうするべきだ、という理由と、勝手知ったる日本を舞台にすることで映画制作がぐっとやりやすくなる、外国が舞台だと設定の調査だけで大変、という理由も前回と同様で、これについてはほかの参加者も同意見だった。そしてこの場で美術監督として種田陽平の名前が挙がる。しかし米林は、まだこの原作を映画化する決意が固まらず、会議でもそのように話した。

その3日後の3月2日には第35回日本アカデミー賞の授賞式があり、『コクリコ坂から』がアニメーション作品賞を受賞。鈴木と宮崎吾朗監督、そしてプレゼンターとして前年の最優秀アニメーション作品賞を受賞した米林が出席した。この時、『ステキな金縛り』で美術賞を受賞した種田陽平も出席しており、鈴木は会場で会った種田に、今度はアニメーションの美術をやってほしい、と声をかけた。

種田は大変著名な実写の美術監督であり、岩井俊二監督の『スワロウテイル』、三谷幸喜《みたにこうき》監督の『THE 有頂天ホテル』、クエンティン・タランティーノ監督の『キル・ビル Vol.1』『ヘイトフル・エイト』等で広くその実力が知られている。ジブリともこの時すでに数年来の縁があり、三鷹の森ジブリ美術館の企画展示「小さなルーヴル美術館展」（２００８〜２００９年）と「借りぐらしのアリエッティ×種田陽平展」（２０１０年、東京展）の両方で美術監督を務めていたので、鈴木、米林、宮崎吾朗の3人とも面識があった。が、授賞式の場ではまだ具体的な依頼ではなかったので、種田は、機会があればやります、いつでもどうぞ、と答えるに留まった。

舞台は北海道に

さて、会議の後も、鈴木は『マーニー』しかないだろうという考えを変えなかった。鈴木の意志が固いので、米林ももう少し考えてみる気になり、試みにイメージ画を何枚か描いているうちに、『マーニー』をやってみよう、という気持ちが徐々に膨らむ。

2012年3月14日に米林は7点のイメージスケッチをアップさせた。そして10日ほど後には、原作本の訳者である松野正子《まさこ》の娘さんに会って話を聞き、資料の提供を受けた。こうして2012年4月頃には、『マーニー』の企画を『風立ちぬ』の次のスタジオジブリ作品として進めることが社内でかなり固まってきた。

検討を進めるうちに、鈴木から舞台は北海道がいいのではないか、寒い感じのほうがいいし、洋館があってもおかしくない、と提案があり、米林からはアンナの内面を表現するために、アンナは絵を描く子にしたいという案が出された。5月に米林は、湿地の風景を見るため、プライベートで三浦海岸の江奈湾に出かけたりもしている。また、6月には、マーニーはマーニーのままだが、アンナは「杏奈」とすることも決まった。

さらに、作画監督の候補として安藤雅司の名が浮上。安藤は1990年に研修生二期生としてジブリに入社し、若くして『もののけ姫』『千と千尋の神隠し』で作画監督を務めたトップクラスのアニメーターだが、方向性の違いから2001年にジブリを退社。その後は今敏《こんさとし》監督や沖浦啓之監督の作品などで作画監督などを務めてきていた。当時、安藤は『かぐや姫の物語』で久々にジブリ作品に参加、第7スタジオで原画を描いていたが、この企画の話を聞き、まず原作小説を読み始めた。

その頃、脚本の作業も始まった。『海がきこえる』『ゲド戦記』『借りぐらしのアリエッティ』『コクリコ坂から』の脚本に参加した丹羽圭子（『海がきこえる』では中村香名義）に、今回も鈴木が執筆を依頼した。丹羽は、それまでに描かれた絵を見ながら米林と打ち合わせを行い、まずプロットを書いた。それを元にさらに打ち合わせをし、丹羽は第1稿を2012年の8月5日に書き上げた。

二人のキーパーソン

一方、美術も同時進行で徐々に進み始めた。その頃、種田は中国である作品の美術監督をしていたが、7月に鈴木から電話を受け8月2日にジブリを訪問。事前にジブリから送られてきた原作本を読んだ上で小金井のスタジオに現れた種田は、この日、1回目の美術設定の打ち合わせに参加。この時点で、種田がこの作品の美術監督を担当することはもう既定の事実という雰囲気だったそうだ。

約1週間後に2回目の美術設定打ち合わせがあり、その時は宮﨑駿も参加した。宮﨑はこの日、舞台として瀬戸内海はどうかと提案。しかし米林はやはり北海道でやりたいと主張し、その方向で進むことが決定した。また、この決定を受けて北海道にロケハンに行くことも決まった。この企画の発端には宮﨑もわずかに関わったが、もともと『風立ちぬ』制作中であったこともあり、以後、この作品にはノータッチに。こうして『思い出のマーニー』は、高畑勲・宮﨑駿がクレジットに一切出てこない初めての劇場用長編ジブリ作品となった。

8月末に行われたジブリの社内会議で鈴木は、『マーニー』が『風立ちぬ』『かぐや姫の物語』の後の次回作となることを正式に発表した。

さて、夏の景色を今のうちに見ておくべきだということで、急遽8月下旬にロケハンに行くこととなり、米林、種田、そして美術部と制作部から1名ずつの計4名が根室・釧路《くしろ》・厚岸《あっけし》・札幌・函館などを訪ね、取材を行った。その後も美術に関する打ち合わせは月1回強のペースで2013年1月まで続けられ、種田は種々のスケッチ、設定画、立体模型などを制作し始める。

一方脚本では、第1稿を作画監督候補の安藤に見せたところ、まだ引き受けることを決めていなかった安藤だが、具体的な提案を参考意見として米林に伝えた。それらも反映させつつ第2稿が9月に完成。再び同じようなやりとりがあり、10月に丹羽は第3稿を完成させる。そこからは、『かぐや姫の物語』に続いて本作もプロデューサーを担当することになった西村義明が、まだ『かぐや姫』で多忙を極めていたにもかかわらず、その合間を縫うようにして米林、安藤の打ち合わせを手配し、二人は西村とともに丹羽のシナリオに手を加えていった。

安藤は第3稿が終わったあたりで、ここまで関わったのだからもうやるしかない、ということで、『かぐや姫』の担当作業が終わったら『マーニー』の作画監督になることを承諾した。『マーニー』は安藤、種田2名の参加がスタッフ編成において大きな意味を持っていた。安藤はジブリで育ったアニメーターだが、自ら決意しジブリを離れ、十数年ジブリの外で経験を積んできていた。種田はそもそも実写畑の美術監督である。どちらも、従来のジブリにないものを発揮してくれるのではないか、それがこれまで培ったジブリらしい要素と組み合わさった時に、新しい何かが生まれる作品になるのではないか。そうした期待が二人の起用にはあった。

２０１２年11月27日、米林は『風立ちぬ』の担当パートを終了させ、以後は『マーニー』に専念。12月１日には小金井に比較的近い場所にある建物の一室に準備室を立ち上げ、ラフコンテの制作に取り掛かった。

本格的に制作開始へ

年が明け、２０１３年１月には10回目の美術設定打ち合わせ及びその総括を実施。種田による映画の舞台、建物についての美術設定はここまででほぼ固まった。中でも、立体模型を制作して設定を固めていく実写畑のやり方がとても有意義だったそうで、米林はそれに基づいて絵コンテを描くことができたので非常にありがたかったと述べている。

２月13日、脚本の最終決定稿がついにアップ。メインは丹羽だが、安藤、米林の意見も入っているので、『思い出のマーニー』の脚本クレジットは３人の連名になった。３月２日にはラフコンテがアップし、米林は絵コンテの清書作業に入る。ちなみに絵コンテはおおむね７月中にでき上がり、8月31日に正式にOKが出た。5月7日には『かぐや姫』を終えた安藤が『マーニー』に合流。この日、前述の「企画意図」を書いた米林は、この文を「もう一度、子どものためのスタジオジブリ作品を作りたい。この映画を観に来てくれる『杏奈』や『マーニー』の横に座り、そっと寄りそうような映画を、僕は作りたいと思っています」と結んだ。米林はまた、別の機会に「高畑、宮﨑のいないジブリはこんなものしか作れないのか、とは言わせない」（「プロダクションノート」、映画『思い出のマーニー』公式サイト）とも語っている。温和な米林がこういう発言をするのは異例のこと。シナリオ着手から絵コンテ完成まで約18カ月の期間をかけたことといい、この作品に対する彼の意気込みが伝わってくるエピソードだ。

こうして2013年6月7日に作画イン、6月27日にはそれまで第2スタジオ2階にあったメインスタッフのスペースを、『風立ちぬ』が終わって間もない第1スタジオ2階の定位置に移し、『思い出のマーニー』は本格的に制作が開始された。『風立ちぬ』を終えたスタッフ、そして秋以降は『かぐや姫の物語』を終えたスタッフによって『マーニー』の制作は進んでいったが、前述のように、本作には高畑・宮﨑はほぼノータッチであり、また、鈴木もクレジットは「製作」であり、プロデューサーは若手の西村が担当。作画の安藤、美術の種田の参加もあり、そもそも監督は米林なので、いつもと違う新鮮な空気が現場には流れていた。なお、種田はジブリの美術部に席を設け全カットに目を通しながら指示を出し、最後まで関わった。現在のような制作システムができ上がったここ40年ほどの日本のアニメーション界で、実写の美術監督が劇場用長編の美術監督を全面的に担当したのは、おそらく初めてのことだろう。

ジブリ初の全編英語歌詞主題歌

『思い出のマーニー』の音楽を担当したのはジブリ作品初参加の村松崇継《たかつぐ》。プロデューサーの西村が『クライマーズ・ハイ』など村松が音楽を担当した映画の曲を気に入り、Facebookでアプローチを図ったのが始まりだった。もともと久石譲に憧れていてジブリ作品のファンでもあった村松は、西村に誘われてスタジオを訪問、そこで米林と西村からオファーを受けこれを快諾した。

音楽の作り方はいつものジブリ作品同様に、まずイメージアルバムが制作された。具体的な尺やカットを気にせずに、村松が映画のイメージを曲にし、演奏・録音をしてアルバムとしてまとめ上げると、今度はその曲を元に、実際の映画に使うための音楽制作に取り組んだ。そして米林、西村、音響演出の笠松広司らと打ち合わせを重ね、揺れ動く杏奈の心情を巧みに表現した本作のサントラ音楽を作り上げていった。ちなみに本作のサントラCDは、イメージアルバムと組み合わせた2枚組で発売されている。

主題歌はロサンゼルスに拠点を置くシンガー・ソングライターのプリシラ・アーン。縁あって、2013年に三鷹の森ジブリ美術館のクリスマス・コンサートで歌ってもらい素晴らしかったので、ちょうど主題歌のアーティストを探していた西村に中島清文《きよふみ》館長が推薦した。プリシラの歌を聴いた西村はすぐに米林に聴いてもらい、ぜひやってもらおう、ということに。西村は2014年1月に急遽渡米し、快諾を得て日本にとんぼ返り。米国滞在30時間の極めて慌しい出張だった。

西村が米国へ飛んでプリシラ・アーンとの交渉を急いだのには理由があった。鈴木は、その経緯を次のように語っている。

じつは僕らが『マーニー』を制作している頃、宮崎吾朗くんはジブリを離れ、NHKのテレビアニメ『山賊の娘ローニャ』を作っていました。そのとき、ジブリのファンであるプリシラさんが来日。ジブリ美術館でコンサートを行ったのです。それを聴いた吾朗くんと西村が、同時に彼女に主題歌を歌ってもらいたいと言いだした。『ローニャ』のほうでそういう話が進んでいることを聞いた僕は、すかさず西村に「すぐにアメリカへ飛べ。先に言ったもの勝ちだぞ」とアドバイス。西村は一泊三日の強行スケジュールで渡米。彼女と会って約束を取り付けてきました。

それを知った吾朗くんからは、「こちらでも検討していたのにひどいですよ」と言われてしまいました。

（『天才の思考』）

こうして西村の先手によってプリシラ・アーンを逃した吾朗だったが、その後鈴木は、『ローニャ』の主題歌にぴったりな歌い手として、『千と千尋の神隠し』以来、交流が続いていた夏木マリを推薦。夏木から鈴木に送られてきたという新曲のデモテープを聴いた吾朗は、その歌を気に入り、エンディングテーマに採用した。

創作に入ったプリシラは、原作本を読み映画の制作資料に目を通すうちに、9年前に作ってそのままになっていた曲「Fine On The Outside」を思い出す。難しい時期だった自身の中学時代を思いながら作ったこの曲はこの映画に合っている、と思ったプリシラは、新曲とともにこの曲のデモもジブリ側に送った。曲を聴いた米林と西村は「Fine On The Outside」を選択。米林は「プリシラの中には杏奈がいたんだ。運命的な出会いです」と評し、こうしてジブリ作品初の全編英語歌詞の主題歌誕生となった。

ジブリ作品初のダブルヒロインとなった『思い出のマーニー』だが、米林の希望で主役の選考にはオーディションが行われ、300人以上の候補の中から杏奈に高月彩良《たかつきさら》、マーニーに有村架純《かすみ》が選ばれた。さらに二人の少女を見守る大人たちに松嶋菜々子、寺島進、根岸季衣《としえ》、森山良子、吉行和子、黒木瞳らがキャスティングされた。また、後半で杏奈と仲良くなる少女彩香《さやか》は杉咲花《すぎさきはな》が演じている。加えて舞台が北海道ということで、北海道で結成された演劇ユニットTEAM NACS（森崎博之《もりさきひろゆき》、安田顕《けん》、戸次重幸《とつぎしげゆき》、大泉洋《よう》、音尾琢真《おとおたくま》）が総出演しているのも話題になった。アフレコは例によってスタジオジブリの試写室で、5月の連休明けから約2週間にわたり実施された。

制作部門の閉鎖、課題が残った宣伝

さて、話はいったん遡る。先述のように『思い出のマーニー』の作画インの翌月、2013年7月20日に宮﨑駿の『風立ちぬ』が公開されたが、9月6日、宮﨑は吉祥寺で記者会見を開き、公式に引退を発表した。スタジオジブリではこの状況を受け『思い出のマーニー』完成後は制作部門をいったん整理することとなったが、各スタッフはそれを認識しつつ、全力を注いで作業を続けた。

当時の心境を、米林は次のように語っている。

「鈴木さんから話を聞いたのは、『マーニー』を作っている最中でした。入社したときから、いつかそのときがくるというのは聞いていたんです。宮﨑さんが引退すればスタジオは閉じる。そのときまでに、どこに出ても通用するアニメーターになろうと思って仕事をしてきましたから、それほど驚きはなかったんですよ。それでも、そのときがついに来たのかというのはありましたけど……（略）みんなも同じように覚悟は決めていたと思います。だからこそ、『マーニー』という作品に対して強い思い入れが生まれた。ジブリで学んだ技術をこの作品にぜんぶ込めようという気迫がすごかったです。絵を見ると分かるんですよね。その思いをひしひしと感じながら仕事をしていました」

（『ジブリの教科書20　思い出のマーニー』）

『マーニー』の宣伝については、『かぐや姫の物語』と同様に、西村からの要望を受けて鈴木が担当。世間があからさまな広告を嫌い、ＳＮＳによる口コミでの宣伝が主流になりつつあることを察知していた鈴木は、宣伝チームに対しても「リアルな世界でいかに〝ネタ〟を作り、それをどうやってソーシャルメディアのほうに流して話題にしていくか。『今回はそのやり方の試金石になる』」（『天才の思考』）と方針を示した。しかし、これまでの作品とは異なり、あくまで一歩引いた立場から宣伝に携わった鈴木は、その難しさも実感したという。

宣伝においても、そうやって方針を伝えるに留めて、あとは若いスタッフに任せることにしました。そうすれば伸び伸びといろんなアイデアを試してくれるだろうと期待していたんですが、結果的にはうまくいきませんでした。まだ昔ながらの宣伝が一定の有効性を持っていたこともありますけど、いちばんの原因は、映画の宣伝に関わる人たちがネットやソーシャルメディアに疎かったこと。その点についていえば、年齢はあまり関係がないようで、残念ながらおもしろい展開はできませんでした。（同前）

『思い出のマーニー』は2014年6月25日に初号試写を行い完成。7月19日から全国で劇場公開され、興行収入35億3000万円をあげた。海外でももちろん公開され、アメリカでは第88回（2015年度）アカデミー賞の長編アニメーション映画部門にノミネート。残念ながら受賞は逃したが、作品が高く評価されていることを内外に示した。

ジブリの制作部門は予定通り、『マーニー』完成後にいったん解散、スタッフは２０１４年末付で退社。宮崎はその翌年半ばから、三鷹の森ジブリ美術館のオリジナル短編アニメーション『毛虫のボロ』制作に取り掛かり、そのための制作スタッフも、少人数ながら同年秋に新たに組織された。ジブリを退職した西村義明は新たに会社を興し、米林とともにスタジオポノックをスタート。劇場用長編アニメーション映画『メアリと魔女の花』の制作を２０１７年夏公開予定で進めていく。

第22章

高畑勲が支え、導いた『レッドタートル　ある島の物語』

発端はジブリが送った一通のメール

スタジオジブリの長編作品の中で、唯一、海外で制作されたのが『レッドタートル　ある島の物語』である。この作品は制作場所だけでなく、制作過程のすべてがほかの作品とは異なっており、発端から数えると、完成まで約10年の年月を要している。監督はマイケル・デュドク・ドゥ・ヴィット。このマイケル宛てに、スタジオジブリが2006年11月、「長編映画を作ってみませんか」とメールを送ったことから話は始まった。

マイケルはオランダ出身で、スイスとイギリスの美術大学を卒業し、スペインでアニメーターとして働いた後イギリスに居を構え、フリーランスとして複数のスタジオで働き、ディズニーの『美女と野獣』（1991年）や『ファンタジア2000』（2000年）などに参加。並行してユナイテッド航空、AT&T、ネスレ、フォルクスワーゲン、ハインツなど、世界各国のCMを多数制作し、多くの賞を受賞。1990年代からは自らの短編アニメーション監督作品を発表するようになり、『お坊さんと魚』（1994年）は米アカデミー賞短編アニメーション映画賞にノミネートされ、そして2000年製作の『父と娘』（旧邦題『岸辺のふたり』）でついに同賞を受賞。世界的にも極めて高い評価を受け、各国のアニメーションの賞を総なめにした。

しかし、長編映画は監督したことがなかった。
長編制作を打診する前述のメールは、鈴木敏夫プロデューサーが抱いた、マイケルの長編作品をぜひ見てみたい、という思いから送られたものだった。『レッドタートル』の劇場用パンフレットに掲載された文章で鈴木は次のように書いている。

それまでマイケルは短編の名手だった。たった8分間の作品でひとりの女性の人生を見事に描き切った「Father and Daughter」（邦題「岸辺のふたり」）。この映画を見て、僕はマイケルの長編が見たくなった。

ジブリがこのメールを送った時点で、マイケルとジブリとの間にはすでにいくらかの交流があった。マイケルは以前からジブリ作品を見ていて、広島国際アニメーションフェスティバルで国際審査委員を務めるため2004年夏に来日した折、東京都小金井市のスタジオジブリを訪問し、高畑勲監督や鈴木と会っていた。高畑もその前からマイケルの作品には感心しており、『お坊さんと魚』で「一目惚《ぼ》れ」し、『父と娘』はテレビ放送を録画し繰り返し見て、「この作品のすべてに感心した」という（劇場用パンフレット掲載のインタビューより）。

さて、ジブリから届いたメールを読んだマイケルは、突然のことで、まったく予想外の提案だったからだろう、まず「一体どういうことでしょうか？」と質問を返した。そして、その後について次のように語っている。

あまりに光栄なことで数か月信じられませんでした。だってジブリ映画の大ファンですから！　一週間ほど考えて、是非会ってお話ししましょう、と返事を出しました。

（劇場用パンフレット）

そしてマイケルはジブリに対し一つの条件を提示した。それは、高畑とジブリの協力が欲しい、というものだった。初めての長編映画ということで、やはり短編とは異なる点がいろいろあることは明白だった。それゆえ、長編の経験が豊富な、尊敬する高畑の助言が欲しいとマイケルは考えたのだ。鈴木はさっそく高畑に話し、マイケルの作品を愛する高畑はこれを快諾した。

日本に滞在しての絵コンテ制作

こうして2007年2月、ジブリ海外事業部のスタッフであるスティーブン・アルパートと武田美樹子がロンドンのマイケルの自宅を訪ね、最初の直接の話し合いが行われた。ジブリ側はマイケルに対し、まず、あらすじを書いてほしいと提案した。その時点で、マイケルに長編の企画案があったわけではなかったが、いくつか温めていたテーマ案はあり、そのうちの一つが南の島の遭難者の物語だった。マイケルはこのテーマであらすじを書き、数点の絵を添えて7月頃にジブリに送った。

それを読んだ鈴木は、「世界にゴマンとある、いわゆるロビンソン・クルーソーものだが、マイケルが作れば格別のモノが出来そうだと僕は確信した。夢が膨らんだ」（同前）と、躊躇《ちゅうちょ》せずこのテーマで行くことを選択した。

ジブリはすぐにマイケルに、おもしろそうなのでこの方向で脚本に着手してください、と返事を送り、マイケルは脚本執筆を開始。途中、インド洋のセーシェル島に10日間のロケハンに出かけたりするなどしつつ執筆を続け、2008年4月に初稿が完成。マイケルはそれをジブリに持参し、打ち合わせを行った。

その後マイケルはまたロンドンに戻り、さらに脚本を練るとともに、絵コンテとライカリール（絵コンテを撮影し順番につないだ確認・検証用映像）の制作も開始した。できた部分はメールで送られてくるので、日本側の高畑や鈴木はそれを見てどのようなアドバイスをするべきか考えるわけだが、意思の疎通にいささか困難を感じる状況だった。昨今のように、新型コロナウイルス感染拡大により、オンラインミーティングや各種資料伝達の仕組みが一段と進化した状況であればいくらか事情は違ったかもしれないが、その時は隔靴掻痒《かっかそうよう》の感が消えなかった。そこで鈴木は、マイケルに一定期間日本に来てもらい、日本で脚本や絵コンテを描いてもらうことを提案。もともと日本が好きだったマイケルは即座にこの提案に乗り、２０１０年の３月と４月に連続して来日した。

特に４月の来日時は、ゴールデンウィークを含む４週間ほど滞在し、ジブリがスタジオの近所に借りた部屋に住んで、毎日のように高畑や鈴木と会って直接の打ち合わせを集中的に実施。作業も進んだが、マイケルは近所のお店の人と知り合いになるほど、その地域に馴染んでいたようだ。こうして脚本と絵コンテ、ライカリールを一定の段階までまとめ上げることができた。

ワイルドバンチとの共同製作

話は少し遡るが、脚本や絵コンテの作業と並行して、鈴木は製作の具体的なあり方についても検討。その結果、早い段階から、この作品をワイルドバンチと共同で製作することにし、同社のプロデューサーであるヴァンサン・マラヴァルに連絡を取っていた。脚本段階ならともかく、実際のアニメーション制作となれば、監督がマイケルである以上、制作現場はやはりヨーロッパだろうと考えたからだ。

ワイルドバンチはフランスの映画会社で、世界中に優れた映画（たとえば当時だと『アーティスト』や『英国王のスピーチ』等）を配給しており、製作も積極的に行っていた。そして何より、ジブリ作品を世界の広いエリア（北米・仏・極東以外のほぼ全世界）で配給してもらっていて、長い付き合いがある会社だった。鈴木がヴァンサンの来日した折に『父と娘』を見せたところ、ヴァンサンも大いに気に入り、その場で『レッドタートル』の製作に参加することを快諾した。

しかしその後、予想外に時間がかかったのが、資金調達と契約だった。ヨーロッパでの映画製作はヨーロッパ独自のやり方があり、ほとんどの場合は複数の会社による共同製作＝共同出資の形をとる。出資会社は複数の国にまたがることが珍しくなく、さらに、各国の公的資金が導入されることも普通で、しかしその分手続きに時間もかかる。ワイルドバンチはそれまでの共同製作の経験を生かして粘り強く本作の製作フレームを組み上げていったが、あまり例のない、極めてアーティスティックな長編手描きアニメーション映画ということもあってか、各社と話がまとまり契約が取り交わされるまでに数年を要することとなった。製作が完全に決定し、それを受けて実作業に入ったのは2013年7月のことである。

だが、もちろんそれまで、作業が止まっていたわけではない。ジブリとワイルドバンチ両社の意思ははっきりしていたので、2010年にライカリールがある段階まで仕上がった後も準備作業は次々に進められた。映画制作の具体的な取り仕切りのために、ホワイノット・プロダクションズが製作協力として参加、アニメーション制作はプリマリニア・プロダクションズが担当することも内定して、マイケルと直接やりとりしながら、映画の基本的なビジュアルを考え、また、マイケルの手描きのタッチを生かしていかに長編映画を制作するかの検討が進められた。脚本についても、さらに磨きをかけるため、実写映画の脚本家・監督であるパスカル・フェランが参加し、マイケルと議論を重ねた。

絵さえ上手なら音はいらない

ジブリもずっと、節目節目でマイケルにアドバイスを続け、それは製作が正式に決定し、アニメーション制作が開始され、音響作業を経て映画が完成するまで継続した。たとえばかなり後の段階まで、映画には少数ながらセリフがあったが、最終的にセリフがすべてなくなったのは、高畑や鈴木のアドバイスがマイケルの決断を後押ししたことによる。当時のやりとりについて、マイケルは次のように語っている。

ほぼ完成したものを高畑勲監督に見せると、もっと思い切ってセリフを全部削るようアドバイスをいただきました。アニメーションの完成度に非常に満足していたので、私も同じことを考えていました。その後、鈴木敏夫プロデューサーにも相談したところ「セリフがない方が絵に集中できるからなくしていいと思う」と言ってくれましたので、セリフなしでいくことにしました。

（劇場用パンフレット）

一方、鈴木も後にNHKのニュース番組内で受けたインタビューで次のように語っている。

（編注／マイケルは）高畑、宮﨑にないものをもっている。高畑勲にしろ、宮﨑駿にしろ、一つの画面があったとしてアニメーションだからその中で情報量を多くしていく。でもマイケルの場合はそれをそぎ落としていく。だから言ってみると逆だよね。そこに魅力を感じたんです。（略）僕の中に理想があったんです。絵さえ上手だったら音はいらない。音楽も効果音も、そしてセリフも。説明しなくていいことを説明するようになっているというのが最近の日本映画の傾向で、昔の日本映画を見れば説明なんてないんです。だから自分で考えろですよね。自分で考えることによって楽しくなるんだから。

（NHK『ニュースウォッチ9』2016年9月22日放送）

その後も再びメールのやりとりが基本となったが、コンセプトは共有できていたし、マイケルのビジョンも固まっていたので問題はなかった。ジブリでは高畑と鈴木、そしてジブリ内でこの件に関わりが深い部署（海外事業部やライブラリー担当など）のスタッフ数名で、マイケルプロジェクトのチームのようなグループが生まれ、マイケルから検討すべき素材が届くと、そのグループメンバーが集まって意見を述べ合い、高畑がどのようなコメントをマイケルに返すかをまとめていった。高畑のスタンスははっきりしており、それは同じ作り手として、あくまでもマイケルの意思を尊重する、というものだった。高畑は次のように述べている。

私は、もしどうしても意見を述べなければならないとしたら、とことんマイケルに寄り添い、マイケルの立場に立って考えたいと思いました。（略）マイケルの意図が何かを的確につかむことに最大限の努力を傾け、マイケルを理解しようとしました。その段階で、感嘆したこと、いいと思ったこと、理解したことは率直に伝え、彼を励ましました。（略）そしてマイケルに対して、「もしもあなたがこういう意図でこういう描写をしているのならば、かくかくしかじかな点にさらに配慮すべきではないだろうか」とか、「こうこうこうした方がより伝わりやすいのではないか、と私たちは考えます」という返事をしたのです。「提案」ではなく、ひとつの「意見」として。私たちはマイケルに自分たちの意見を押しつけるつもりはまったくありませんでした。そしてマイケルがおこなった最終的な判断を常に支持しました。鈴木敏夫氏も私もマイケルを尊敬し、マイケルに対して絶大な信頼と期待を寄せていました。

（劇場用パンフレット）

世界を見据えた興行と宣伝

２０１３年７月に『レッドタートル』の制作が本格的に開始されたが、主な制作現場はフランスのアングレームにあるプリマリニア・プロダクションズのスタジオだった。作画はハンガリーなど東欧のスタジオも部分的に参加しており、さらに、コンポジットの作業はベルギーの会社ベルビジョンも重要な役割を果たした。手描きが基本だが、デジタル技術を駆使し、一部

３ＤＣＧも使用して、全編マイケル・デュドク・ドゥ・ヴィット作品としか言いようのない、統一感のある映像制作が進められた。

始める前は、それまで短編しか作ったことのないマイケルが、たくさんのスタッフで制作する長編作品をうまく進めることができるだろうか、と心配するむきも一部になくはなかったが、マイケルは完全に対応した。鈴木は次のように書いている。

マイケルは理性で自分をコントロールし、見事に長編アニメーション映画の監督をやってのけた。なにしろ62歳の長編処女作である。短編作家として長年のキャリアを持つマイケルが頑固で独善的になっても不思議ではなかった。だが彼は理性的な監督だった。

（同前）

制作が大詰めを迎えていた２０１５年6月、アヌシー国際アニメーションフェスティバルで、マイケル自らが登壇し、本作のメイキングを披露するという企画が行われ、本作の製作と、ジブリの関与が世界に向けて公式に明らかにされた。懸案だった音楽も、ローラン・ペレズ・デル・マールに決定。本格的な制作開始から約28カ月が経過した２０１５年秋には映像がおおむねでき上がり、2016年に入り最終的な音響作業を経て、春に映画は完成した。製作経緯を踏まえ、高畑はアーティスティック・プロデューサーとしてクレジットされ、そして鈴木はヴァンサンとともにプロデューサーとクレジットされている。なお、出資会社の構成から、『レッドタートル』は日本・フランス・ベルギーの共同製作作品ということになる。

また、通常の大衆娯楽作品とは異なり、アート色の強い本作は、従来のジブリ作品よりも小規模で配給されることになった。鈴木は詩人の谷川俊太郎や作家の池澤夏樹に作品を見てもらった上で詩や原稿を執筆してもらうなどして独自の宣伝を展開。文学者たちの言葉の力を借りながら、作品の本質を世間に届ける方法を模索した。その経緯について、鈴木は次のように書いている。

谷川俊太郎さんにも『レッドタートル　ある島の物語』を見てもらい、一編の詩を書いて貰《もら》った。すばらしい作品だった。（略）

この詩を読んで思い出したゴーギャンの絵がある。「我々はどこから来たのか　我々は何者か　我々はどこへ行くのか」と題された、ゴーギャンがタヒチへ戻ってから最晩年に描いた大作だ。僕は迷うことなく、谷川さんの詩の一節を映画の（編注／宣伝）コピーに

させて頂いた。（略）

そして池澤さんにはパンフレットのために解説を書いてもらった。マイケル、ゴーギャン、池澤さんの3人は揃って「定住者ではない」と書いたが、もうひとつ共通しているのは、彼らの作品に「いのち」を生みだす女性への深い畏敬の念があることだ。

そのことに気づいたとき、この映画の宣伝の方向性が見えてきた。複雑化し続ける現代社会では、新たな形の女性差別が増えている。恋愛や結婚、家庭生活や職場において、女性が被害者になる事件は後を絶たない。『レッドタートル　ある島の物語』は、そんな時代に対するひとつの答えになるんじゃないか？

僕にとって、こういう具合に作品のテーマを読み解き、時代に即した映画の売り方を考える作業は、いつだって冒険の旅のようなものだ。

『レッドタートル　ある島の物語』は歴代のジブリ作品と比べるとかなりアート色が強いため、スクリーン数は150と控えめだが、東宝は粒よりのいい映画館を用意してくれた。この映画を通して、新しいヒットの形を作れないか、そんなことも考えている。

（『ジブリの仲間たち』）

こうした宣伝活動の一方、これまでのジブリ作品と大きく作風の異なる『レッドタートル　ある島の物語』はNHKにも取り上げられ、夜9時の『ニュースウォッチ9』内で約8分間の特集を組まれるなど、注目を集めた。

また、マイケルが、アカデミー賞短編アニメーション部門をはじめとするさまざまな映画賞を受賞してきた実績を持つ人物であることから、鈴木は制作の初期から日本よりもむしろ世界での配給を重視する方針を決めていた。海外での配給は共同製作者であるワイルドバンチのプロデューサーだったヴァンサンに一任し、完成した映画は2016年5月の第69回カンヌ国際映画祭で上映。マイケルや鈴木らが映画祭に出席した。ジブリ作品はいつも、夏の公開を目指して制作し、完成はたいてい6月以降なので、5月開催のカンヌ国際映画祭にはこれまで縁がなかったが、今回はタイミングがうまい具合に整い、出品することができたわけだ。その結果、「ある視点」部門の特別賞を、〝映画そのものが特別〟〝映像と音のポエジー〟と高く評価されて受賞した。

日本での公開は2016年9月17日。8月末にはマイケルが来日し、記者会見やインタビュー、講演などを行った。前述の通り、公開館数は通常の大衆娯楽作品と比べればかなり少ない約150となったが、そうはいってもほかのアート作品と比較すれば異例の多さ。これは、ジブリ作品を長年担当していた東宝の千田諭（当時副社長）が本作のために尽力してくれた結果でもある。

こうして作品の内容は高く評価されたが、興行成績は残念ながら大きく伸びることはなかった。しかし世界的にも本作への高評価は続き、２０１７年の米アカデミー賞長編アニメーション映画部門にノミネート。受賞は逃したものの、同時期に開催された、アニメーション界のアカデミー賞と言われるアニー賞ではインディペンデント長編アニメーション映画賞を受賞した。

スタジオジブリの長編作品としては異色の位置づけとなる本作だが、『父と娘』で〝人生〟を描いたマイケルに、初めて長編作品を制作する機会を設け、〝自然と人間〟というテーマも重ねながらさらに深く〝人生〟を描いた『レッドタートル』という作品を生み出した意義は十分あったといえるだろう。『崖の上のポニョ』『借りぐらしのアリエッティ』『コクリコ坂から』『風立ちぬ』『かぐや姫の物語』『思い出のマーニー』を制作しつつの、約10年にわたる取り組みであった。

第23章

ジブリ初の３ＤＣＧ作品『アーヤと魔女』

初めて手がけたCGアニメーション『山賊の娘ローニャ』

『アーヤと魔女』は、2006年の『ゲド戦記』、2011年の『コクリコ坂から』に続く宮崎吾朗監督の長編第3作である。『コクリコ坂から』の後、『アーヤと魔女』に至るまでの吾朗監督の歩みをまず、ざっとふり返ってみよう。

第1回作品『ゲド戦記』の制作終了後、吾朗は三鷹の森ジブリ美術館にいったん戻って主に展示の仕事を担当。アニメーションの制作現場で次回作の企画に取り組むまでには2年以上の期間があった。しかし『コクリコ坂から』の後は、あまり間を置かずに次の作品制作へと進み始めた。

その際、鈴木敏夫プロデューサーは吾朗に「一回ジブリを出て別の場所で作品を作ったほうがいい」と提案している。ジブリにいるとどうしても宮崎駿の影響から逃れられない、これからも作品を作り続けるのであれば一度外に出たほうがいい、という理由からだ。

そして、ドワンゴの川上量生会長が、吾朗に堀田善衛の小説『路上の人』のテレビシリーズ化を勧めた。川上は2010年に鈴木のラジオ番組『ジブリ汗まみれ』に出演、その時のやりとりが発展してプロデューサー見習いとして2011年はじめからスタジオジブリに通い、鈴木のプロデュースを学ぶとともに、得意分野のITの技術と知識、経験と人脈を生かして『コクリコ坂から』の宣伝で力を発揮していた。同作は宮崎吾朗監督作品なので川上は吾朗ともその間やりとりが増え、そういう企画を持ちかける流れになったわけである。

吾朗は、2008年に県立神奈川近代文学館で開催された「堀田善衞展　スタジオジブリが描く乱世。」において、『路上の人』のアニメーション映画化企画の展示を制作したことがあるが、その時はあくまでも仮想の企画案だった。川上の企画は、全26話のテレビアニメーションシリーズとして、『路上の人』を川上プロデュース、宮崎吾朗監督で制作しNHKで放送するというもの。企画は進み、キャラクターデザインは『コクリコ坂から』に引き続き近藤勝也が担当、CGで制作することも決定し、ポリゴン・ピクチュアズの参加が内定。最初の3～4話の絵コンテが描き上がるところまで行った。だが2012年暮れ、宗教を描く難しさから、この企画は中止を余儀なくされる。

すると吾朗は、アストリッド・リンドグレーンの児童文学『山賊のむすめローニャ』のことを思い出した。実は『ローニャ』は、吾朗がかつて映画化に取り組んだものの行き詰まった企画。その際には方針転換し、結果として『コクリコ坂から』が制作されることになった。つまり『ローニャ』は一度挫折した企画だったわけである。当時の経緯について、吾朗は次のように語っている。

新しい美術館の館長の下に隠れて無責任な立場でわりと楽しくやっていたんですけど、あるとき鈴木さんから「吾朗君、次、どうするの？」って言われて。ジブリにまた呼び戻され、まず企画を考えるということになりました。（略）

そこで初めて自分で企画を考えることになるんですけど、なかなか題材が決まらない。ひとつ、これはと思った原作がその後テレビシリーズでやることになる『山賊のむすめローニャ』だったんです。（略）映画にするにはかなり長いお話なのでどうやって短くまとめるのかというのを考えているときに、今度は度重なる介入があったんです、宮崎駿の。僕らが準備しているところにちょくちょく来ては「こうしたほうがいい」って言っていく。

（略）

僕がやりたいと思っていたことと、宮崎駿がこうやるべきだと言うことことが水と油だったので、企画として成立しなくなって行き詰まってしまったんです。そうしたら突然、宮崎駿から「コクリコ坂から」の原作漫画を与えられたという。

（『どこから来たのか　どこへ行くのか　ゴロウは？』）

こうしていったんは立ち消えになっていた『ローニャ』ではあったが、吾朗は「映画は無理だったかもしれないけど、馬鹿丁寧に頭からお尻まで全部やるのはシリーズ物のほうが向いているに違いない」(同前)と考え、『路上の人』テレビシリーズ制作の枠組みをおおむねそのままスライドさせて、全26話のテレビシリーズとして『ローニャ』をNHKに提案することにした。その後、2013年はじめには早くも原作サイドから映像化の基本的な許諾を得ることができ、『山賊の娘ローニャ』として、制作を開始する。

キャラクターデザインの近藤勝也は、映画版『ローニャ』企画時にすでに参加していたのでその時の作業が役に立った。アニメーション制作はポリゴン・ピクチュアズで、吾朗監督初のCG作品となったが、ピクサー作品のような完全3DCGアニメーションではなく、ぱっと見た感じはセルを使っているように見える、いわゆるセルルックのスタイルを選択。『山賊の娘ローニャ』テレビシリーズはNHK、ドワンゴの制作・著作、川上のプロデュースで、2014年10月から2015年3月までNHKのBSプレミアムで放送された。そして世界各国でも放送され、2016年4月には国際エミー賞の子供アニメーション部門で最優秀賞を受賞した。

現代を生きる子供たちへ向けて

『山賊の娘ローニャ』を作り終えたのち、吾朗は2015年春にスタジオジブリに復帰した。吾朗が外に出ていた間、ジブリは2013年に宮崎駿監督の『風立ちぬ』と高畑勲監督の『かぐや姫の物語』を、そして2014年には米林宏昌監督の『思い出のマーニー』を制作・公開。2014年末に制作部門をいったん閉めた後、ジブリ美術館のオリジナル短編アニメーション第10作となる宮崎駿監督作品『毛虫のボロ』で、アニメーション制作を部分的に再開しようとしていた。そんな状況の中、新たに第2スタジオ2階に吾朗の席ができ、次回作の企画検討が始まる。

そして2015年6月、次の企画も川上の提案でスタートした。今回もやはりシリーズ物で、今度は海外のSF小説を原作とすることになり、2015年中頃には、制作開始を前提として吾朗が絵コンテ執筆を開始。1年近くかけて3話分以上描き進めたが、2016年の初夏の頃、残念ながらこの企画は頓挫してしまう。

2016年7月、吾朗は中国で大ヒットした3DCGアニメーション映画『西遊記　ヒーロー・イズ・バック』のティエン・シャオポン監督と「アジアの3DCGアニメーションの未来」をテーマにトークセッションを実施。その打ち上げの席でティエン監督から直接依頼され、『西遊記』の日本語吹替制作監修を担当することになる。日本版の主題歌・挿入歌の制作にも関わり、作詞も担当することになって、想像以上の仕事量となったが、2017年2月に作業は終了した（公開は2018年1月）。そしてその間に浮上したのが『アーヤと魔女』の企画だった。

ここで『アーヤと魔女』の原作小説について少し書いておくと、著者はイギリスのファンタジー作家ダイアナ・ウィン・ジョーンズで、映画『ハウルの動く城』の原作者である。2011年3月に残念ながら著者は亡くなっており、同書は著者の遺作だ。日本語翻訳版は訳：田中薫子《かおるこ》、絵：佐竹美保で徳間書店から2012年7月に出ているが、宮崎駿はこの本をとても気に入り、帯に「なんという愛らしい本でしょう。ダイアナ・ウィン・ジョーンズさんのさいごの本は、佐竹さんのさし絵と編集の人の努力でなんともいえない魅力のあるものになっています。ぼくは5回位スミからスミまで読みました」という文章を寄せている。つまり、映像化の企画は宮崎駿から始まっていたわけである。宮崎駿との当時のやりとりについて、鈴木は次のように語っている。

宮さんは「この作品は今の時代に合ってるよ」と言ってきたんです。僕もそう思っていたので、「主人公の女の子の性格が時代に合っているんですよね」と答えました。実は、宮さんは２０１３年に引退発表した後も、いろんな企画を探していたんです。引退はしていたけれども、三鷹の森ジブリ美術館で上映する『毛虫のボロ』を作りながら、ほかの作品も作りたいという気持ちでいました。やがて、新作の長編映画として『君たちはどう生きるか』をやりたいと話しはじめるわけですが。その時は、引退の身ではあるけど、張り合いがある作品をやりたいと思っていたタイミングなんでしょうね。ちょうど同じ時期に『アーヤと魔女』を読んだら、こっちのほうが面白いかもしれないと思いはじめたらしいんです。（略）そういう時の彼のクセで、いつもどちらがいいか、僕に聞いてくれるんですよ。そこで僕は「『アーヤと魔女』も確かに面白いけど、宮さんには『君たちはどう生きるか』のほうが合っているし、面白いと思う」と話をして、『アーヤと魔女』の企画は適切なタイミングになるまで取っておこうとなりました。そんな折、今回監督を務めた吾朗君が新作を作りたがっているという話を聞いたんです。

（略）ある時、宮さんが吾朗君に『アーヤと魔女』をやるようにと説得しに行ったんです。吾朗君としては『ゲド戦記』や『コクリコ坂から』は、宮さんに言われてやったという面もある作品だったので、今度こそ自分の企画をやりたいと思っていたはずなんですよ。（略）ところが、『アーヤと魔女』を読んでみたら、やっぱり面白かったんですよね。

（『ロマンアルバム　アーヤと魔女』）

こうして吾朗は同書を検討し、CGアニメーション化に向いていると思った。『山賊の娘ローニャ』の制作を経て、吾朗は、CGによる日常芝居の表現に大きな可能性を感じていたし、また、『アーヤと魔女』は、舞台が非常に限定されていて登場人物も少ないので、CG化がしやすいと見て取ったからである。

また、この原作に魅力を感じた理由として、吾朗は次のようにも語っている。

アーヤに取りかかろうとしていた頃に考えていたのは、今の子どもたちは、どのように周りの大人を見ているんだろうということでした。僕の世代は団塊ジュニアのちょっと上ですが、子どもの数がすごく多かったんです。鈴木さんたち団塊の世代はさらに多いです。ところが今は、僕ら世代の半分かそれ以下の人数しかいません。そうすると現在の子どもたちの周りは高齢者と大人だらけなんじゃないかなと。鈴木さんたち団塊の世代の子ども時代は、周囲には自分たちと同じ世代か若い人しかいなかった。僕らが育った頃も同世代がたくさんいて、大勢の若者の上に高齢者がいた。（略）でも今は膨大な数の中高年がいて、若い人たちは少数派として生きていかなければならない。声も大きいし数も多い大人たちを相手にまともに対峙したらペシャンコになっちゃう。だとしたら、そんな社会の中で上手く生きていくためには、「周りの大人たちを操って、自分にいいように大人たちを動かして、すり抜けていくしかないんじゃないか」と。そこで、なるほど、これはまさに原作に描かれているアーヤだと。（同前）

こうした思いから、主人公アーヤを丹念に描き、その魅力をどう表現するかが重要だと考えた吾朗は、ほどなくして、制作を事実上前提とした準備作業に入る。原作小説の映像化契約の交渉も２０１６年中に開始された。

アーヤのモデルとなった意外な人物

吾朗はまず、近藤勝也に連絡して再び参加を要請、近藤はキャラクターデザインの作業を２０１６年のうちから始めた。吾朗は、『山賊の娘ローニャ』における近藤のキャラクターデザインの仕事を見て、近藤の絵がＣＧでの立体化に適していると感じており、それも続投要請の理由の一つだった。そしてシナリオは再び丹羽圭子に依頼した。丹羽は吾朗監督作品を『ゲド戦記』『コクリコ坂から』と手がけてきており、ジブリの吾朗監督作品としては3作連続になる。

また、この頃、吾朗は三鷹の森ジブリ美術館の企画展示を久しぶりに担当。２０１７年5月開始の「食べるを描く。」の企画・監修を務めた。その作業と並行しながら『アーヤと魔女』の準備を進め、２０１７年3月には企画書を書き上げている。企画書には、次のように書かれている。

> 今、私たちの社会は不安と不信に満《み》ち溢《あふ》れています。世界中で経済格差が大きくなった結果、社会は不安定になり、この先に何が待ち受けているのか誰にも予測ができません。（略）誰かが正しい道を示してくれるのではなく、自らが正しい道を決めなければならない時代。私たちはどう生きるのか。アーヤという一人の少女を描くことで、困難な時代を生きる子どもたちへエールを送りたいと考えます。
>
> （『The Art of Earwig and the Witch　アーヤと魔女』）

吾朗は丹羽が書くシナリオをベースにして展開や構成の案を考え、イメージボードを並行して描いていった。また、キャラクターについても近藤とキャッチボールを繰り返し、近藤は徐々に形にしていった。丹羽によるシナリオは2017年春にいったんまとまるが、監督補佐の郡司絵美《ぐんじえみ》がそれを吾朗の意向を取り入れながら再構成。それに基づき吾朗のラフスケッチや絵コンテ執筆も2017年春に始まった。

なお、アーヤのキャラクター像を作りこむにあたって、吾朗が参考にしたのが、鈴木敏夫と、その娘の麻実子だった。そもそもアーヤの性格が鈴木と似ていると思っていた吾朗は、「頭の良さもそうですけど、性格もお父さんにすごく似ている」(『ロマンアルバム　アーヤと魔女』)という娘の麻実子をスタッフに取材させ、その人物像をシナリオに反映していった。一方、その父である鈴木は鈴木で、アーヤの性格は吾朗にそっくりと思っていたようで、のちのインタビューで次のように語っている。

『アーヤと魔女』のスタッフに向かって「このアーヤって女の子は俺(編注/吾朗)がモデルだ」と説明して作ればよかったのに、どうもそういうことはやらなかったみたいなんですよね。それどころか、漏れ聞こえてきたところによると、吾朗君はスタッフに説明するときに「このアーヤって女の子は、鈴木さんがモデルだ。でも、鈴木さんはもう年を取りすぎちゃったから、鈴木さんの娘をモデルにしたらいいんじゃないか」と言ったらしいんです。そして僕の知らない間に、制作スタッフの一人がうちの娘に接近してインタビューをしたりして、作品作りの参考にした。吾朗君のことをよく知ってる人は、みんなアーヤと吾朗君がダブるはずなのにね。

（同前）

吾朗は『山賊の娘ローニャ』制作時にコンピューターソフト上での絵コンテ修正・描き直し作業を経験しており、『アーヤと魔女』では、カットごとの基本の絵はまず手描きで描き、着彩もするものの、すぐにその絵を取り込んで、専用のコンピューターソフトを使って絵コンテを仕上げていった。郡司の再構成版シナリオをアレンジして吾朗が絵コンテを描き、それを二人で検討し、さらに吾朗が修正して仕上げていく形で『アーヤと魔女』の絵コンテは作成された。

なお、『アーヤと魔女』の主人公は10歳の少女アーヤだが、原作小説のオリジナルである英語版『Earwig and the Witch』の主人公は、アーヤではなくEarwig（ハサミムシの意）という名前である。Earwig がアーヤ（本名アヤツル、「子どもの家」での本名はアーヤ・ツール）になったのは日本語翻訳版の訳者田中薫子の翻案であり、『アーヤと魔女』もその訳を踏まえて作られている。また、佐竹美保の挿絵も設定の参考にしており、佐竹はキャラクター・舞台設定原案としてクレジットされている。

多国籍の技術が結集した制作チーム

『アーヤと魔女』は3DCGなので、制作方法が従来のジブリ作品とはまるで異なる。スタッフ編成も外部の比重が大きく、制作準備は徐々に始まり静かに拡大していった。メインスタッフでスタジオジブリの長編作品に参加経験があったのは近藤勝也のみ。CG演出の中村幸憲は、前述のジブリ美術館用短編作品『毛虫のボロ』でCG作画監督を担当し、そこから引き続いてのジブリ作品参加だった。アニメーション演出のタン・セリはマレーシア出身で、『山賊の娘ローニャ』でアニメーションディレクターを担当し、その流れで『アーヤ』に参加。背景の武内裕季《ゆうき》はゲーム制作会社でコンセプトアーティストを担当、フリーとなりイラストなども手がけるようになった後に本作に参加した。

アニメーション制作スタッフの出身国もさまざまで、半数がフランス、台湾、インドネシア、マレーシアなどの海外出身。国際色豊かで若々しい制作チームが編成されていった。

２０１７年７月には、それまで第２スタジオ２階だけだったスペースが、スタッフの増加により第３スタジオ２階まで広がり、スタジオ内でのアーヤ班スペースは、以後基本的にこの２フロアだった（２スタ２階はある時期からジブリパークのスタッフも増えたが）。

また、当初よりＮＨＫとの共同製作を想定していたが、２０１７年夏にはＮＨＫ、ＮＨＫエンタープライズとの共同製作となることも見えてきた。『アーヤと魔女』について、いつものように「制作開始は何年何月何日」のように言うのは困難だが、絵を動かすという意味でのアニメーションの作業を始めたということで言うと、２０１８年２月５日に第１回の作打ち（作画打ち合わせ）をしているので、この日は一つの節目となるだろう。

絵コンテは『コクリコ坂から』以上に時間がかかったが、２０１８年３月にアップ。その頃になると、愛知県長久手《ながくて》市の愛・地球博記念公園に作ることが内定したジブリパークの作業も始まっており、吾朗は〝二足の草鞋《わらじ》〟と言っていい状況で『アーヤ』制作に邁進《まいしん》した。そしてスタッフは、ひたすら３ＤＣＧのアニメーション映像制作に取り組み続けた。

ブリティッシュ・ロックをイメージした劇中歌

『アーヤと魔女』の音楽は、『コクリコ坂から』と『山賊の娘ローニャ』の音楽全般、そして『西遊記　ヒーロー・イズ・バック』の日本語吹替版主題歌・挿入歌で、これまで三度、吾朗と組んできた武部聡志が担当。本作は原作小説にかなり忠実に映像化されているが、新たに付け加えられた要素として、一部の主要登場人物が、過去にロックバンドのメンバーとして活動していた、という設定があり、劇中ではそのバンドの演奏シーンも登場する。そのため、背景音楽も全体的に1960〜70年代のブリティッシュ・ロックを意識したものになっており、主題歌「Don't disturb me」はよりストレートにそのノリで武部が作曲。ボーカルにインドネシアの著名な歌手・俳優のシェリナ・ムナフ、ギターにGLIM SPANKYの亀本寛貴《ひろき》、ベースにMrs. GREEN APPLEの髙野清宗《きよかず》、ドラムにシシド・カフカ、そしてキーボードに武部自身を配したスペシャルユニットが演奏している。また、劇中で歌われる曲の歌詞は、吾朗自身が手がけた。このように原作にはないオリジナルの要素とロックを意識した楽曲を組み合わせた意図について、吾朗は次のように語っている。

お話を改変するのではなく、背景を深掘りする方向で膨らますのはありだろうと考えて、アーヤという子の背景になるもの、アーヤの血の中にあるものを描こうと考えたんです。要するに、「アーヤを『子どもの家』にあずけたお母さんはどんな人だったのか？」ということを掘り下げていきました。また、アーヤを引き取るマンドレークとベラ・ヤーガを、単に怪しい二人にはしたくなかったので、アーヤのお母さんとかつて関係していたという設定にしました。（略）

物語の舞台を原作に合わせてイギリスっぽいところにしました。（略）具体的には90年代初めくらいのイメージです。アーヤは10歳だから、生まれたのは80年代。そこから遡って、アーヤのお母さんたちが若かったのは70年代としたんです。その頃を代表する音楽と言えばロックで、ハードロックやプログレ、グラムロック、パンクなどが出てきた時代です。舞台がイギリスとなれば、もうロックしかないと。そこから、アーヤのお母さん、ベラ・ヤーガ、マンドレークのエピソードを作っていきました。（同前）

声の出演者のオーディションは２０１９年夏に行われ、主演のアーヤ役には、実年齢がアーヤに近い子供から大人まで約60人の応募者の中から、平澤宏々路《こころ》が抜擢された。ほかに、アニメーションのアフレコは初挑戦ということで、ベラ・ヤーガを寺島しのぶ、マンドレークを豊川悦司《えつし》がそれぞれ演じ、アーヤの母をシェリナ・ムナフが、そしてトーマスを濱田岳《がく》が演じている。アフレコは2020年1月に行われた。

2020年4月6日、『アーヤと魔女』は完成。企画決定から完成まで、およそ3年半の期間が費やされた。新型コロナウイルス感染拡大のため初号試写は3カ月後の7月6日に実施。「カンヌ国際映画祭オフィシャルセレクション2020」の1本として選ばれたが、残念ながらやはり新型コロナウイルス感染拡大の影響で、映画祭のリアル開催は見送られた。

2020年12月30日、『アーヤと魔女』はNHK総合テレビで放送され、初公開された。そして一部新たなカットを追加した劇場版が、2021年4月29日に全国の映画館で公開予定だったが、またしても新型コロナウイルスの影響で公開は延期となり、結局8月27日に封切られた。本作はジブリ作品初のドルビーシネマ上映も行われている。なお、三鷹の森ジブリ美術館では、映画のプロモーションも兼ねて、2021年6月2日から2022年5月15日まで、企画展示「アーヤと魔女展」が開催され、本作における3DCGの制作過程が、さまざまな素材を用いてわかりやすく展示された。

第24章

宮崎駿82歳の新たな挑戦『君たちはどう生きるか』

引退撤回までの経緯

『君たちはどう生きるか』は、宮崎駿監督作品としては12作目となる長編映画である。本作のタイトルは、もともとは吉野源三郎が1937年に発表した児童向け小説の題名であり、宮崎は子供の頃にこの本を読んで大変感銘を受け、今回、自作のタイトルに借用した。しかし映画の主人公がこの小説を読んでいるという設定はあるものの、映画の中身はまったく小説とは無関係である。

宮崎の長編の前作は2013年の『風立ちぬ』だが、同作公開中の2013年9月に、宮崎は記者会見を開き、長編作品からの引退を表明している。それから本作の制作まで、宮崎は長編映画制作以外の仕事をしていたわけだが、主なものは三つあった。そのうち二つは三鷹の森ジブリ美術館の企画展示「クルミわり人形とネズミの王さま展～メルヘンのたからもの」(2014年5月31日～2015年5月17日開催)と、「幽霊塔へようこそ展―通俗文化の王道―」(2015年5月30日～2016年5月8日開催)。どちらも企画・監修または企画・構成を担当し、深く関わっている。なお、この間、宮崎は米国のアカデミー名誉賞を受賞。2014年に久々に渡米し、11月8日の授賞式に出席して同賞を受け取っている。

さて、もう一つの仕事はジブリ美術館のオリジナル短編アニメーション10作目となる『毛虫のボロ』である。原作・脚本・監督を担当した。スタジオ内での『毛虫のボロ』準備作業開始は2015年6月で、2014年7月公開の『思い出のマーニー』完成後、同年末にいったん制作部門を解散していたジブリだが、半年ぶりに制作部門が復活したことになる。とはいえ『毛虫のボロ』は短編なので以前よりぐっと小さい規模での再開であり、メインスタッフの場所も第1スタジオ1階の奥に設けられた。絵コンテ完成は2015年10月はじめ。すでに制作も準備作業開始とほぼ同時に始まっていたが、以後、ひたすら作業が続いた。

『毛虫のボロ』は当初、CGを制作過程に大きく取り入れる予定だった。が、実際に制作に入るとなかなか思うようにいかない面もあり、最初のラッシュが2016年5月上旬と、制作開始からいつになく時間がかかっていた。そして、作っていくうちにCGの比率は徐々に少なくなっていったが、そんな状況下、宮崎の中ではすでに再び長編の企画が芽生え、動き始めていた。当時の宮崎とのやりとりを、鈴木敏夫プロデューサーは次のように綴っている。

宮さんが一冊の本をぼくに提示した。

「読んでみて下さい」

アイルランド人が書いた児童文学だった。宮さんは、毎月、三冊から五冊の児童書に必ず目を通す。その中の一冊だった。初夏の暑い日。ぼくは、その本を一気に読んだ。そして、面白いと思ったし、いまこの時代に長編映画とするに相応しい内容だと判断した。翌朝、そのことを伝えると、宮さんは満足の表情だった。

「しかし、どういう内容にするかが難しい。原作のままでは映画にならない」

そして、付け加えた。

「ジブリは映画を作るべきだ」

それは正論だ。やれるものならやりたい。しかし、いったい、誰が作るのか。この時点で、宮さんにしても自分が作るとは言い出していない。

季節は梅雨になった。宮さんが別の企画を持ち出した。今度も外国の児童書だった。ぼくは再び、一晩で読んだ。宮さんが質問してきた。

「どちらをやるべきか」

ぼくに迷いは無かった。

「もちろん、最初の本でしょう」

七月に入ったばかりのころだった。宮さんが企画書を書いた。

そこには三つのことが書かれていた。

一つ目。「引退宣言」の撤回。

二つ目。この本には刺激を受けたけど原作にはしない。オリジナルで作る。そして、舞台は日本にする。

三つ目。全編、手描きでやる。

（『ジブリの文学』）

むろん、監督は宮さんだった。

この時、宮﨑から鈴木に提案があった企画こそが、本作『君たちはどう生きるか』だ。宮﨑がその企画書を鈴木に渡したのは2016年の7月。当時の宮﨑とのやりとりについて、鈴木はインタビューで次のようにも語っている。

2013年に「引退宣言」をした宮さんが、その舌の根も乾かないうちに「長編の新作をつくりたい」と言い始めた時、僕は大反対しました。「これまでに『名監督』と呼ばれた人たちが晩年につくった映画を数多く見たけれど、傑作と呼べる作品はほとんどない。『晩節を汚す』と言う言葉もある。やめた方がいいでしょう」と。（略）そうしたら彼は「絵コンテを20分ぶんだけ描くから、それで判断して欲しい」というんです。ダメって言うなら潔く身を引くけど、そうじゃないならやりたい、と。

（「『宮崎駿を跳び上がるほど喜ばせた』鈴木P・仕事の名言」朝日新聞デジタル、2021年8月28日）

こうしたやりとりののち、宮崎は『毛虫のボロ』制作と並行して『君たちはどう生きるか』の絵コンテを描き始め、年末に鈴木に冒頭20分ぶんの絵コンテを見せた。鈴木は先のインタビューで次のように続ける。

できあがった絵コンテは本当におもしろかったけれど、僕は迷った。やることになれば何が待っているか、見えますから。

週末に絵コンテを受け取り、月曜日に返事をすることになっていたんですが、週明けに車を運転してジブリに向かう途中でも、まだ僕は迷っていた。「やるなら、時間もお金も、今までの映画の少なくとも倍はかけたい」などと、つい具体的に考えては「いやいや、ダメだ」と打ち消すことを繰り返していると、あっと言う間に会社に着いてしまった。

宮さんのアトリエを訪れると、いつになくニコニコしていて「お茶飲む？」とかいってコーヒーのお湯を沸かし始めた。人間っておもしろいもので、彼のそんな姿を見ている時に「やるしかないのかな」と心が決まったんです。それで「やりますか」と話しかけた。

宮さんは跳び上がらんばかりに喜んでいました。僕がその後で「絵コンテ、おもしろかったですよ」と言っても、もう聞いちゃいない（笑）。本当は「絵コンテを描く」って言い始めた時点でもう、抑えは効かなかったんですよね。（同前）

こうして鈴木は、腹をくくって宮﨑にとことん付き合うことを決意。『君たちはどう生きるか』の製作、つまり宮﨑の長編映画制作復帰が事実上決まった。

『毛虫のボロ』の制作は2016年末までに手描きの原動画・背景の作業がほぼ終了し、2017年に入るとCG、仕上げ、撮影等の残された作業を進める状態となっていた。宮﨑は『君たち』の絵コンテを描き進めたが、長編制作再開となるといずれスタッフが必要となるのは明らかなので、スタジオでは募集をかけることにした。2017年5月19日、スタジオジブリのホームページに告知を出し、宮崎駿監督の新作長編アニメーション映画制作に向けての、動画と背景美術の新人スタッフ募集を発表。それより前にも、鈴木が宮崎の長編企画について公の場で言及することはあったが（2017年4月29日のニコニコ超会議においてなど）、この告知により、宮崎が長編制作を再開することを、世間に対し公式に表明することとなった。

作画監督に本田雄《たけし》を起用

さらに6月から7月にかけて社内で引っ越しを実施。過去2年間ほど、第1スタジオの2階には事務系の部門が置かれていたが、そこが従来通り制作部門に戻り、事務系部門は以前と同様に第5及び第3スタジオに移った。従来通りと書いたが、第1スタジオ2階の制作部門は中身が以前と異なっており、美術と仕上げもメインスタッフや作画と同じフロアに配置された。そして7月3日には午前中にメインスタッフに向けて宮崎が自ら作品説明を行い、その後、制作部門の新たなスタートということで〝開所式〟を実施。第1スタジオのスタッフほかで昼食を一緒に食べ気持ちを新たにした。

翌8月には作画イン。制作は本格的にスタートした。なお、作画監督は『エヴァンゲリオン』シリーズを手がけた本田雄が担当。美術監督は『風立ちぬ』に引き続き、武重洋二が務めることになった。

特に本田は、庵野秀明監督作品にとって欠かすことのできない有能なアニメーター。『君たち』の制作に加わる前には『シン・エヴァンゲリオン』の作画監督を務めることも内定していたが、鈴木は『君たちはどう生きるか』を作る上でその力が不可欠と考え、庵野に「本田君を貸してほしい」と直談判したという。

「鈴木さん、知ってますよね、これから『エヴァ』が始まるんですよ。野球で言えば、さあシーズンがスタート。鈴木さんはそこで、四番打者をくれと言っているんですよ」

鈴木に頭を下げられたところで、庵野としても現場の要を失うわけにはいかない。当然の抵抗だった。しかし、鈴木も引き下がるわけにはいかない。

「だけど俺としては本田君にやってもらいたい」

一連の応酬の末、庵野は「じゃあ、本人次第ですよ」と本田自身の意志にゆだねる意向を示したという。

その後の本田本人とのやりとりについては、鈴木が自著に次のように綴っている。


去年の暮れ（編注／2016年）、ぼくは十二月三十日まで働いた。熟練アニメーターの本田雄君に作画監督をやって貰う。その説得のためだった。この新作の要になる人が本田君だった。彼は、この春からある大型企画の総作画監督をやることになっている。それをこっちに連れて来てしまうという算段だ。本田君は「本当は両方やりたいがそういうわけにも行かない」「だから、こっちをやる」と言ってくれた。その足で、ぼくは小金井にあるジブリへ向かった。宮さんへの報告だ。宮さんはひとりきりで、誰もいないスタジオで新作のための絵コンテを描いていた。

（『ジブリの文学』）

なお、世間に対しては宮﨑駿監督の長編制作再開を告知したものの、タイトルなどはまだ当面公開する予定はなかった。しかし、2017年10月28日に早稲田大学の大隈《おおくま》記念講堂で行われた新宿区立漱石山房記念館開館記念イベント「漱石と日本、そして子どもたちへ」で、宮﨑は半藤一利《はんどうかずとし》と公開対談を行う中で、次回作のタイトルが『君たちはどう生きるか』であることを明言。結局、後追いの形でスタジオジブリとしても新作のタイトルはそれであることを告知するようになったが、それ以外の情報はすべて伏せたままで制作は続けられた。

単独出資製作、宣伝なし

『毛虫のボロ』は2018年3月21日からジブリ美術館の土星座で上映が始まった。制作開始当初の予定とは異なる形となったが、『毛虫のボロ』は宮﨑の作品ではもっともCGの使用率が高いものとなった。しかし『君たちはどう生きるか』については制作手法は以前のものと特に変わらず、手描きのアニメーションに一部デジタル技術を用いたスタイルのままだ。とはいえ制作スタッフの編成、人数構成は異なり、結果的な延べ人数はともかく、その時その時に参加しているスタッフの人数は少なめに抑えられ、その分時間をかけてじっくり作る形となった。これは、そもそも『君たち』が明確な完成時期、公開時期を決めずに制作していることと関係しており、とことん納得のいく映像作りをしようということの表れだろう。さすがに今度こそ、長編監督作は最後だろう、ということでこのような形を採ることにしたのだが、実に贅沢《ぜいたく》な作り方である。

また、共同製作となる出資会社も今回はなく、スタジオジブリ1社のみの単独出資である点も従来の作品と異なる。これは、異例の長期にわたる制作期間も含め、やはりとことん思ったように作りたい、その責任もすべて負う覚悟の上で、という考えから来ている。

作画インから数えても足かけ7年に及ぶ『君たちはどう生きるか』の制作期間中、世の中ではさまざまなことが起きたが、もっとも大きなものとしては新型コロナウイルスの世界的な感染拡大があるだろう。ジブリ美術館については休館を余儀なくされるなど大きな影響があったが、幸い、『君たち』制作については支障はほぼなかった。

しかし、この間、悲しい出来事がなかったわけではなく、いくつかの訃報が届いたのもその一つだ。ジブリ作品を支えるベテランアニメーターの一人だった二木真希子が2016年5月13日に死去。同年10月5日には、長年ジブリで仕上部門の責任者を務め、高畑勲・宮崎駿とは東映動画の頃からともに仕事をしてきた保田道世が亡くなった。

そして2018年4月5日、高畑勲が亡くなった。高畑については、「お別れの会」が5月15日、三鷹の森ジブリ美術館で行われ、宮崎がその委員長を務めた。多くの参列者がジブリ美術館に集い、故人を偲《しの》んだ。また、ジブリのスタッフではなかったが、高畑・宮崎の先輩であり、同僚であり、日本のアニメーションに多大な貢献をしたアニメーターの大塚康生も2021年3月15日に亡くなっている。大塚がいなければスタジオジブリは存在しなかったことから、ジブリ第1スタジオの玄関を入ってすぐの壁には、徳間康快・氏家齊一郎・高畑勲と並んで大塚康生の写真が掲げられている。

2023年7月14日、『君たちはどう生きるか』は公開を迎える。宣伝を一切しないという異例のスタイルが採られることになっており、これは、『ハウルの動く城』の時を思い起こさせる話だが、とはいえ『ハウル』の時は予告編もあったし、あらすじやキャラクター、場面写真など最低限の情報がマスメディアには提供された。今回はそれもほぼせず、まっさらな状態で映画を観客に観てもらおうということだ。この方針は、鈴木が早い段階から決めていたことであり、２０１７年には次のような文章も残している。

この作品は、お金が掛かる。回収もままならないだろう。

とはいえ、これまでやって来たことは繰り返したくない。また、ジブリを愛してくれた人たちも、同じ気持ちだと思う。心の準備をすることなく、宮さんに言ってしまった。

「もう同じ事はやりたくない」

すると、宮さんがこう返してきた。

「わかるよ、鈴木さんの気持ちは」

新しい試みはふたつある。第一に、これまでやって来た製作委員会方式を解消する。第二に、大宣伝もやめる。ま、普通の宣伝、予告編とか新聞広告くらいはやる。あとは、ＳＮＳで十分か。さて、どうなるのだろうか？

（「もう同じ事はやりたくない」、『図書』２０１７年7月号）

これを書いた２０１７年当時は、予告編や新聞広告などの宣伝を多少は行うことも念頭にあったようだが、この方針をさらに徹底させ、純化させた末に行き着いた結論が、現在の「宣伝一切なし」ということなのだろう。

異例づくしの宮﨑駿監督82歳の挑戦を、果たして観客はどう受け止めるか。

ジブリパークの開園

『君たちはどう生きるか』制作中の大きな出来事として、愛知県長久手市の愛・地球博記念公園内に、ジブリパークがオープンしたことが挙げられる。

ジブリパークは愛知県とスタジオジブリと中日新聞社の三者による共同事業だ。もともと、スタジオジブリの内部では、「トトロのふるさと村」と呼ばれるような、テーマパークではないが美術館でも博物館でもない、広い敷地にジブリ作品をモチーフにした構築物を設置し、来園者に楽しんでもらえるような施設を作る案がある時期から浮上し、検討されていた。しかし諸条件が合わず具体化になかなかこぎつけないでいたところ、２０１５年9～11月に愛・地球博記念公園で開催された「ジブリの大博覧会」に関するやりとりを通して愛知県とのつながりが改めて生まれ、その流れで同公園にジブリ作品をテーマにした施設を作ってくれないかと、ジブリは愛知県から打診を受けた。

そもそもは2005年の『愛・地球博』に「サツキとメイの家」を建築することをジブリが許可したことから始まる。さらに、建築にも深く関わり、博覧会終了後も「サツキとメイの家」をそのまま公園内に残すことを愛知県に対し許諾していたので、それゆえ2015年に「ジブリの大博覧会」を同公園で開くことになったわけだが、愛知県の新たな要望については、ジブリの希望と合致する施設を作ることが可能に思えたため、話を進めることを承諾した。

スタジオから見て愛知は遠隔地であり、また、事業規模がジブリ美術館とはケタ違いに大きいことなどから、地元の有力メディア企業で以前からジブリも付き合いのあった中日新聞社にも入ってもらい、この構想を進めることとなった。ジブリは中身を作ることが主たる業務であり、それ以外の業務は対外発表を含め、愛知県と中日新聞社が中心となって進める、という認識で、以後この件は進めることにした。

最初にジブリパークの構想が世間に知られたのは2017年6月。愛知県とスタジオジブリが大筋で合意したことが、メディアにより報道された。2018年4月には愛知県から基本デザインの発表があり、開園が２０２２年度であること、五つのエリアで構成されることが明らかになった。２０１９年5月には愛知県、スタジオジブリ、中日新聞社の三者が基本合意書を締結。記者会見を開き、ジブリパークの整備・運営について連携し協力していくことを発表した。同年11月にはジブリパークの運営会社として株式会社ジブリパークの創立総会が開かれ、中日新聞社とスタジオジブリの２社が共同でこの会社を設立。

この間スタジオジブリでは、宮崎吾朗が『アーヤと魔女』制作と並行しつつ、ジブリパークの内容をスタッフとともに煮詰めていった。ジブリ美術館においても、宮崎駿のデザインを実際の建物にしてゆく際に吾朗の果たした役割は極めて大きかったが、ジブリパークは基本的な構想・コンセプトから、吾朗の考えが発揮されており、ジブリパークにおける公式な肩書きも「監督」となっている。

現場の実務は愛知県とジブリパーク社だが、ジブリ側も現地とじかに向き合いながら業務をこなすスタッフが必要であり、また、展示品・演示品の企画・制作はジブリの仕事なので、その専任スタッフも当然必要となる。徐々にジブリパークの担当スタッフはジブリ内でも増えていき、『アーヤと魔女』の制作が終わった後の第3スタジオ2階は、ジブリパーク推進室の専用スペースとなった。

そして現地では2020年7月28日に起工式が行われ、ついに工事開始となった。以後、現地とジブリでは作業が進み、2022年1月27日に愛・地球博記念公園で『「ジブリパーク」に関するメディア向け発表会』が開催され、公式にジブリ側のスタッフも会見に出席。開園日が2022年11月1日であること、第一期は「ジブリの大倉庫」「青春の丘」「どんどこ森」の3エリアで、残りの「もののけの里」「魔女の谷」は第二期として2023年度中にオープンすることが、正式に発表された。

改めて書くと、ジブリパークはいわゆるテーマパークではなく、ホームページの文章を引用すると「森と相談しながらつくっているスタジオジブリの世界を表現した公園」であり、「大きなアトラクションや乗り物はありません」ということになる。チケットは日時指定の予約制。2022年11月1日、予定通りジブリパーク第一期がオープンし、2023年5月時点でチケットは完売し続けている。ジブリ美術館とはまた違った形で、ジブリ作品の魅力を体感できる新たな施設が誕生し、スタジオジブリの活動がさらなる広がりを持つことになった。

あとがき　終わったことはどうでもいい。

スタジオジブリ　鈴木敏夫

宮さんこと宮崎駿は、過去を正確に記憶できない。たとえば、出生地についても、ある時は文京区本郷と言い、ある時は墨田区石原だと言う。本人に確認すると、「わからない。どっちだっていい！」と開き直る。

「大事なことは、鈴木さんが覚えておいて！」。これが得意なセリフ。終わったことはどうでもいい。その時の宮さんを殴ったってつねったって、痛くもかゆくもないと顔に描いてある。「今＝ここ」で生きる。それが宮さんの生き方だ。そんな宮さんだから、昔話はしない。ぼくと宮さんは出会って今年で45年になるが、昔話に浸って語り合ったことなど一度もない。

話題はいつも、今とほんの少し先の話だけ。だから、飽きないし、喧嘩《けんか》もしないし、仲がいい。ぼくと宮さんは、過去はすべて水に流して来たし、明日は明日の風が吹いた。

こうして、いつの間にか、宮さんは82歳になったし、ぼくももうすぐ75歳になる。お迎えも近い年頃になった。で、ふと思った。

宮さんに「大事なことは、鈴木さんが覚えておいて！」と言われた記憶をたどるとしたら、今しかない！　この先については、ぼくだって自信がない。

そんな経緯があって、この新書の企画が始まった。そういえば、ジブリの歴史を年代順に記した本はなかった。意味があることだと思った。

執筆したのは、藤津亮太君とジブリの野中晋輔君。藤津君は、現在、アニメ評論家として活躍中だ。ある時、2年ほどジブリの出版部に在籍したことがある。で、依頼した。

「ジブリの歴史を編年体で書いてみない？」

その続きは、野中君が引き継いだ。

著者を鈴木敏夫責任編集としたのは、編集部の要望だった。名前だけ出るのは嫌だと思ったが、結局、内容に深く関わったので、ちゃんとした責任編集になってしまった。

編集は、ジブリ出版部の菊池拓哉君。彼とはこの本の校閲で、週末まで含めおよそ4週間、寝食をともにした。夜ご飯も毎夜、一緒だった。ディープな日々を過ごした。

そして、疲労を覚えた時は、山田太一さんの名作『ふぞろいの林檎《りんご》たち』Ⅰ～Ⅳ全47話を二人で見て励まし合った。菊池君は、若者だから元気いっぱいだったが、ぼくはおじいさんなので、疲れ切った。

こうしてこの新書が誕生したが、この新書の編集には、むろん、宮﨑駿はまったく関わっていない。

追伸　この新書の編集中、宮﨑駿の新作『君たちはどう生きるか』がほぼ完成した。宣伝をしないことを決めていたので、時間に余裕があった。

参考文献

書籍・ムック

鈴木敏夫『風に吹かれて』中央公論新社、2013年
鈴木敏夫『仕事道楽　スタジオジブリの現場』岩波新書、2008年
鈴木敏夫『仕事道楽　新版　スタジオジブリの現場』岩波新書、2014年
鈴木敏夫『天才の思考　高畑勲と宮崎駿』文春新書、2019年
鈴木敏夫『ジブリの仲間たち』新潮新書、2016年
鈴木敏夫『ジブリの文学』岩波書店、2017年
スタジオジブリ責任編集『スタジオジブリ作品関連資料集Ⅰ』スタジオジブリ発行、徳間書店発売、1996年
スタジオジブリ責任編集『スタジオジブリ作品関連資料集Ⅳ』スタジオジブリ発行、徳間書店発売、1996年
宮﨑駿『風の谷のナウシカ　宮﨑駿水彩画集』スタジオジブリ発行、徳間書店発売、1996年
宮﨑駿『風の帰る場所　ナウシカから千尋までの軌跡』文春ジブリ文庫、2013年

宮崎駿『出発点　1979~1996』スタジオジブリ発行、徳間書店発売、1996年
宮崎駿『宮崎駿イメージボード集』講談社、1983年
宮崎駿『もののけ姫』スタジオジブリ発行、徳間書店発売、1993年
宮崎駿『折り返し点　1997~2008』岩波書店、2008年
宮崎駿『シュナの旅』アニメージュ文庫（徳間書店）、1983年
宮崎駿『本へのとびら　岩波少年文庫を語る』岩波新書、2011年
宮崎駿責任編集『「バロンのくれた物語」の物語　ひとつのシークエンスが完成するまで　映画『耳をすませば』より』徳間書店、1995年
バーナード・エヴスリン著、小林稔訳『ギリシア神話小事典』現代教養文庫（社会思想社）、1979年
アニメージュ特別編集『映画 天空の城ラピュタ　GUIDE BOOK』徳間書店、1986年
野坂昭如『アメリカひじき・火垂るの墓』新潮文庫、1972年
村上早人『日本を走った少年たち』法令総合出版、1985年
近藤喜文、安藤雅司・スタジオジブリ責任編集『近藤喜文の仕事　動画で表現できること』スタジオジブリ、2014年

男鹿和雄、スタジオジブリ出版部責任編集『男鹿和雄画集』スタジオジブリ発行、徳間書店発売、1996年
角野栄子、画・林明子『魔女の宅急便』福音館書店、1985年
しかたしん、絵・真崎守『国境 第1部 1939年 大陸を駈ける』理論社、1986年
百瀬義行他著、スタジオジブリ編『菩提餅山万福寺本堂羽目板之悪戯 総天然色漫画映画『平成狸合戦ぽんぽこ』イメージ・ボード集』スタジオジブリ発行、徳間書店発売、1994年
高畑勲『映画を作りながら考えたことⅡ 1991〜1999』徳間書店、1999年
黒澤明、宮崎駿『何が映画か 「七人の侍」と「まあだだよ」をめぐって』スタジオジブリ発行、徳間書店発売、1993年
浦谷年良著、アニメージュ増刊編集部編『「もののけ姫」はこうして生まれた。』徳間書店、1998年
『「もののけ姫」を読み解く（別冊コミックボックス②）』ふゅーじょんぷろだくと、1997年
スタジオジブリ責任編集『ナウシカの「新聞広告」って見たことありますか。 ジブリの新聞広告18年史』徳間書店、2002年
『ハウルの動く城 徹底ガイド ハウルとソフィー ふたりの約束』角川書店、2004年

近藤喜文『ふとふり返ると　近藤喜文画文集』徳間書店、1998年
中村健吾『『もののけ姫』から『ホーホケキョ　となりの山田くん』へ　テーマは「生きろ。」から「適当」へ……!?』徳間書店、1999年
『「ホーホケキョ　となりの山田くん」を読み解く!?（別冊コミックボックス⑤）』ふゅーじょんぷろだくと、1999年
『「千と千尋の神隠し」千尋の大冒険（別冊コミックボックス⑥）』ふゅーじょんぷろだくと、2001年
柏葉幸子、絵・竹川功三郎『霧のむこうのふしぎな町』講談社、1975年
ニュータイプ編『千尋と不思議の町　千と千尋の神隠し　徹底攻略ガイド』角川書店、2001年
スティーブン・アルパート著、桜内篤子訳『吾輩はガイジンである。　ジブリを世界に売った男』岩波書店、2016年
柊あおい『バロン　猫の男爵』徳間書店、2002年
ダイアナ・ウィン・ジョーンズ著、西村醇子訳『魔法使いハウルと火の悪魔』徳間書店、1997年
百瀬義行脚本・監督、スタジオジブリ編『フィルム・コミック　ギブリーズ episode2』徳間書店、

２００２年
中川李枝子、絵・大村百合子『そらいろのたね』福音館書店、１９６４年
シーラ・イーゴフ著、酒井邦秀他訳『物語る力　英語圏のファンタジー文学　中世から現代まで』偕成社、１９９５年
アーシュラ・Ｋ・ル＝グウィン著、清水真砂子訳『ゲド戦記１　影との戦い』『ゲド戦記２　こわれた腕環』『ゲド戦記３　さいはての島へ』『帰還　ゲド戦記 最後の書』『アースシーの風』『ゲド戦記外伝』岩波書店、１９７６〜２００４年
上野千鶴子、Ｋａｎｙａｄａ『どこから来たのか　どこへ行くのか　ゴロウは？』スタジオジブリ発行、徳間書店発売、２０２０年
ロバート・ウェストール著、宮崎駿編、金原瑞人訳『ブラッカムの爆撃機』岩波書店、２００６年
養老孟司、宮崎駿『虫眼とアニ眼』徳間書店、２００２年
Ｅ・Ｌ・カニグズバーグ著、松永ふみ子訳『クローディアの秘密』岩波書店、１９６９年
メアリー・ノートン著、絵・ディアナ・スタンレイ、林容吉訳『床下の小人たち』岩波少年文庫、１９５６年
リンドグレーン著、大塚勇三訳『山賊のむすめローニャ』岩波書店、１９８２年

宮崎駿、丹羽圭子『脚本 コクリコ坂から』角川書店、2011年
堀越二郎、奥宮正武『零戦　日本海軍航空小史』日本出版協同、1953年
堀田善衛『空の空なればこそ』筑摩書房、1998年
赤坂憲雄『子守り唄の誕生　五木の子守唄をめぐる精神史』講談社現代新書、1994年
ジョーン・ロビンソン著、松野正子訳『思い出のマーニー（上・下）』岩波少年文庫、1980年
ダイアナ・ウィン・ジョーンズ著、田中薫子訳、絵・佐竹美保『アーヤと魔女』徳間書店、2012年
スタジオジブリ責任編集『The Art of Earwig and the Witch　アーヤと魔女』徳間書店、2020年
山本有三、吉野源三郎『君たちはどう生きるか』日本少国民文庫（新潮社）、1937年
『ロマンアルバム　天空の城ラピュタ』徳間書店、2002年
『ロマンアルバム　となりのトトロ』徳間書店、2001年
『ロマンアルバム　魔女の宅急便　メモリアルコレクション』徳間書店、1989年
『ロマンアルバム　おもひでぽろぽろ』徳間書店、1991年
『ロマンアルバム　紅の豚』徳間書店、1992年

『ロマンアルバム　もののけ姫』徳間書店、1997年
『ロマンアルバム　千と千尋の神隠し』徳間書店、2001年
『ロマンアルバム　猫の恩返し』徳間書店、2002年
『ロマンアルバム　ハウルの動く城』徳間書店、2005年
『ロマンアルバム　ゲド戦記』徳間書店、2006年
『ロマンアルバム　崖の上のポニョ』徳間書店、2008年
『ロマンアルバム　アーヤと魔女』徳間書店、2021年
『ジブリの教科書13　ハウルの動く城』文春ジブリ文庫、2016年
『ジブリの教科書19　かぐや姫の物語』文春ジブリ文庫、2018年
『ジブリの教科書20　思い出のマーニー』文春ジブリ文庫、2017年

雑誌

『アニメージュ』徳間書店、1981年8月号、1982年2月号、1983年9月号、1985年12月号、1988年3月号・5月号、1989年9月号、1991年6月号・8月号、1992年8月号、1994年3月号・8月号、1995年3月号、1996年8月号、1997年8

月号、１９９９年10月号
『バラエティ』角川書店、１９８２年5月号
『プチフラワー』小学館、１９８３年1月号
『コミックボックス』ふゅーじょんぷろだくと、１９９５年1月号・9月号
『モデルグラフィックス』大日本絵画、１９９０年3〜5月号、２００９年4〜9月号、11月号〜２０１０年1月号
『シネ・フロント』シネ・フロント社、１９９４年7月号
『論座』朝日新聞社、２０００年2月号
『キネマ旬報』キネマ旬報社、１９９４年8月上旬号
『プレミア日本版』角川書店、２００１年9月号
『文藝春秋』文藝春秋、２０１４年2月号
『図書』岩波書店、２０１７年7月号

パンフレット・図録

劇場用パンフレット『火垂るの墓』１９８８年

劇場用パンフレット『総天然色漫画映画　平成狸合戦ぽんぽこ』１９９４年
劇場用パンフレット『耳をすませば』１９９５年
劇場用パンフレット『ホーホケキョ　となりの山田君』１９９９年
劇場用パンフレット『ゲド戦記』２００６年
劇場用パンフレット『崖の上のポニョ』２００８年
劇場用パンフレット『風立ちぬ』２０１３年
劇場用パンフレット『かぐや姫の物語』２０１３年
劇場用パンフレット『レッドタートル　ある島の物語』２０１６年
『三鷹の森ジブリ美術館　図録』公益財団法人徳間記念アニメーション文化財団、２００２年

新聞

『朝日新聞』夕刊　１９９７年10月31日
『朝日新聞』夕刊　２００１年９月22日

※その他、ウェブサイトやネット版の新聞・雑誌記事を参照しました。

スタジオジブリ年表

1984年3月	『風の谷のナウシカ』（宮崎駿監督）公開
1985年6月	スタジオジブリが吉祥寺でスタート
1986年8月	『天空の城ラピュタ』（宮崎駿監督）公開
1988年4月	『となりのトトロ』（宮崎駿監督）、『火垂るの墓』（高畑勲監督）公開
1989年7月	『魔女の宅急便』（宮崎駿監督）公開
11月	スタッフを社員化・常勤化
1991年7月	『おもひでぽろぽろ』（高畑勲監督）公開
1992年7月	『紅の豚』（宮崎駿監督）公開
8月	東京都小金井市に第1スタジオ完成
1993年5月	『海がきこえる』（望月智充監督）放映
1994年7月	『平成狸合戦ぽんぽこ』（高畑勲監督）公開
1995年7月	『耳をすませば』（近藤喜文監督）公開、『On Your Mark』（宮崎駿監督）併映
1997年7月	『もののけ姫』（宮崎駿監督）公開
1999年4月	東京都小金井市に第2スタジオ完成
7月	『ホーホケキョ　となりの山田くん』（高畑勲監督）公開
2000年3月	東京都小金井市に第3スタジオ完成

2001年7月	『千と千尋の神隠し』（宮崎駿監督）公開
10月	東京都三鷹市に「三鷹の森ジブリ美術館」オープン
2002年7月	『猫の恩返し』（森田宏幸監督）、『ギブリーズ episode2』（百瀬義行監督）公開
2004年11月	『ハウルの動く城』（宮崎駿監督）公開
2005年4月	徳間書店より独立し、株式会社スタジオジブリとして新たなるスタート
2006年7月	『ゲド戦記』（宮崎吾朗監督）公開
2008年7月	『崖の上のポニョ』（宮崎駿監督）公開
2010年7月	『借りぐらしのアリエッティ』（米林宏昌監督）公開
2011年7月	『コクリコ坂から』（宮崎吾朗監督）公開
2013年7月	『風立ちぬ』（宮崎駿監督）公開
11月	『かぐや姫の物語』（高畑勲監督）公開
2014年7月	『思い出のマーニー』（米林宏昌監督）公開
2016年9月	『レッドタートル　ある島の物語』（マイケル・デュドク・ドゥ・ヴィット監督）公開
2020年12月	テレビ版『アーヤと魔女』（宮崎吾朗監督）放映
2021年8月	劇場版『アーヤと魔女』（宮崎吾朗監督）公開
2022年11月	愛知県長久手市に「ジブリパーク」第一期オープン
2023年7月	『君たちはどう生きるか』（宮崎駿監督）公開予定

「スタジオジブリの年表」（https://www.ghibli.jp/chronology/）をもとに作成

本書は、以下の原稿を大幅に加筆、修正し、編集しなおしたものです。
第1章から第16章：『スタジオジブリ図書目録2010』所収「スタジオジブリ物語」
第17章から第21章：文春ジブリ文庫『ジブリの教科書』16〜20所収「スタジオジブリ物語」
なお、第22章以降は本書のための書き下ろしです。

本書で掲載したポスター、画像は以下のとおりです。

鈴木敏夫（すずき　としお）

一九四八年、愛知県名古屋市生まれ。スタジオジブリ代表取締役プロデューサー。徳間書店で『アニメージュ』の編集に携わるかたわら、一九八五年にスタジオジブリの設立に参加、一九八九年からスタジオジブリ専従。以後ほぼすべての劇場作品をプロデュースする。著書に、『読書道楽』（筑摩書房）、『ジブリの文学』『仕事道楽　新版――スタジオジブリの現場』（ともに岩波書店）など多数。

スタジオジブリ物語《ものがたり》

集英社新書一一六八N

二〇二三年六月二一日　第一刷発行
二〇二三年九月一八日　第四刷発行

編者……鈴《すず》木《き》敏《とし》夫《お》
発行者……樋口尚也
発行所……株式会社集英社
東京都千代田区一ッ橋二-五-一〇　郵便番号一〇一-八〇五〇
電話　〇三-三二三〇-六三九一（編集部）
〇三-三二三〇-六〇八〇（読者係）
〇三-三二三〇-六三九三（販売部）書店専用

装幀……遠藤敬志（スタジオジブリ）
組版……MOTHER
印刷所……凸版印刷株式会社　製本所……加藤製本株式会社

定価はカバーに表示してあります。

ISBN 978-4-08-721268-6 C0274
Printed in Japan

集英社新書　　好評既刊

ノンフィクション――Ｎ

a pilot of wisdom

ヴィジュアル版――V

文芸・芸術——F

a pilot of wisdom

東京裏返し　社会学的街歩きガイド　吉見俊哉
人に寄り添う防災　片田敏孝
プロパガンダ戦争　分断される世界とメディア　内藤正典
イミダス　現代の視点2021　イミダス編集部編
中国法「依法治国」の公法と私法　小口彦太
福島が沈黙した日　原発事故と甲状腺被ばく　榊原崇仁
女性差別はどう作られてきたか　中村敏子
原子力の精神史――〈核〉と日本の現在地　山本昭宏
ヘイトスピーチと対抗報道　角南圭祐
世界の凋落を見つめて　クロニクル2011-2020　四方田犬彦
「自由」の危機　――息苦しさの正体　藤原辰史　内田樹ほか
「非モテ」からはじめる男性学　西井開
妊娠・出産をめぐるスピリチュアリティ　橋迫瑞穂
マジョリティ男性にとってまっとうさとは何か　杉田俊介
書物と貨幣の五千年史　永田希
インド残酷物語　世界一たくましい民　池亀彩
シンプル思考　里崎智也

韓国カルチャー　隣人の素顔と現在　伊東順子
「それから」の大阪　スズキナオ
ドンキにはなぜペンギンがいるのか　谷頭和希
何が記者を殺すのか　大阪発ドキュメンタリーの現場から　斉加尚代
フィンランド　幸せのメソッド　堀内都喜子
私たちが声を上げるとき　アメリカを変えた10の問い　和泉真澄　坂下史子ほか
「黒い雨」訴訟　小山美砂
差別は思いやりでは解決しない　神谷悠一
ファスト教養　10分で答えが欲しい人たち　レジー
非科学主義信仰　揺れるアメリカ社会の現場から　及川順
おどろきのウクライナ　橋爪大三郎　大澤真幸
対論　1968　笠井潔　絓秀実
武器としての国際人権　藤田早苗
小山田圭吾の「いじめ」はいかにつくられたか　片岡大右
クラシックカー屋一代記　涌井清春　金子浩久構成
カオスなSDGs　グルっと回せばうんこ色　酒井敏
「イクメン」を疑え！　関口洋平

a pilot of wisdom

集英社新書　好評既刊

反戦川柳人 鶴彬の獄死
佐高 信　1156-F

反骨の評論家が、反戦を訴え二九歳で獄死した川柳人鶴彬の生きた時代とその短い生涯、精神を追う。

日本のカルトと自民党 政教分離を問い直す
橋爪大三郎　1157-C

宗教社会学の第一人者がカルト宗教の危険性を説き、民主主義と宗教のあるべき関係を明快に解説する。

クラシックカー屋一代記
涌井清春　構成・金子浩久　1158-B

コレクターで販売も行う著者が、自動車の歴史、文化・機械遺産としてのクラシックカーの存在意義等を語る。

カオスなSDGs グルっと回せばうんこ色
酒井 敏　1159-B

なぜSDGsを取り巻く言説はモヤモヤするのか？ 京大変人講座教授が説く本当の「持続可能性」とは。

海のアルメニア商人 アジア離散交易の歴史
重松伸司　1160-D

大国の思惑により離散を余儀なくされたアルメニア人の生き様を、アジア交易の視点から鮮やかに描く。

「イクメン」を疑え！
関口洋平　1161-B

日常語となった「イクメン」。その文化を無批判に受け入れてきた日本社会への強烈なカウンターオピニオン。

太平洋戦争史に学ぶ 日本人の戦い方
藤井非三四　1162-D

日本人特有の戦い方が敗因となった太平洋戦争を通覧し、その特徴を詳細に分析。今でも変わらぬ教訓とは。

アジアを生きる
姜尚中　1163-C

「内なるアジア」と格闘し続けてきた思想家が、自らの学問と実人生を根本から見つめ直した集大成的一冊。

差別の教室
藤原章生　1164-B

世界を渡り歩いてきたノンフィクション作家が、差別問題を乗り越えるために考え続けるヒントを提示する。

ハマのドン 横浜カジノ阻止をめぐる闘いの記録
松原文枝　1165-B

横浜市のカジノ誘致を阻止すべく人生最後の闘いに打って出た九一歳・藤木幸夫。市民との共闘のゆくえは。

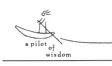